Gerhard Hirtlreiter

# Chiemsee

## Berge und Seen zwischen Rosenheim und Salzburg

55 ausgewählte Wanderungen und Bergtouren
im Chiemgau und Rupertiwinkel

AF627441

ROTHER
BERGVERLAG

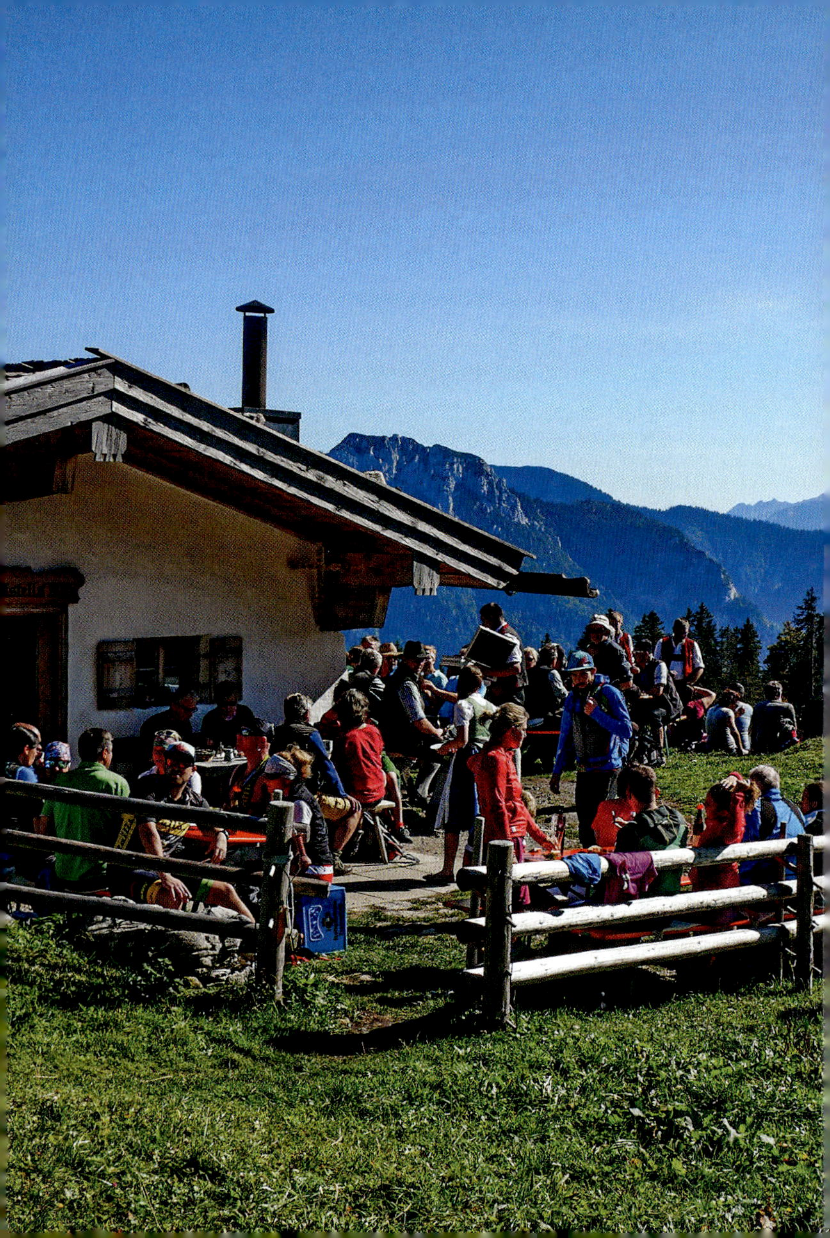

# Vorwort

»Mag das Dasein selbst sein wie es nur wolle – auf einer Bank vor dem Chiemsee sitzen und die Berge sehen, das Wasser, die Segel, die Boote, alles in Bewegung: der Gott, der diesen Traum träumte, ist ein Künstler.«
Diesen Worten Josef Hofmillers (zitiert von Andrea Strauß im Bildband »Chiemgauer Alpen«) kann man nur zustimmen. Wer schon mal mit offenen Sinnen einen Sonnenuntergang am Ufer des Chiemsees erlebt hat, wird verstehen, warum der Chiemsee oft »Das Bayerische Meer« genannt wird. Bis auf das Salz im Wasser fehlt hier ja tatsächlich gar nicht so viel von dem, was man gemeinhin mit mediterranem Flair verbindet.
Angesichts der Alpenkulisse kommen auch Bergfreunde ins Träumen. Beim Träumen muss es nicht bleiben: Dieses Buch beschreibt die Gipfelbesteigungen der markantesten Berge der Chiemgauer Alpen – darunter Heuberg, Kampenwand, Sonntagshorn und Hochstaufen – ebenso wie Genusswanderungen auf gemütliche Almen. In den Chiemgauer Alpen fühlt man sich oft wie auf einem großen Aussichtsbalkon hoch über dem Chiemsee. Der Blick von dort oben reicht weit übers Alpenvorland – bei guter Sicht bis zum Böhmerwald. Im Süden ziehen der Wilde Kaiser und dahinter der Alpenhauptkamm mit seinen Gletscherkappen die Blicke auf sich.
Die Mehrzahl der vorgestellten Wanderungen sind rundum attraktive »Idealtouren«. Darüber hinaus sind aber auch einige Touren beschrieben, die vielleicht nicht jedermanns Geschmack sind, weil sie zum Beispiel keinen prominenten Gipfel bieten – doch so ein vermeintliches Manko bedeutet meist geringeren Andrang, was Freunde einsamer Touren wiederum erfreuen wird. Die meisten »schwarzen« Touren eignen sich bei Beschränkung auf talnahe Etappen auch für gemäßigte Wanderer.
Die Wegbeschreibungen sind so ausführlich wie nötig und so knapp wie möglich. Komplizierte, schlecht markierte Streckenverläufe werden also detaillierter beschrieben, während bei verlässlich beschilderten, einfachen und logischen Wegführungen auch für längere Strecken auf entbehrliche Textbegleitung verzichtet wird.
Dass Bergwandern auch mit Gefahren verbunden sein kann, ist bekannt. Daher schadet es nicht, sich unterwegs immer wieder mit Wetter, Gelände, Wegzustand und eigener Verfassung zu beschäftigen. Dies ist passionierten Bergwanderern in der Regel keine Last, es gibt vielmehr das gute Gefühl, Teil der Natur zu sein. Solches Empfinden stärkt wohl bei den meisten Menschen den Respekt vor der Großartigkeit der Natur – und damit auch das Bewusstsein für die Bedeutung umweltschonenden Verhaltens.
Viel Freude mit diesem Wanderführer, sowohl bei der Auswahl und Planung der Touren als auch unterwegs im herrlichen Chiemgau!

Bad Feilnbach, im Herbst 2022 Gerhard Hirtlreiter

# Inhaltsverzeichnis

## Symbole

| | | | |
|---|---|---|---|
| 🚌 | mit Bahn/Bus erreichbar | )( | Pass, Sattel |
| 🍴 | Einkehrmöglichkeit unterwegs | ▲ | Aussichtsturm |
| 👪 | für Kinder geeignet | ☀ | Aussichtsplatz |
| P | Parkplatz | † | Kirche, Kapelle, Marterl/Bildstock |
| ⌂ | Ort mit Einkehrmöglichkeit | ♜ | Burg, Schloss, Ruine |
| ⌂ | bewirtschaftete Hütte, Gasthaus | ∴ | archäologische Stätte |
| △ | Campingplatz | ⛴ | Schifffahrt |
| † | Gipfel | ≈ | Bademöglichkeit |

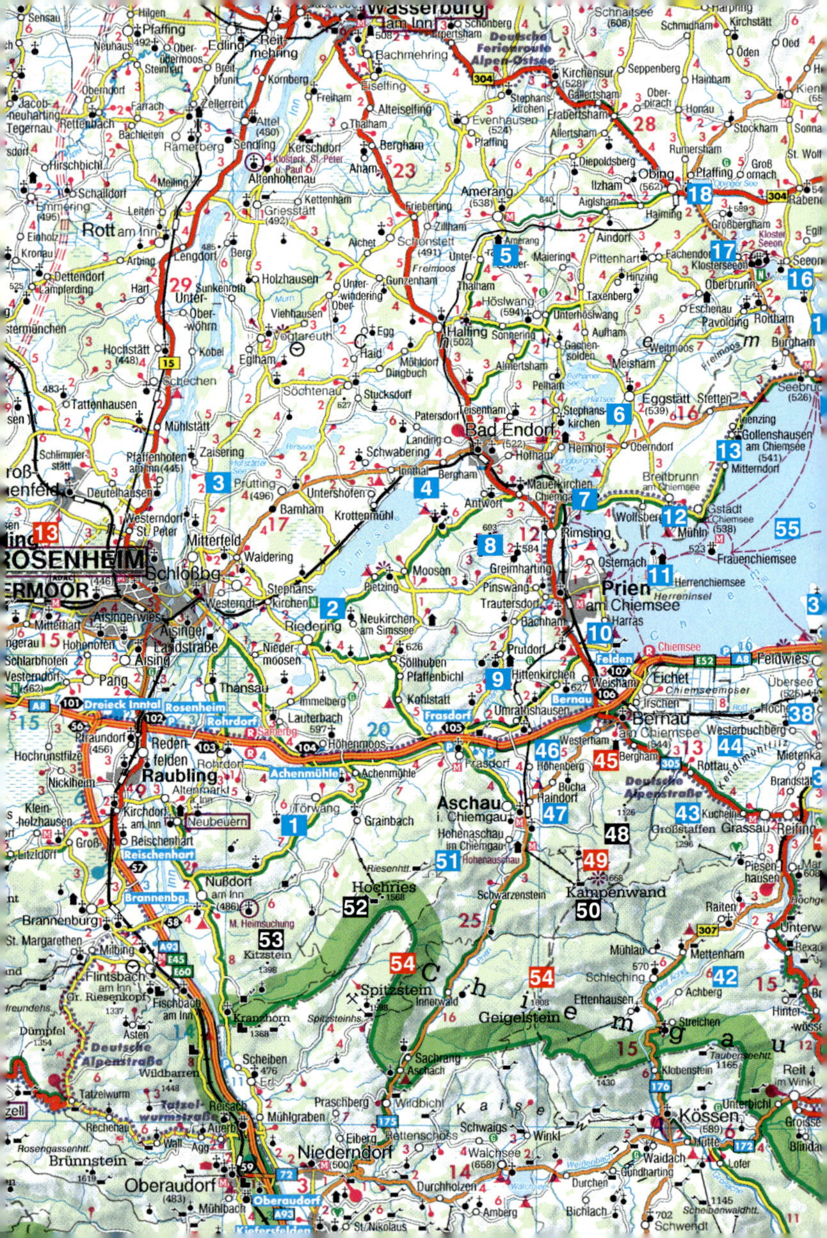

Wasserburg am Inn
Deutsche Ferienroute Alpen-Ostsee
Rott am Inn
Rosenheim
Bad Endorf
Amerang
Obing
Seeon
Halfing
Eggstätt
Prien am Chiemsee
Rimsting
Herrenchiemsee
Frauenchiemsee
Herreninsel
Chiemsee
Gstadt
Breitbrunn
Gollenshausen am Chiemsee
Seebruck
Simssee
Riedering
Prutting
Vogtareuth
Stephanskirchen
Schloßberg
Raubling
Neubeuern
Brannenburg
Flintsbach
Fischbach am Inn
Oberaudorf
Kiefersfelden
Niederndorf
Aschau i. Chiemgau
Hohenaschau im Chiemgau
Frasdorf
Bernau am Chiemsee
Grassau
Hochries
Kampenwand
Spitzstein
Geigelstein
Chiemgau
Kaisergebirge
Kössen
Walchsee
Sachrang
Schleching
Deutsche Alpenstraße
Tatzelwurmstraße
Dreieck Inntal
Kranzhorn
Wildbichl
Reit im Winkl

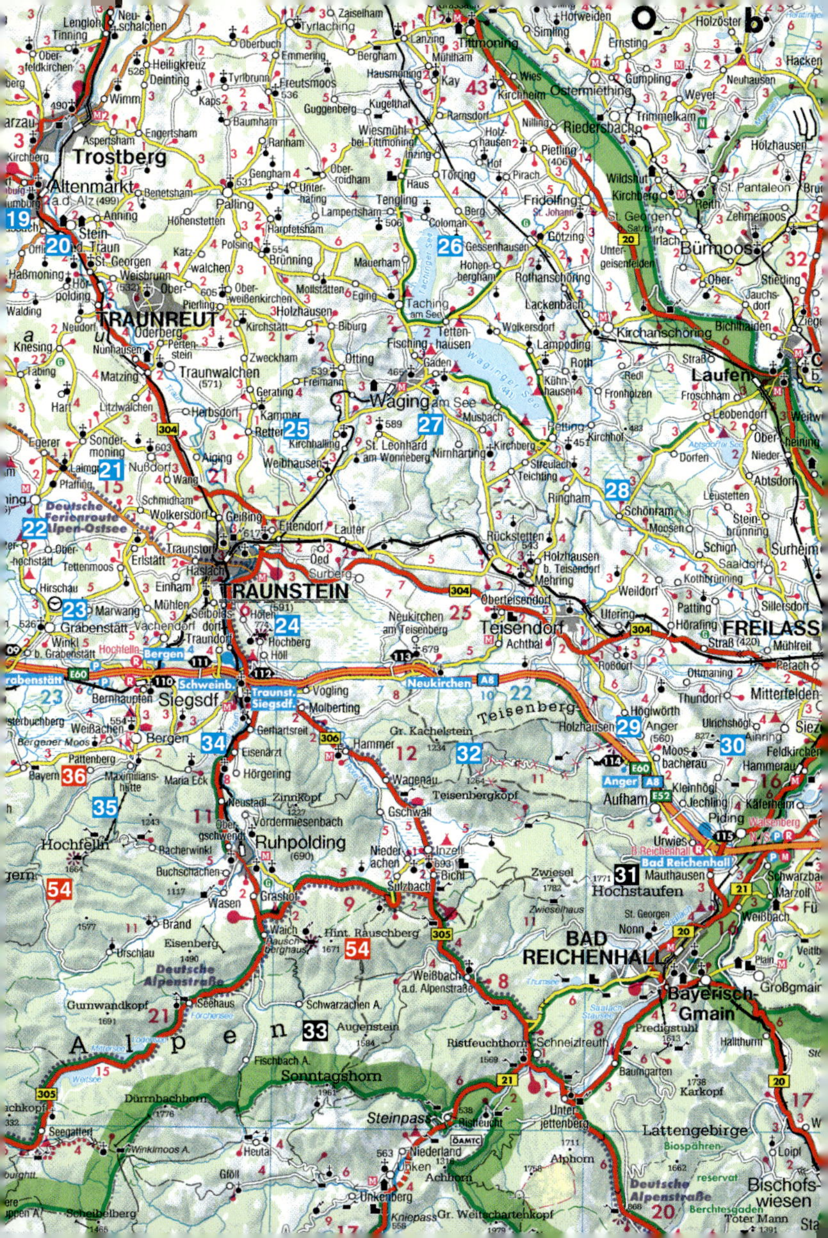

Trostberg
Altenmarkt a.d. Alz
TRAUNREUT
Traunwalchen
Tittmoning
Waging am See
Laufen
Bürmoos
Freilassing
TRAUNSTEIN
Teisendorf
Siegsdorf
Bergen
Ruhpolding
Inzell
Hochstaufen
BAD REICHENHALL
Bayerisch Gmain
Schneizlreuth
Unken
Lofer
Bischofswiesen
Alpen
Deutsche Ferienroute Alpen-Ostsee
Deutsche Alpenstraße
Teisenberg
Hochfelln
Sonntagshorn
Steinpass
Lattengebirge
Biosphären-reservat Berchtesgaden
Toter Mann
Waginger See
Tachinger See
Chiemsee

# Allgemeine Hinweise

## Tourenauswahl und -planung

Alle in diesem Buch vorgestellten Touren sind auf ihre jeweils eigene Art attraktiv – allerdings nicht für jeden und nicht unter allen Umständen. Voraussetzung, um eine Tour angenehm und reizvoll erleben zu können, ist, die gerade »richtige« Tour auszuwählen: eine Tour, die passt – zu einem selbst und den Tourenpartnern (Erfahrung, Kondition, Können?), zur Jahres- und Tageszeit (Exposition zur Sonne?), zum Wetter (Gewittergefahr am Nachmittag?) und zu den aktuellen Wegverhältnissen (Nässe, Altschnee, Eis?).
Dazu sind bei jeder Tour wichtige Informationen vorangestellt. Einige dieser Punkte werden hier genauer erläutert:
**Gehzeit:** Reine Gehzeit für die gesamte Tour, bei Bergtouren also für Auf- und Abstieg. Für Pausen sowie für einen Sicherheitspuffer ist auf jeden Fall zusätzliche Zeit einzuplanen. Je nach Trainingszustand, Tagesform, Alter, Wetter- und Geländebedingungen und Gruppengröße kann es natürlich sein, dass man nennenswert kürzer oder länger unterwegs ist als angegeben. Die Angabe der Gehzeit kann also nur ein relativ grober Anhaltspunkt für die tatsächliche Dauer einer Tour sein.
**Höhenunterschied:** Differenz zwischen höchstem Punkt und Ausgangspunkt, mit eingerechnet sind darüber hinaus Zwischenab/-aufstiege. Bei Touren ohne jegliche Zwischenab-/aufstiege ist der Wert identisch mit der

### Die Top-Touren zwischen Rosenheim und Salzburg

**Rund um den Hartsee**
Die Eiszerfallslandschaft der Eggstätt-Hemhofer Seenplatte (Tour 6, 2.10 Std.)

**Herren- und Fraueninsel**
Klassiker mit einsamen Umwegen auf Herrenchiemsee (Tour 11, 2.45 Std.)

**Kloster Seeon und Ischler Alzschleife**
Reizvolles Moränenland um ein kulturelles Zentrum (Tour 16, 3.45 Std.)

**Von Traunstein auf den Hochberg**
Malerische Altstadt und hervorragender Aussichtsberg (Tour 24, 3.10 Std.)

**Auf den Hochstaufen**
Knackige Bergtour auf einen Felsriesen am Alpenrand (Tour 31, 6.50 Std.)

**Über das Sonntagshorn**
Die anspruchsvollste Tour dieses Wanderführers (Tour 33, 7.30 Std.)

**Durch die Kendlmühlfilzen**
Ausgedehnte Moorwanderung – vollkommen flach (Tour 44, 3.50 Std.)

**Kampenwand von Norden**
Der absolute Chiemgau-Klassiker – nicht einsam, aber schön (Tour 49, 4.20 Std.)

**Wasserwand, Daffnerwaldalm**
Ein abenteuerlicher Felskamm und gemütliche Almen (Tour 53, 4 Std.)

**Chiemgauer Höhenweg**
Von Hütte zu Hütte und über grandiose Aussichtsberge (Tour 54, 6 Tage)

Höhendifferenz zwischen Ausgangspunkt und höchstem Punkt. Oft sind aber Aufstiege durch Zwischenabstiege »garniert« – dann übersteigt der angegebene akkumulierte Höhenunterschied die reine Höhendifferenz.
**Anforderungen:** Der Wegcharakter bzw. die Voraussetzungen, die man mitbringen sollte (Kondition, Trittsicherheit, Schwindelfreiheit, Orientierungsvermögen). Für die Bewertung können naturgemäß nur weitgehend unveränderliche Größen berücksichtigt werden: Gelände, Höhenlage sowie Art, Qualität und ggf. Ausgesetztheit des Weges. Zu den Anforderungen, denen man unterwegs dann tatsächlich gewachsen sein sollte, können aber zusätzlich auch variable Größen beitragen: Wetter, Nässe, Schneelage, Vereisung, Zustand des Weges (nach Gewittern mit Starkregen kann ein Weg auch ganz unterbrochen sein). So können die technischen Schwierigkeiten und konditionellen Anforderungen auf einer Tour ggf. höher sein als angegeben.
**Die Summe der Anforderungen**, die eine Tour unter normalen Bedingungen stellt, drückt sich in der Farbe der Tourennummer aus; drei Stufen werden unterschieden:

**Leicht** Wanderungen und leichte Bergwanderungen auf gebahnten Wegen und angelegten Pfaden. An einigen Passagen mit glatten Steinen und Wurzeln können bei feuchten Verhältnissen griffige, stabile Schuhe von Vorteil sein.

**Mittel** Bergwanderungen und leichtere Bergtouren auf Wegen, Steigen und Pfaden, die streckenweise steil, schmal und rau sein können. Stellenweise ist Trittsicherheit erforderlich. Der Gebrauch der Hände kann an einzelnen Passagen zur Unterstützung des Gleichgewichts nötig sein (auch an kurzen gesicherten Stellen). Etwas Orientierungssinn kann auf einigen schlecht markierten Abschnitten oder undeutlichen Pfaden hilfreich sein.

**Schwierig** Bergtouren – darunter auch einige anspruchsvolle – in alpinem, teilweise felsigem Gelände, das streckenweise weglos und unmarkiert sein kann. Im Felsgelände können klettersteigartige Passagen vorkommen, ebenso freie Kletterei im Schwierigkeitsgrad I (am Sonntagshorn stellenweise auch II). Neben absoluter Trittsicherheit, Schwindelfreiheit und gutem Orientierungssinn ist Erfahrung in der Einschätzung alpiner Gefahren gefordert.

## Ausrüstung

Auf den meisten Touren der roten und schwarzen Kategorie ist man mit Trekkingschuhen gut gerüstet, wenn sie die Knöchel umschließen und eine griffige Profilsohle aufweisen. Für die Touren der blauen Kategorie reichen meist Leichttrekking- oder Geländelaufschuhe (»Trailrunner«).

Im Rucksack sollte man als Mindestausstattung dabei haben:

- Alu-Rettungsdecke
- kleine Rucksackapotheke
- Nässeschutz
- Kälteschutz (Fleece/Softshell)
- lange Berg- bzw. Wanderhose (bei angezogener kurzer Hose)
- Ersatz-Funktionsunterwäsche
- verschließbare, gefüllte Trinkflasche
- einige Müsliriegel
- Mobiltelefon

Darüber hinaus ist je nach Art und Länge der Tour ein erweiterter Rucksackinhalt gefragt. Auf ausgedehnten Touren ist es wichtig, komplexe Kohlenhydrate, z. B. in Form von belegten Vollkornbroten, dabei zu haben.

## Gefahren

Die Wanderungen im Alpenvorland sind aus alpinistischer Sicht gefahrlos. Die Gebirgsregion der Chiemgauer Alpen dagegen birgt vielfältige Gefahren, an die unbedarfte Stadtmenschen manchmal gar nicht denken. Wenn man Gefahren erkennt, mit denen man nicht mehr verantwortungsvoll umgehen kann, muss man auch umkehren können – für manche das Schwierigste.

- Die offensichtlichste Gefahr ist die Abrutsch-/Absturzgefahr. Um nicht an der falschen Stelle zu stolpern, sollte man ohne Hektik gehen. Wer mit Kindern unterwegs ist oder zu Höhenschwindel neigt, muss auch bei einigen ansonsten leichten Wegen die Abrutschgefahr im Steilgelände ernst nehmen.
- Die am meisten unterschätzte Gefahr geht von harten Schneefeldern aus. Schon bei mäßiger Hangneigung droht enorme Beschleunigung. Bei einem Ausrutscher sofort ein Bein in die Luft schleudern und mit dem damit erzielten Schwung in die bremsende Liegestützhaltung!
- Steile und nasse Grashänge sind ähnlich gefährlich!
- Verirren kann man sich leichter als viele glauben! Markierungen und Wegspuren stets im Auge behalten. Wenn man den Weg verloren hat, gleich zum letzten bekannten Punkt zurückgehen!
- Gewitter sind nicht nur wegen möglicher Blitzschläge gefährlich, sondern auch wegen Steinschlag und Murabgängen in Folge von Starkregen. Durch gute Zeitplanung und Wetterbeobachtung sollte man versuchen, vor einem Gewitter im Tal oder in einer Hütte zu sein.
- Erschöpfungszustände vermeiden! Sich und andere nicht überfordern und viel trinken – am besten mineralreiche Getränke (z. B. Mineralwasser), bei kühler Witterung warmen Tee!

## Notfall/Bergrettung

Wenn etwas passiert ist: Bewahren Sie Ruhe und handeln Sie überlegt! Sollten Sie alleine sein, versuchen Sie Hilfe herbeizurufen, anstatt sich verletzt weiterzubewegen. Leisten Sie Erste Hilfe nach eigenem Können und Ihren Möglichkeiten! Sorgen Sie vor allem für Kälteschutz (Alu-Rettungsdecke)! Dem Verletzten gut zusprechen, lassen Sie ihn möglichst nicht alleine.

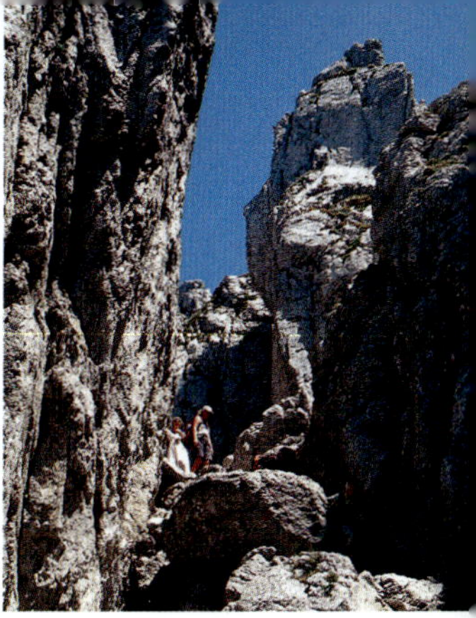

*In den Kaisersälen der Kampenwand.*

Alarmieren Sie den (Berg-)Rettungsdienst; melden Sie den Vorfall nach folgenden »W's«:

- Wer meldet? Angabe des eigenen Namens mit Telefonummer
- Was geschah? Beschreibung des Unfalls
- Wo geschah es? Präzise (!) Angabe des Unfallortes
- Wie viele Verletzte? Angabe der Zahl der Verletzten
- Welche Verletzungen? Lebensbedrohliche Zustände?

  Bei möglicher Hubschrauberbergung zusätzlich:
- Wie sind die Wetter-, v. a. Sicht- und Windverhältnisse am Unfallort?
- Wo ist ein guter Landeplatz für den Hubschrauber (25 x 25 m)?

Besteht keine Möglichkeit für eine Funk-/Telefonverbindung, verwenden Sie das alpine Notsignal, um auf sich aufmerksam zu machen. Es besteht aus einem hör- oder sichtbaren Zeichen – z. B. Rufen, (Triller-)Pfeifen, Blinken –, das innerhalb einer Minute sechsmal abgegeben wird. Wiederholen Sie das Signal jeweils nach ca. einer Minute Pause. Erhalten Sie darauf ein dreimaliges Zeichen innerhalb einer Minute, ist Ihr Notruf angekommen und die Bergrettung wurde/wird verständigt.

## GPS-Tracks und Koordinaten der Ausgangspunkte

Zu diesem Wanderführer stehen auf www.rother.de GPS-Tracks und Koordinaten der Ausgangspunkte zum kostenlosen Download bereit.
5. Auflage, Passwort: **432905jhv**
Die GPS-Daten wurden auf einer digitalen Karte erfasst. Verlag und Autor haben die Tracks und Wegpunkte nach bestem Wissen und Gewissen überprüft. Dennoch können wir Fehler oder Abweichungen nicht ausschließen, außerdem können sich die Gegebenheiten vor Ort zwischenzeitlich verändert haben. GPS-Daten sind zwar eine hervorragende Planungs- und Navigationshilfe, erfordern aber nach wie vor sorgfältige Vorbereitung, eigene Orientierungsfähigkeit sowie Sachverstand in der Beurteilung der jeweiligen (Gelände-)Situation. Man sollte sich für die Orientierung auch niemals ausschließlich auf GPS-Gerät und -Daten verlassen.

# Die Chiemsee-Region

## Zwischen Inn und Salzach: Chiemgau und Rupertiwinkel

Der Chiemsee – liebevoll auch das »Bayerisches Meer« genannt – liegt in einer geradezu paradiesischen Landschaft im Alpenvorland: Um den großen See herum erstrecken sich eiszeitliche Schmelzwasserrinnen und Moränenhügel, zwischen denen weitere sehr romantische Seen eingebettet sind. Im Süden bieten die Nördlichen Kalkalpen Abwechslung fürs Auge und Herausforderungen für Gipfelstürmer. Der hier vorgestellte Natur- und Kulturraum zwischen Samerberg, Rosenheim, Amerang, Obing, Trostberg, Traunstein und der Grenze zu Tirol ist der Chiemgau. Der östlichste Teil des Gebiets zwischen Waginger See und Hochstaufen ist der Rupertiwinkel, ein beliebtes Ausflugsgebiet der Salzburger. Verwaltungsmäßig gehört der äußerste Osten um Piding und Anger zum Landkreis Berchtesgadener Land, das ganze übrige Gebiet zu den Landkreisen Rosenheim und Traunstein.

## Wie entstand die Landschaft?

Die Chiemgauer Alpen wie auch das Vorland um den Chiemsee bestehen durchwegs aus Ablagerungs-(Sediment-)Gesteinen. In den Chiemgauer Alpen sind es fast ausnahmslos solche, die sich in einem Meer gebildet haben. Dieses Meer, Tethys genannt, erstreckte sich einst zwischen dem Ur-Afrika und dem Ur-Europa. Dabei änderte sich die Wassertiefe immer wieder, ebenso Klima, Lebewelt und Entfernung zum Festland. Diese wechselnden Umweltbedingungen führten zur Bildung unterschiedlicher Gesteine.

Das älteste Gestein der Kalkalpen entstand vor rund 230 Millionen Jahren noch unter festländischen Bedingungen: Wüstensande und Wadi-Ablagerungen aus dieser Zeit bilden heute in verfestigter Form den rötlichen Buntsandstein, anzutreffen z. B. am Fuß des Hochfelln. Vor 220 Millionen Jahren überflutete der Tethys-Ozean den Raum, in dem dann die Gesteine der Nördlichen Kalkalpen abgelagert wurden. In der Triaszeit entstanden so der Alpine Muschelkalk (der am Laubenstein ansteht), anschließend der in seichtem, warmem Wasser entstandene Wettersteinkalk (aus dem Kampenwand und Gedererwand bestehen), die Sandsteine, Tone, Mergel und Kalke der Raibler Schichten (z. B. an der Steinlingalm), der sehr verwitterungsanfällige, brüchige Hauptdolomit (mit ihm hat man es z. B. am Sonntagshorn zu tun), der Plattenkalk und die tonig-mergeligen, »bazigen« Kössener Schichten. Im Übergang von der Trias- zur Jurazeit (die vor 195 Millionen Jahren begann) bilden sich u. a. Riffkalke, die Rätoliaskalke. Sie sind sehr widerstandsfähig und somit herausragende Landschaftsmerkmale, wie die Wasserwand am Heuberg. Ein typisches Gestein der Jura-Zeit sind die fossilreichen Crinoidenkalke. Sie kommen z. B. am Laubenstein vor.

In der Kreidezeit, vor rund 100 Millionen Jahren, gingen die Afrikanische und und die Europäische Kontinentalplatte auf Kollisionskurs. Dabei wurden die Gesteinspakete, die heute den größten Teil der Chiemgauer Alpen aufbauen, von ihrem Untergrund am Afrikanischen Schelf abgeschert und nach Norden auf die Europäische Platte geschoben (über die damals abgetauchten Zentralalpen hinweg). Durch die tektonische Beanspruchung zerbrachen sie in einzelne Decken und Schollen, wurden gefaltet, verkippt oder übereinandergeschoben. Aus der Kreidezeit stammen z. B. die Eisenvorkommen im Kressenberg am Fuße des Teisenbergs.

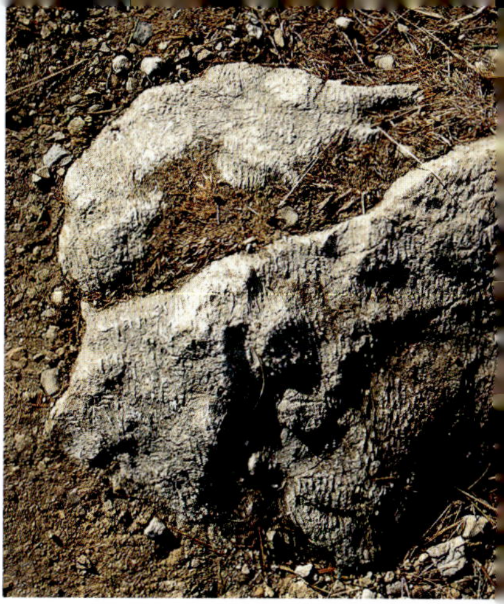

*Korallenkalk nahe der Daffnerwaldalm.*

In der Tertiärzeit, vor rund 36 Millionen Jahren gab es dann starke Hebungen; die Chiemgauer Alpen konnten das Meer endgültig abschütteln und wurden zum Gebirge. Auch in der Tertiärzeit hielt die Nordwanderung der Nördlichen Kalkalpen an.

Vor 2 bis 3 Millionen Jahren, mit Beginn der Quartärzeit, verschlechterte sich das Klima im Alpenraum. In mehreren Kaltphasen stießen mächtige Eisströme über den Alpenrand hinaus vor. Der große Inn-Chiemsee-Vorlandgletscher reichte beim Maximum der letzten Eiszeit (der »Würmeiszeit« vor etwa 18.000 Jahren) auf der vom Inngletscher gespeisten Westseite bis Kirchseeon nahe dem heutigen Ebersberg, nördlich des Chiemsees bis zu den damals aufgeschütteten Moränenwällen um Seeon. Auf dieses Seeoner Stadium folgten noch zwei geringfügig kleinere Höchststände im Chiemseegebiet, das Truchtlachinger und das Seebrucker Stadium. Danach schmolz das Eis stärker zurück, eine Unterbrechung des Abschmelzprozesses mit erneuter Eisaktivität – das Stephanskirchner Stadium – führte vor rund 16.000 Jahren zu Moränenablagungen nordöstlich von Rosenheim.

## Kurzer Abriss der Geschichte

Erste Siedlungsspuren stammen aus der jüngeren Steinzeit (4500–1800 v. Chr.) und der Bronzezeit (1800–1200 v. Chr.). Aus der folgenden Eisenzeit liegen zahlreiche keltische Fundstücke vor. Kurz vor der Zeitenwende kamen die Römer ins Alpenvorland. So wurde das Gebiet zwischen Inn und Salzach im Jahr 15 v. Chr. Teil der römischen Provinz Noricum. Mit dem Ende des Römischen Reichs entwickelte sich zwischen Alpen und Donau ab

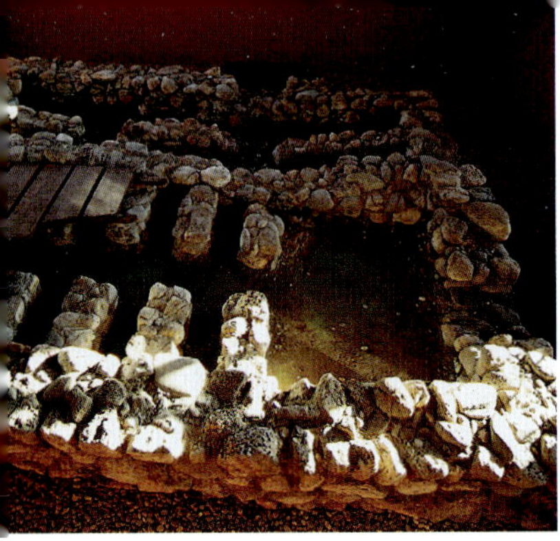

*Grundmauern einer römischen Darre in Seebruck.*

dem 6. Jahrhundert aus der ansässigen Bevölkerung (Kelten sowie verbliebene Römer) und zugewanderten germanischen Stämmen das Volk der Bajuwaren. Unter den Zuwanderern waren auch die namensgebenden, wahrscheinlich aus Böhmen stammenden Boier. Die weltliche Macht konzentrierte sich zunächst bei den Agilolfingern, ab 788 bei den Karolingern und von 1180 bis 1918 bei den Wittelsbachern.

Die Christianisierung des Voralpenlandes begann im 7. Jahrhundert durch irische und fränkische Mönche. In der Folge wurden zahlreiche Klöster gegründet. Jene auf den Chiemseeinseln sowie die Klöster Seeon und Baumburg entwickelten sich im Mittelalter zu Zentren des geistigen Lebens aber auch der wirtschaftlichen Entwicklung – so der Landwirtschaft und der Braukunst. Wirtschaftlich von großer Bedeutung für die Region war lange Zeit das Salz (früher das Konservierungsmittel schlechthin) aus den Reichenhaller und Berchtesgadener Bergwerken. Für die Salzgewinnung braucht man viel Energie – damals in Form von Holz. Als Reichenhall das Holz ausging, leitete man die Sole zur Verarbeitung ab 1619 nach Traunstein, das noch von reichlich Wald umgeben war. Als auch das dortige Holz zur Neige ging, nahm man 1810 eine Saline in Rosenheim in Betrieb und baute eine Pipeline dorthin – seinerzeit eine technische Meisterleistung. 1958 wurde die Saline Rosenheim eingestellt, der Bezug zum Holz blieb der Stadt jedoch erhalten, z. B. durch den Studiengang Holztechnik an der Fachhochschule und ein bedeutendes holzverarbeitendes Gewerbe.

In der ersten Hälfte des 19. Jahrhunderts entdeckten Maler, v. a. aus München, die Schönheit der Chiemseeregion – und in der Folge auch die ersten »Sommerfrischler« aus dem wohlhabenden Bürgertum. Damit begann das Zeitalter des Tourismus, das durch den Bau der Eisenbahnlinie von München nach Salzburg (1860) einen entscheidenden Impuls bekam.

## Wetter und Klima

Das Gebiet ist aufgrund ergiebiger Niederschläge bei Nordstaulagen, teils auch wegen starker Gewitterregen, ziemlich niederschlagsreich – wenn man die Menge des Jahresniederschlags betrachtet (1100 mm in Rosenheim, über 2000 mm in den Bergen). Da die einzelnen Niederschlagsereignisse aber oft intensiv sind (»Wenn's schüttet, dann g'scheit«), bleibt dazwischen viel Zeit für lange Phasen mit traumhaftem Wander- und Urlaubswetter.

# Touristische Informationen

## Beste Jahreszeit

In der Chiemsee-Region kann man ganzjährig wandern. Jede Jahreszeit hat ihren speziellen Reiz, wobei für mich persönlich die Übergangsjahreszeiten die schönsten sind. Im alpinen Teil des Gebiets sind naturgemäß jahreszeitlich bedingte Gefahren zu beachten (Lawinen im Winter, vereiste Schneereste im Frühjahr, Gewittergefahr im Sommer). Die anspruchsvollen (»schwarzen«) Bergtouren sind bei Winterbedingungen für Wanderer tabu.

## Anreise/Verkehrsinfrastruktur

Von der Autobahn A 8 (München – Salzburg) braucht man zu keinem der Tourenausgangspunkte länger als eine halbe Stunde. Wer ohne Auto unterwegs ist, kann die Bahn und ein dichtes Busnetz nutzen. Infos zum Busnetz gibt es unter www.dbregiobus-bayern.de; die Chiemsee-Ringlinie 9586 (mit Fahrradanhänger) verkehrt auch an Wochenenden. Die Orte am Chiemsee sind mit Linien-Schiffsverkehr verbunden (www.chiemsee-schifffahrt.de).

## Mal nicht wandern und trotzdem aktiv …

**Ballonfahren:** ts-ballonfahrten.de, Tel. +49 8664 8118; www.pioneer-travel.de, Tel. +49 8664 463; jonathan-ballooning.de, Tel. +49 8664 790980 (alle Firmensitze und Startplätze nahe dem Chiemsee)

**Drachen- und Gleitschirmfliegen:** Flugschule Chiemsee, Am Hofbichl 3 c, 83229 Aschau im Chiemgau, www. flugschule-chiemsee.de, Tel. +49 8052 9494; Drachen- und Gleitschirmclub Aschau, Tulpenstraße 4, 83229 Aschau im Chiemgau, www.kampenwand-flieger.de; Flugschule Hochries, Flintsbacher Straße 6, 83098 Brannenburg, www.flugschule-hochries.de, Tel. +49 8034 6079618; Delta Club Bavaria Ruhpolding e. V., Postfach 1149, Ruhpolding, www.dcb-ruhpolding.de

**Fahrradtouren:** Durch die Chiemsee-Region führen mehrere ausgeschilderte, überregionale Radrouten:

- die Via Julia, zwischen Salzburg und Augsburg (www.viajulia.de)
- der Salinen-Radweg; er verbindet die Salz- und Salinenorte Rosenheim, Traunstein, Bad Reichenhall, Berchtesgaden und Hallein
- der Bodensee-Königssee-Radweg (www.bodensee-koenigssee-radweg.de)
- der Mozart-Radweg verbindet Wirkungsstätten Mozarts im Chiemgau sowie im Berchtesgadener und Salzburger Land (www.mozartradweg.com)

*Gleitschirmstart bei der Staffnalm.*

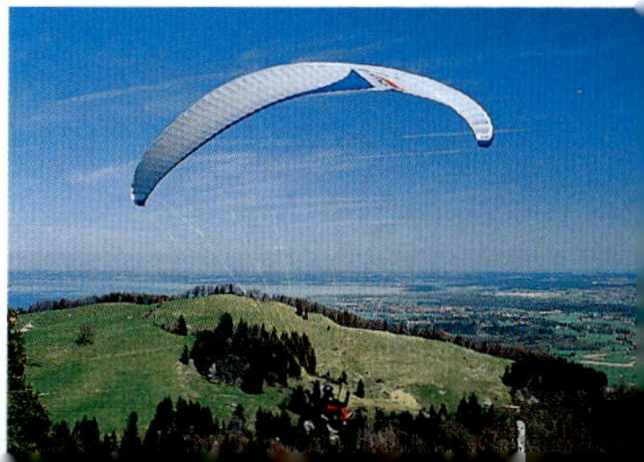

**Fahrradverleih:** In Chieming, Prien und Seebruck jeweils am Minigolfplatz sowie in Bernau/Felden neben der Windsurfschule, Rückgabe an jeweils anderem Platz möglich, www.chiemsee-kaufmann.de, Tel. +49 8051 7777

**Golf:** Golfplätze: Anthal-Waginger See (www.anthal.de), Ruhpolding (www.golfclub-ruhpolding.de), Chieming (www.golfchieming.de), Obing (www.dergolfclub.de) und Höslwang (www.golfclub-hoeslwang.de)

**Hochseilgarten:** Chiemgauer Hochseilgarten, Am Beerweiher 4, 83229 Aschau i. Chiemgau, Tel. +49 8052 5460, www.chiemgauer-hochseilgarten.de; Kletterwald Prien, Harraser Straße, Tel. +49 8051 9650885, www.kletterwald-prien.de; Baum-Hochseilgarten Übersee, Julius-Exter-Promenade 23, Tel. +49 8642 5955650, www.parkeroutdoor.com

**Klettern:** Klassische Felsgipfel wie Kampenwand und Hörndlwand bieten Routen, die für Einsteiger geeignet sind – aber nur mit fachkundiger Führung (Info: www.bergfuehrer-verband.de). Künstliche Kletteranlagen: Kletterhalle Bernau im Tenniszentrum, Tel. +49 8051 8822; Kletterwand der Eishalle Ruhpolding, Tel. +49 8663 419911; Kletterhalle Rosenheim, Finsterwalderstraße 4, Stephanskirchen, Tel. +49 8031 8094850, www.kletterhalle-rosenheim.de

**Klettersteiggehen:** Pidinger Klettersteig am Hochstaufen, nur mit Klettersteigset begehen! Infos unter www.piding.de

**Mountainbiking/Bergradeln:** Forst- und Almstraßen im Chiemgau bieten vielfältige Möglichkeiten zum Mountainbiken. Infos und Touren z. B. bei Chiemgau-Biking, Chiemseestraße 84, Bernau, Tel. +49 8051 9614972, www.chiemgau-biking.de

**Nordic Walking:** www.chiemsee-alpenland.de/entdecken/sportlich-aktiv/nordic-walking

**Rafting/Kajakfahren:** Ein Wildwasser-Highlight ist die Entenlochklamm; Infos und Buchung bei Sport Lukas, Hauptstraße 3, Schleching, Tel. +49 8649 243, www.sportlukas.de

**Reiten:** Gut Ising (zwischen Seebruck und Chieming), www.gut-ising.com, Tel. +49 8667 790; Bauernhöfe mit Reitmöglichkeit: www.traumbauernhof.com/urlaubsthemen/reiterferien

**Segelfliegen:** Deutsche Alpensegelflugschule Unterwössen e.V., Windseestraße 45, Unterwössen, Tel. +49 8641 698787, www.dassu.de

**Segeln und Windsurfen:** Alle Informationen (Revierinfos, Bootsmiete, Segel- und Surfschulen) bietet die Website www.chiemsee-segeln.de

**Tauchen:** www.chiemgau-tauchschule.de/seen-im-chiemgau, Tel. +49 861 2650 oder +49 171 1769657

## Hallen-/Erlebnisbäder, Saunalandschaften

**Amerang:** Dalal, Lerchenweg 11, Tel. +49 8075 8469, www.dalal-amerang.de

**Bad Endorf:** Chiemgau Thermen, Ströbinger Str. 18, Tel. +49 8053 200-900, www.chiemgau-thermen.de

**Bernau:** BernaMare, Erlenstraße 14, Tel. +49 8051 7230, www.bernamare.de

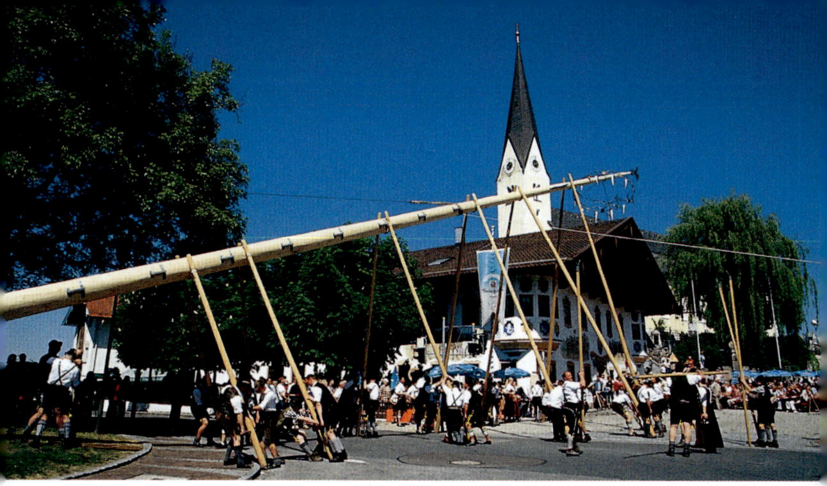

*Gelebte Tradition – Maibaumaufstellen in Bernau.*

**Inzell:** Badepark mit Naturbadesee, Hallenbad und Sauna; Schwimmbadstraße 12, Tel. +49 8665 1633, www.badepark-inzell.de
**Prien:** Erlebnisbad Prienavera mit Strandbad, Hallenbad und Sauna; Seestraße 120, in Prien-Stock direkt am Chiemsee, Tel. +49 8051 609570, www.prienavera.de
**Ruhpolding:** Erlebnis- und Wellnessbad Vita Alpina, Branderstr. 1, Tel. +49 8663 41990, www.vita-alpina.de
**Waging:** Wellnessgarten, Angerpoint 5, Tel. +49 8681 9845, www.wellness-waging.de
**Wasserburg:** Badria, Alkorstraße 14, Tel. +49 8071 8133, www.badria.de

## Ausflugsziele für Familien mit Kindern

»**Natur auf der Spur**«: Abenteuerliche und lehrreiche Unternehmungen um und auf dem Chiemsee, nicht nur für Kinder; www.dernaturaufderspur.de, Infos und Anfragen: Chiemsee-Alpenland (Tel. +49 8051 965550) oder Chiemgau Tourismus (Tel. +49 861 9095900)
**Marquartstein:** Märchen-Erlebnispark, Jägerweg 14, Tel. +49 8641 7105, Tel. Büro +49 8641 7269, www.maerchenpark.de
**Ruhpolding:** Freizeitpark, Vorderbrand 7, Ruhpolding, Tel. +49 8663 1413, Tel. Büro +49 8663 800622, www.maerchenpark.de
**Siegsdorf:** Steinzeitdorf, Parkplatz an der Mündung des Dießelbachtals südwestlich von Eisenärzt, Tel. +49 8662 13316, www.steinzeit-siegsdorf.de
**Wildbichl:** Wildpark im oberen Priental, gleich nach Sachrang hinter der Tiroler Grenze, Tel. +43 5373 62233

## Museen und Sehenswürdigkeiten:

**Amerang:** Bauernhausmuseum Amerang, Im Hopfgarten 2, Tel. +49 8075 91509-0; EFA-Museum für Deutsche Automobilgeschichte, Wasserburger Straße 38, Tel. +49 8075 8141, www.efa-automuseum.de
**Aschau:** Schloss Hohenaschau mit Prientalmuseum, Tel. +49 8052 90490
**Bergen:** Museum Maxhütte, Technikgeschichte, Tel. +49 8662 8321
**Fraueninsel:** Münsterkirche und (gleich daneben) Torhalle mit Objekten aus der Karolingerzeit, Haus. Nr. 41, Tel. +49 8054 7256
**Grabenstätt:** Römermuseum, Schloss-Straße 17, Tel. +49 8661 9887-0
**Grassau:** Soleleitungsmuseum Brunnhaus Klaushäusl, an der B 305 zwischen Grassau und Rottau, Tel. +49 8641 5467
**Herreninsel:** Museum und Galerien im Augustiner-Chorherrenstift (»Altes Schloss«) sowie Ludwig-II.-Museum und Rundgang im Ludwigschloss (»Neues Schloss«), Tel. +49 8051 6887-0, www.herren-chiemsee.de
**Prien:** Heimatmuseum, Friedhofweg 1, Tel. +49 8051 690542
**Rosenheim:** Holztechnisches Museum, Max-Josefs-Platz 4, Tel. +49 8031 16900; Innmuseum, Innstraße 74, Tel. +49 8031 31511; Stadtführung »Auf den Spuren der Rosenheim Cops«, Tel. +49 8031 365-9061
**Rottau:** Bayerisches Moor- und Torfmuseum Rottau, Hackenstraße, Tel. +49 8641 2126, www.torfbahnhof-rottau.de
**Ruhpolding:** Holzknechtmuseum, Laubau 12, Tel. +49 8663 2309
**Salzburg:** Haus der Natur, Museumsplatz 5, Tel. +43 662 842653-0, www.hausdernatur.at; Festung Hohensalzburg, Tel. +43 662 842430-11, www.salzburg-burgen.at; Salzburger Freilichtmuseum, Hasenweg, Großgmain, Tel. +43 662 850011, www.freilichtmuseum.com
**Seebruck:** Römermuseum Bedaium, Römerstraße 3, Tel. +49 8667 7503, www.roemermuseum-bedaium.byseum.de
**Siegsdorf:** Naturkunde- und Mammutmuseum, Auenstraße 2, Tel. +49 8662 13316
**Teisendorf:** Bergbaumuseum Achthal, Teisendorfer Straße 63 (zwischen Teisendorf und Neukirchen), Tel. +49 8666 7149 oder +49 8666 1029
**Traunstein:** Spielzeug- und Stadtmuseum, Stadtplatz 2–3, Tel. +49 861 164786
**Übersee:** Julius-Exter-Kunsthaus, Blumenweg 5, Tel. +49 8642 895083
**Waging a. See:** Bajuwarenmuseum, Salzburger Straße 32, Tel. +49 8681 45870

## Tourismusverbände

**Chiemsee-Alpenland Tourismus**, Felden 10, 83233 Bernau am Chiemsee (an der A8-Ausfahrt Felden), Tel. +49 8051 96555-0, www.chiemsee-alpenland.de
**Chiemgau Tourismus**, Stadtplatz 32, 83278 Traunstein, Tel. +49 861 9095900, www.chiemsee-chiemgau.info

## Notruf

Europäische Notrufnummer: 112

# Literatur, Karten, Internet

## Bildbände

- Strauß, Andrea und Andreas: Chiemgauer Alpen – der Chiemsee und seine Berge, Rother Bergverlag, 2007
- Zebhauser, Helmuth: Chiemgauer Alpen, Rosenheimer Verlagshaus, 1992

## Wandern/Bergsteigen (Nachbarregionen, verwandte Themen)

- Bauregger, Heinrich: Chiemgau, Rother Bergverlag, 2021 (mit Wanderungen im Süden der hier behandelten Region, andere Ziele und Routen)
- Bauregger, Heinrich: Berchtesgadener Land, Rother Bergverlag, 2021
- Brandl, Sepp: Rund um Salzburg, Rother Bergverlag, 2021
- Brandl, Sepp: Berchtesgadener und Chiemgauer Alpen, Rother Bergverlag, 2021
- Strauß, Andrea und Andreas: Chiemgau, Kaiser, Berchtesgaden, Alm- und Hüttenwanderbuch, Rother Bergverlag, 2017

## Ski- und Schlittentouren, Winterwandern, Langlaufen

- Brandl, Sepp: Berchtesgadener und Chiemgauer Alpen, Skitourenführer, Rother Bergverlag, 2020
- Hirtlreiter, Gerhard u. Rauch, Christian: Münchner Loipen, Rother Bergverlag, 2020 (zahlreiche Langlaufstrecken im Chiemgau und angrenzenden Tirol)
- Loth, Georg und Rosemarie: Chiemgau – Berchtesgaden, mit Kaiser und Kitzbüheler Alpen, Rodelführer, Rother Bergverlag, 2006
- Strauß, Andrea und Andreas: Winterwandern Berchtesgaden – Chiemgau – Salzburg, Rother Bergverlag, 2023
- Wecker, Evamaria: Chiemgauer Alpen, Schneeschuhführer, Rother, 2016

## Karten

Bei den meisten Routen reichen die im Buch abgedruckten Kartenausschnitte aus – fast alle im Maßstab 1:50.000. Wer auch die nähere Umgebung erkunden will, kauft sich trotzdem besser ganze Kartenblätter in 1:50.000:

- von Freytag & Berndt die Wanderkarte WKD 9 (Chiemsee, Traunstein)
- vom Landesamt für Digitalisierung, Breitband und Vermessung Bayern die Topographischen Karten UK 50–54 (Chiemsee, Chiemgauer Alpen) sowie UK 50–44 (Altötting, Burghausen, Traunstein, Rupertiwinkel)

Das Landesamt bietet darüber hinaus flächendeckend topographische Karten im noch genaueren Maßstab 1:25.000 an (»TK 25«, für die hier vorgestellte Region 12 Blätter, Blattschnitt unter www.geodaten.bayern.de).

# 1 Über den Dandlberg, 910 m

4.00 Std.

## Abwechslungsreiche Runde im Samerberger Wanderparadies

*Diese attraktive Runde führt durch eine der schönsten Landschaften Bayerns. Es ist der Samerberg, eine hügelige Hochtallandschaft am Alpenrand. Er hat seinen Namen von der Berufsgruppe der Samer, die mit ihren Rössern den Warentransport über die Alpen besorgten (ganz wichtig war Salz als Konservierungsmittel, aber auch Wein, z. B. für die Chiemseeklöster). Die Samerberger widmeten sich bevorzugt dem Transportwesen (zu Lande und auf dem nahen Inn), da die Landwirtschaft wegen der Höhenlage, des hügeligen Moränenreliefs und der sumpfigen Verlandungsbereiche des ehemaligen Törwanger Sees nicht genug abwarf. Die nordwestliche Begrenzung der Samerberg-Region zum Rosenheimer Becken hin bildet der Dandlberg. Von ihm kennen viele nur die aussichtsreich gelegene »Alm«-Wirtschaft gleichen Namens. Der Gipfel selbst wird nur selten besucht, was sicher etwas mit seiner dichten Bewaldung zu tun hat. Dass man von seinem höchsten Punkt keine Aussicht genießen kann, lässt sich bei der hier vorgeschlagenen Überschreitung aber leicht verschmerzen, schließlich bieten sich davor und danach genug ausgesprochen reizvolle Aussichtspunkte.*

*Schusterhäusl (links) und Gasthof zur Post (rechts) am Dorfplatz von Törwang.*

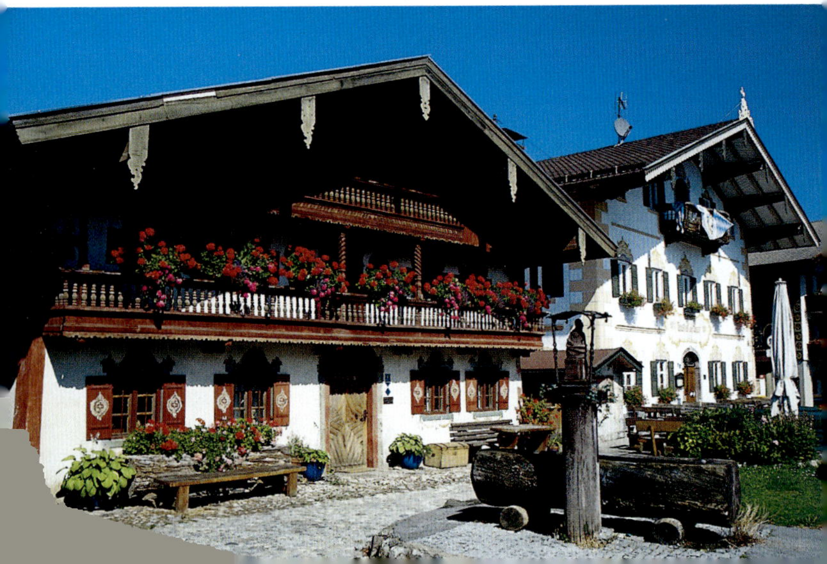

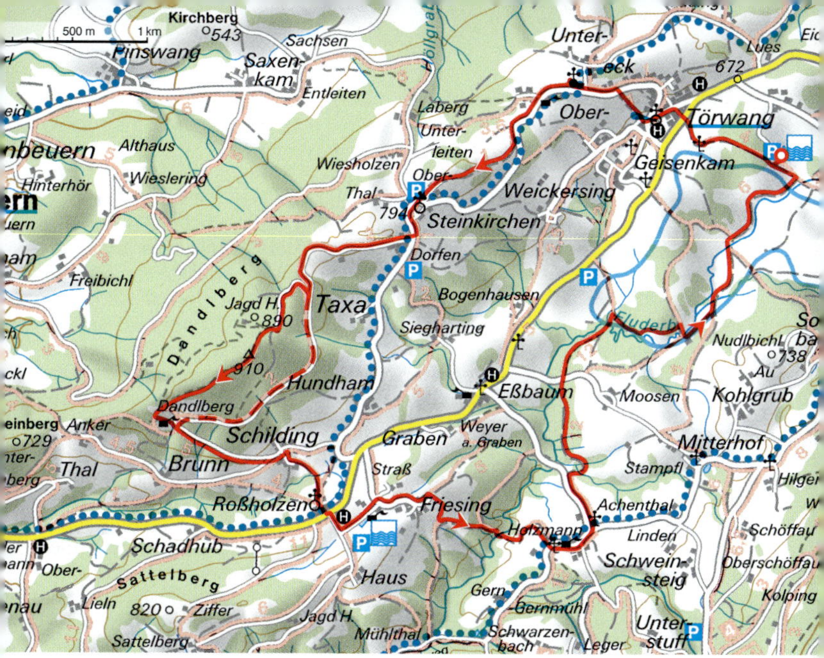


**Ausgangspunkt:** Parkplatz beim Naturbad (647 m, Navi: 47.779564, 12.223297) zwischen Grainbach und Törwang. Zufahrt von der A8 Ausfahrt Achenmühle in den gleichnamigen Ort, dort rechts ab Richtung Törwang, nach der Steigungsstrecke die erste Linksabzweigung nach Grainbach ignorieren, der zweiten folgen; vor der Schule (Navi: 83122 Samerberg, Samerstraße 20) rechts ab und hinunter zum kleinen Naturbad. Per Wanderbus 9493 Rosenheim – Samerberg an Sonn- und Feiertagen zur Hst. Törwang, dort in die Route einsteigen.
**Höhenunterschied:** 480 m.
**Anforderungen:** Überwiegend bequeme Wanderwege, nur am Dandlberggipfel fordert ein wurzeliger, an einer Stelle auch steiler Pfad etwas Aufmerksamkeit (kann man auf Variante 2 auch umgehen).
**Einkehr:** Beim Naturbad (Ausgangspunkt), Entenwirt und Gasthof zur Post in Törwang, Schinkensepp, Dandlbergalm, Badwirt, Jägerhäusl in Holzmann.
**Varianten:** 1) Div. alternative Ausgangspunkte (siehe Parkplätze auf der Karte). 2) Den Pfad über den Dandlberggipfel kann man umgehen (und dabei 15 Min. einsparen), indem man zwischen Dorfen und der Dandlbergalm auf dem gekiesten Hauptfahrweg bleibt. Weitere Abkürzungsmöglichkeiten gut beschildert.

*Abend am Samerberg – Blick auf die Silhouette der Wendelsteingruppe.*

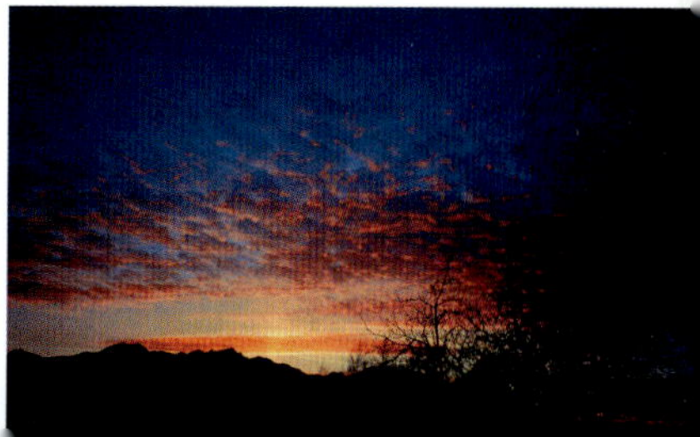

Vom Parkplatz am Schwimmbad gehen wir am Waldrand zu dem Weg, der von Grainbach herüberkommt. Wir folgen ihm nach rechts in den Wald, bald darauf über Grünland aufwärts und geradewegs über die Straße nach **Törwang** hinein. Bei der folgenden Kreuzung links, kommen wir zum Dorfplatz (700 m) neben der alles überragenden Kirche Maria Himmelfahrt. Dort, westlich neben dem Gasthof zur Post, ist das Schusterhäusl von 1752 besonders sehenswert, vor allem wegen seiner Fassadenmalerei. Direkt links davon gehen wir zu einem Christuskreuz. Dort rechts, gelangen wir auf einen berganführenden Pfad. Nach einem kurzen Straßenabschnitt ist die **Luitpoldeiche** (761 m) erreicht. Die wurde zu Ehren von Prinzregent Luitpold an seinem 70. Geburtstag am 12. März 1891 gepflanzt. An der kleinen, daneben errichteten achteckigen Aussichtskapelle genießt man eine überwältigende Aussicht aufs Alpenvorland. Zurück an der schmalen Straße nehmen wir die Gehrichtung wieder auf, passieren im Weiler **Obereck** das Wirtshaus Schinkensepp (aussichtsreiche Terrasse!) und halten uns an der Verzweigung halb links Richtung Steinkirchen. Nach einer Linkskurve führt ein Wiesenweg nach rechts über einen aussichtsreichen Rücken (815 m, mit Rastbank). Nach dem Bauernhof von Oberleiten erreichen wir **Steinkirchen** (794 m) mit der weithin sichtbaren Kirche St. Peter; ein Vorgängerbau wurde 1145 erstmals erwähnt, das heutige Gebäude wurde Ende des 15. Jahrhunderts erbaut und war im letzten Jahr des 20. Jahrhunderts – historisch nur von individueller Bedeutung – die Hochzeitskirche des Autors. Das Sträßchen führt mit einem Linksbogen zum Weiler **Dorfen**, wo wir nach rechts auf den Weg 28 abbiegen und an einer freistehenden Linde vorbei zum Waldrand wandern. Daran entlang folgen wir dem Hauptweg bergan zu einer großen Verzweigung. Dort folgen wir dem befestigten Sträßchen nach rechts und passieren bald ein Wasserfassungsgebäude. Abzweigungen ignorieren wir zunächst, folgen dann aber einem kleinen Weg (Nr. 55) nach rechts und halten anschließend halb links auf den Bergrücken zu. Über eine Steilstufe nahe der Kammlinie erreicht man den höchsten Punkt des **Dandlbergs** (910 m). Aussicht darf man hier noch nicht erwarten, erst muss man – auf dem Rücken die Richtung beibehaltend – noch ein Stück absteigen, bevor Rastbänke dazu einladen, den Blick in die Ferne schweifen zu lassen. Auf einem Karrenweg nach links ist gleich darauf die **Dandlbergalm** (770 m) erreicht, wo man die Aussicht auf das Inntal und den Wendelstein bei einer Einkehr genießen kann.

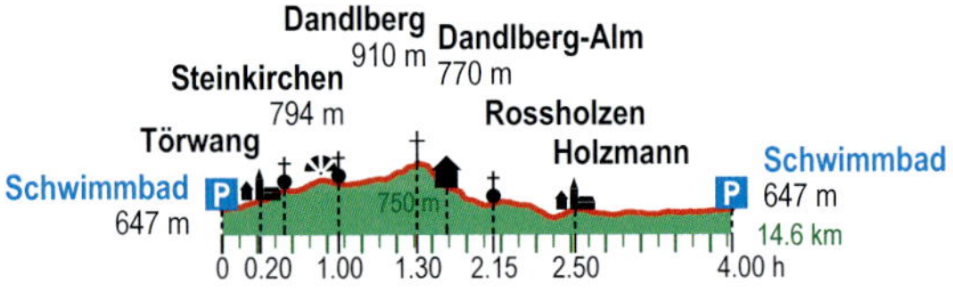

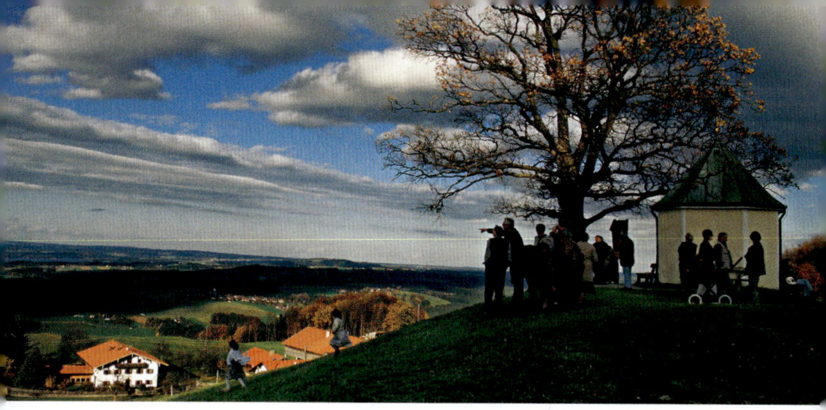

*Aussichtskapelle und Luitpoldeiche. Blick über den Samerberg aufs Alpenvorland.*

Weiter geht es auf dem bergabführenden Fahrweg nach **Schilding** (690 m), wo wir eine erste Rechtsabzweigung ignorierend die Grundrichtung erstmal beibehalten. Im Ortskern biegen wir rechts ab und am Ortsende wieder links, um auf einem Wanderweg nach **Roßholzen** (679 m) zu gelangen; der Ort wurde 788 erstmals erwähnt. Wir überqueren die Hauptstraße und gehen Richtung Haus bergan, bis es vor dem Sportplatz nach links und am Bad vorbeigeht. Weiter in einem Rechtsbogen nach **Friesing** (670 m) hinein. Im Weiler gehen wir links, gegenüber dem letzten Haus rechts hinab und bei der folgenden Verzweigung wieder links. Im Wald ignorieren wir eine Abzweigung nach links und gehen zum **Steinbach** hinab. Nach der Brücke (590 m) treten wir auf der anderen Talseite auf eine Wiese hinaus und halten direkt auf die Hochries zu. Bei einem Wegweiser setzt ein Feldweg an, der sich zu einem Sträßchen hinaufschlängelt. Daran nach links, kommen wir beim Gasthaus Jägerhäusl nach **Holzmann** (644 m).
Im Weiler geht es wieder links und auf einer Teerstraße hinab bis zum Waldrand (622 m) – dort nach rechts auf einen Wanderweg. Nach einer Bachüberquerung werden alle Abzweigungen nach rechts ignoriert. Eine Asphaltstraße wird geradewegs überquert. Nach einer weiteren Brücke öffnet sich der Blick auf Törwang und wir kommen zu einer Infotafel über die Eiszeit am Samerberg. Kurz davor zweigt ein undeutlicher Weg nach Süden zum Waldrand ab – diesem folgen wir. Als **Lehrweg** (Nr. 52) führt er gleich darauf nach links in den Wald und dann – über Bretter – durch ein Feuchtbiotop. Bei einer T-Kreuzung geht es nach rechts, bei der nächsten links, dann geradewegs an einer **Kneippanlage** vorbei. Die Abzweigung nach Grainbach wird ignoriert, gleich nach einer Brücke wird der Weg nach rechts eingeschlagen. Neben der nächsten Brücke (642 m) folgen wir dem Verbindungsweg Grainbach – Törwang nach links zum **Schwimmbad** (647 m).

# 2 Riedering und Pietzenkirchen

3.15 Std.

## Bauernland und Simsseestrand

*Der »kleine Bruder« des Chiemsees ist der Simssee. Er liegt zwischen Rosenheim und Prien, abseits der Autobahn und der großen Touristenströme. Die Uferbereiche gehören größtenteils der Natur, nur an wenigen Stellen gibt es Badegelände. Einen der schönsten und größten Badeplätze gibt es am Ausgangs- und Endpunkt dieser Tour in Pietzing. Also die Badesachen ins Auto legen, dann krönen erfrischende Schwimmzüge mit Bergblick den abwechslungsreichen Tag! Die Wanderrunde führt erst durch reizvolle Uferbereiche des Sees und dann über die wellige Moränenlandschaft zwischen Riedering, Neukirchen und Pietzenkirchen. Dort steht auf exponiertem Platz die sehenswerte Kirche St. Anna, deren Vorgängerin (St. Stephan und Laurentius) schon im Jahr 788 urkundlich erwähnt worden ist.*

**Ausgangspunkt:** Parkplatz beim Badegelände Pietzing (472 m, Navi: 83083 Pietzing, Fellbachstraße). Zufahrt von Prien über Pinswang oder von Rosenheim über Riedering (Bus 9497). Alternativer Ausgangspunkt: Parkplatz des Strandbads Ecking (am Sträßchen zum Gasthaus Seewirt) oder Pietzenkirchen.
**Höhenunterschied:** 250 m.
**Anforderungen:** Keine; Wanderwege und kaum befahrene Sträßchen.
**Einkehr:** Seewirt Ecking, Das Stuerzer in Riedering, bei Badewetter Kiosk am Freizeitgelände Pietzing.

*Frühling bei Ackersdorf – Blick auf Wendelstein (Mitte) und Breitenstein (rechts).*

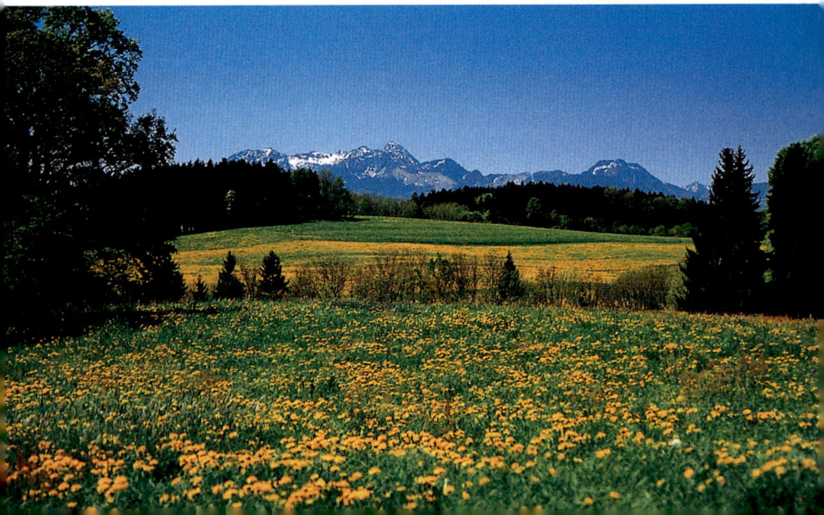

Vom **Pietzinger Parkplatz** (472 m) gehen wir auf der Zufahrtsstraße zurück Richtung Landstraße und folgen dem Fußweg nach rechts. Der leitet zum Parkplatz des **Strandbads Ecking** (Abstecher dorthin und zum Gasthaus Seewirt nach rechts). Auf dem asphaltierten Zufahrtssträßchen kurz nach links, dann rechts ab auf einen Wanderweg, der entlang der Uferzone des Simssees weiter gen Südwesten führt. Bei einer Verzweigung gehen wir kurz nach links hinauf und gleich darauf – vor einem weiteren steilen Anstieg zur Straße – nach rechts. Wo sich der Weg der Straße ganz nähert, ignorieren wir bei einer Brücke eine erste Abzweigung nach rechts, gleich darauf folgen wir dem Wanderweg nach rechts. Die nächste Abzweigung nach links führt dann direkt nach **Riedering** (493 m), wo wir geradewegs zur Hauptstraße gehen (lohnender 100-m-Abstecher nach rechts zum Stuerzer). Weiter geht es nach links hinauf, dann nach rechts in die Daxlbergstraße.

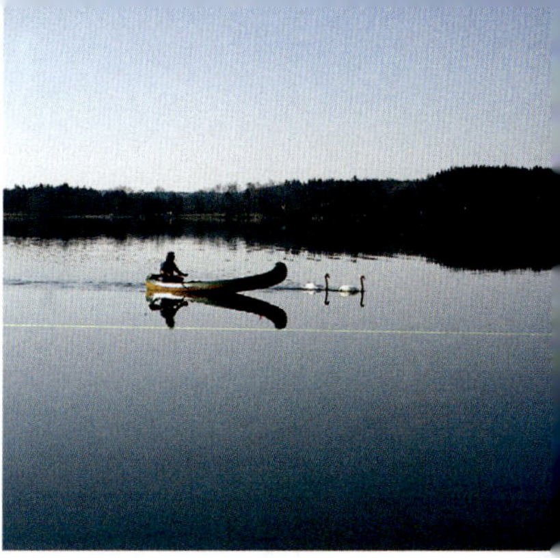

*Idyll am Simssee.*

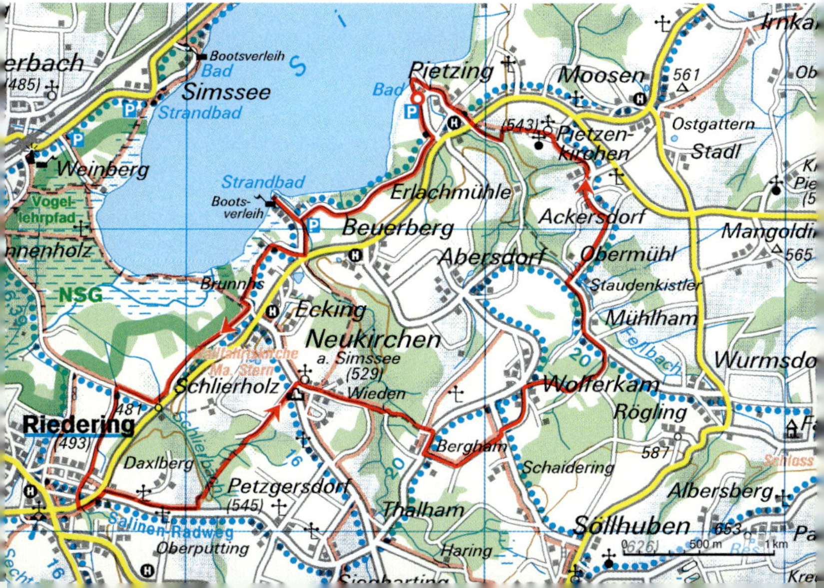

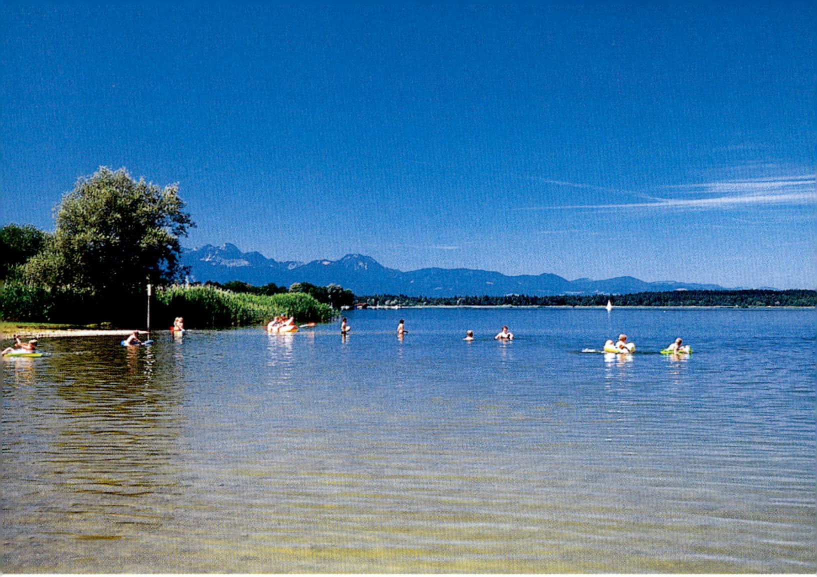

*Der seichte Uferbereich am Pietzinger Badestrand – ideal für Kinder. Im Hintergrund das Mangfallgebirge mit dem Wendelsteinmassiv (neben der Weide).*

Bei einer Bank mit schöner Aussicht (daneben ein Findling aus zentralalpinem Glimmerschiefer) ignorieren wir die mit »Daxlberg« beschilderte Abzweigung. Am Ende einer Gefällestrecke, kurz vor einem Stadel, zweigen wir unmittelbar vor einem Waldeck nach links auf einen undeutlichen Pfad ab, anfangs schmal am Waldrand, dann auf wieder deutlicherer Trasse in den Wald. Bald nach einer Brücke wandern wir auf dem Hauptweg geradeaus durch eine Neuaufforstung. Alle Abzweigungen ignorierend halten wir auf dem Hauptweg die Grundrichtung bei und gelangen so nach **Neukirchen** (529 m). Dort gehen wir vor der Wallfahrtskirche Maria Stern rechts und dann geradewegs auf den Berghamer Weg.
Nach den letzten Häusern halten wir die Richtung bei und folgen einem Kiesweg; eine erste Rechtsabzweigung wird ignoriert, ebenso ein gleich danach links abzweigender Waldweg. Halbrechts weitergehend gelangen wir in einen Bachgraben mit Brücke. Nach einer stärkeren Steigung treten wir aus dem Wald hinaus und gehen geradewegs bergan zu einer queren-

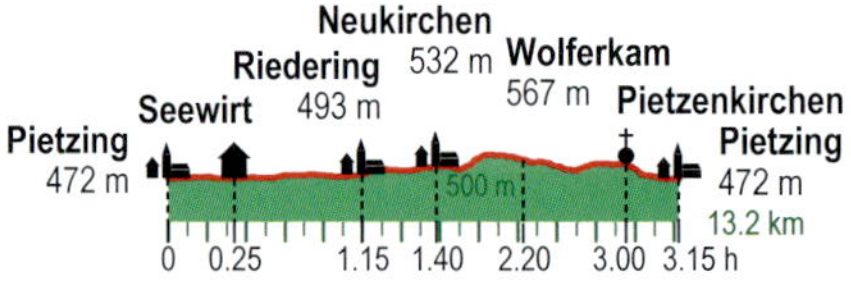

den Straße. Dieser folgen wir nach rechts. Beim Weiler **Bergham** zweigen wir nach links ab und gehen auf einem Feldweg hinauf zu einer Bank unter einer **Buche**. Dort nach links zu einer besonders aussichtsreichen Bank am höchsten Punkt der Tour (594 m). Geradeaus weiter, treffen wir auf eine Asphaltstraße, der wir wiederum nach links folgen – aber nur kurz, denn gleich geht es rechts ab. Unmittelbar bevor unser Sträßchen in **Wolferkam** (570 m) in die Hauptstraße mündet, zweigen wir nach rechts in einen Fahrweg ab. Dieser leitet bald durch Wald (Abzweigungen ignorieren) und trifft danach wieder auf eine Straße. Wir folgen dieser nach links und spazieren durch Mühlham in eine Senke.

Bei **Obermühl** (510 m) zweigen wir rechts ab und gehen vor den Hofgebäuden nach rechts an einer alten Mühle vorbei, die man besichtigen kann. Auf einem Kiesweg wandern wir nun geradewegs bergan, bis wir links abzweigen, um durch Ackersdorf (549 m) zum 1882 erbauten, neugotischen Gotteshaus von **Pietzenkirchen** (St. Anna, 543 m) zu gelangen. Wir gehen zwischen Kirche und Friedhof durch und geradewegs bergab. Knapp oberhalb eines rechteckigen Gebäudes folgen wir dem Weg nach links in den Wald. Wenig innerhalb des Waldrands nehmen wir den steilen Weg nach links hinab. Nach einem Brückerl geht es über einen kleinen Bachkanal und nach rechts auf einen etwas breiteren Weg am Bach entlang weiter. Nach Überquerung der Hauptstraße folgen wir der Fellbachstraße durch **Pietzing**, weichen einem Bauernhof rechts aus (halten die Richtung aber bei) und kommen so direkt zum Kiosk an der gepflegten Liegewiese des **Pietzinger Strands**. Links davon ist der Parkplatz.

*St. Anna, das neugotische Gotteshaus von Pietzenkirchen.*

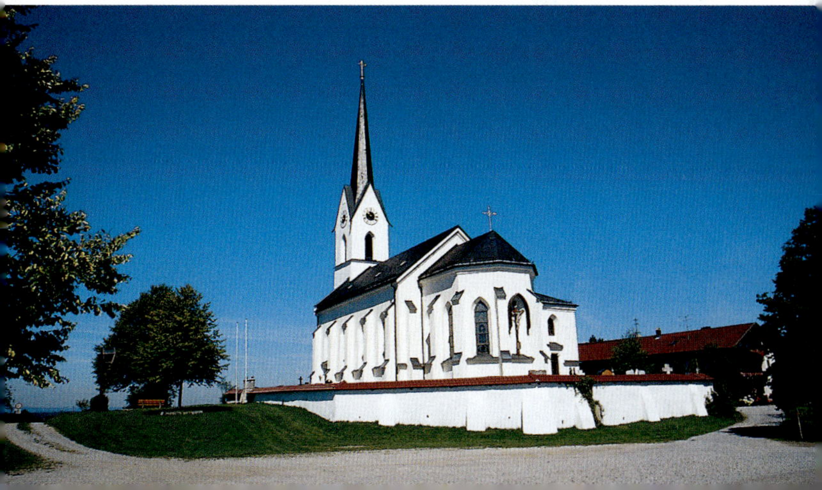

# 3 Vom Inn zum Hofstätter See

**4.00 Std.**

## *Auf den Spuren der Römer – vor den Toren Rosenheims*

*Vor den Toren Rosenheims locken wunderbar ruhige Seen, deren Ufer mit nur kleinräumigen Ausnahmen naturbelassen sind. Einer davon ist der Hofstätter See. Er hat zwei kleine, versteckte Badeplätze, die der Natur aber kaum Raum nehmen. Für Naturfreunde besonders eindrucksvoll ist das Burgermoos, die Verlandungszone im Südwesten des Sees. Interessant ist auch das steile rechtsseitige Innufer, die Innleiten. Die durchstreifen wir im Bereich der römischen Siedlung Pons Aeni an der Innbrücke der Via Julia, der Verbindung zwischen Juvavum (heute Salzburg) und Augusta Vindelicorum (heute Augsburg). Daran erinnert ein römischer Altarstein, der am Brunnen neben der Leonhardskapelle verbaut ist – nur einer von zahlreichen Funden aus der Römerzeit, auf die man hier gestoßen ist. Der vorgeschlagene Wegverlauf in einer Art Doppelacht erscheint auf den ersten Blick etwas kurios, ist aber insofern mit Bedacht gewählt, als man dort, wo freie Sicht herrscht, auf die Berge zugeht und damit das Alpenpanorama immer vor Augen hat.*

**Ausgangspunkt:** Parkplatz (444 m, Navi: 83071 Stephanskirchen, Innleitenstraße; 47.866414, 12.138390), an der Verzweigung in der Grandauer Au, wo das Schild »Bad Leonhardspfunzen« nach rechts weist. Zufahrt: von der Ostseite der Rosenheimer Innbrücke (Innstraße) auf der Hofaustraße nach Norden, also innabwärts. Alternative Ausgangspunkte: Parkplätze bei Vettl (Zufahrt von Niedernburg über Hofstätt) oder beim Strandhaus im Süden. Alternativ: Haltestelle Haidbichl der Buslinie 9415 Rosenheim – Wasserburg.

**Höhenunterschied:** 180 m.

**Anforderungen:** Am Hofstätter See stellenweise unscheinbare, unmarkierte Wege; sonst problemlose Wanderung, für die etwas Ausdauer nicht schadet.

**Einkehr:** Boadwirt in Bad Leonhardspfunzen, Strandhaus am Hofstätter See (in der Badesaison einfach bewirtschaftet).

**Varianten:** Wer sich auf die Umrundung des Hofstätter Sees beschränkt, ist nur eine gute Stunde unterwegs; dazu kann man z. B. am Parkplatz beim Strandhaus (Badegelände) parken.

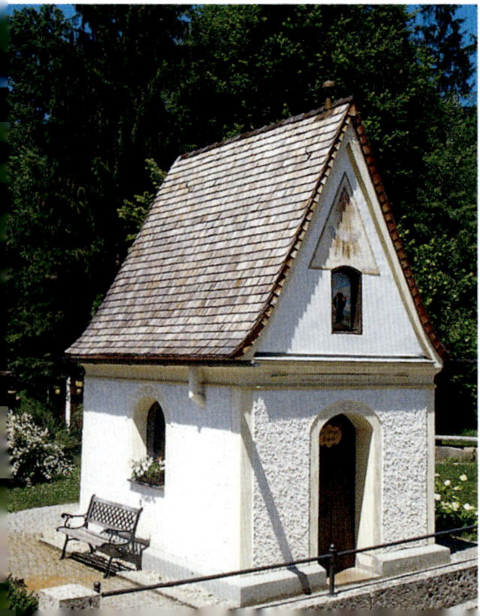

*Die Leonhardskapelle in Bad Leonhardspfunzen. Daneben steht ein Brunnen mit einem römischen Altarstein als Becken.*

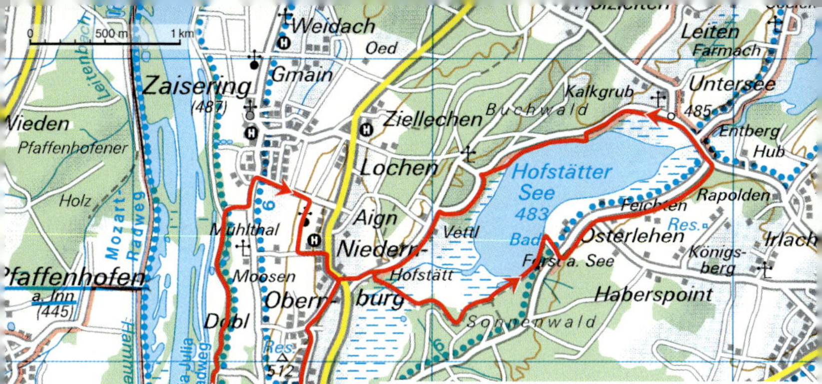
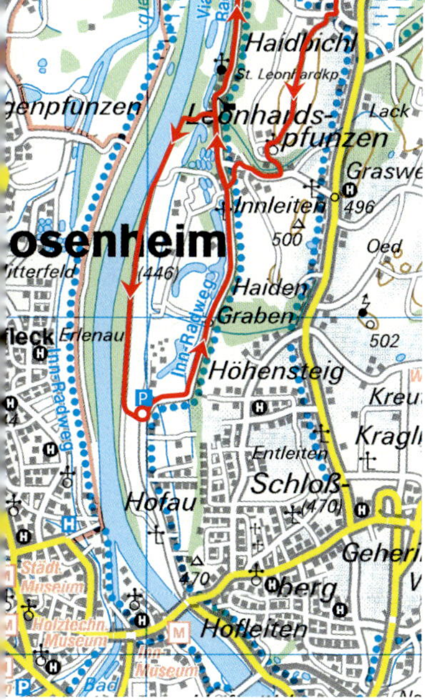


Vom Parkplatz in der **Grandauer Au** (444 m) folgen wir zunächst dem mit »Bad Leonhardspfunzen« ausgeschilderten Sträßchen durch eine Allee. Nach einer Linkskurve leitet das schmale Asphaltband am Fuß einer schattigen Uferterrasse durch den Weiler Innleiten (mit neubarockem, 1894 erbautem Schlösschen) zum Boadwirt in **Bad Leonhardspfunzen**. Nach der St.-Leonhards-Kapelle und der Lagerhalle des Mineralwasserbetriebs behalten wir auf dem befestigten Fahrweg die Richtung bei. Wo das schmale Asphaltband nach rechts hinaufführt, wechseln wir nach links auf einen unbefestigten Weg. Bei den Häusern von Mühltal kommen wir auf ein Zufahrtssträßchen, das die Uferterrasse überwindet. Bei der folgenden Asphalt-Verzweigung halten wir uns links, bald darauf, am Ortsrand von **Zaisering** (487 m) wieder

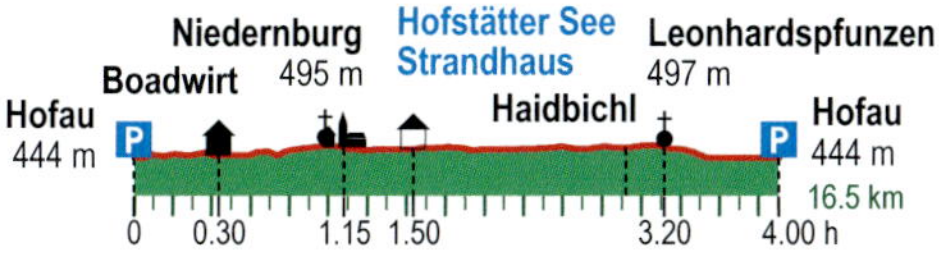

rechts. Das berganführende Asphaltsträßchen verlassen wir dann wieder nach rechts auf einen Feldweg, der an einer Kapelle (506 m) vorbeiführt. Wo rechts unten ein Bauernhof liegt, gehen wir links auf Pfadspuren an einem Strommasten vorbei nach **Niedernburg** hinunter. An der Straße nach rechts, geht es am ehemaligen Botenwirt vorbei. Am unteren Ortsrand folgen wir dem links abzweigenden Feldweg zu einer Kiesstraße. Darauf gehen wir nach links – aber nur ganz kurz: Wir zweigen nämlich auf den Seerundweg nach rechts ab; dieser präsentiert sich anfangs als unscheinbarer Pfad und führt über eine kleine bewaldete Geländestufe hinab. Anschließend wandert man auf einem langen Holzsteg über die ausgesprochen reizvolle Verlandungszone **Burgermoos** hinweg. Nach dem Ende des Stegs nehmen wir bei einer Verzweigung den linken Weg. Ein schmaler Pfad führt uns nun durch den uferbegleitenden Wald. Wo der Weg besser wird, halten wir uns jeweils links und steuern einen Aussichtsturm an (Infotafeln und super Überblick übers Moorgebiet!). Weiterhin ufernah erreichen wir bald das **Strandhaus**, das bei Badewetter mit Möglichkeiten zur äußeren und inneren Erfrischung lockt.

Nach rechts hinauf gelangen wir zu einer Straße, der wir nach links folgen. Nach der Abzweigung nach Osterlehen (die rechts zurückbleibt) benutzen wir den straßenbegleitenden Fuß-/Radweg. Bei der folgenden T-Kreuzung gehen wir nach links Richtung Vogtareuth (wieder Gehweg). Die Abzweigung nach Straßkirchen wird ignoriert. Wo die Hauptstraße nach rechts führt, zweigen wir vor einem Christuskreuz nach links auf ein kleineres Sträßchen ab und gehen zum Wald hinauf. Nach der Steigungsstrecke endet der Teerbelag. Wir wandern auf dem Hauptfahrweg geradeaus. Bald taucht links ein **Badeplatz** mit Bootshaus und kleiner Liegewiese auf.

Weiter geht es auf dem schmalen, zunächst ufernahen Pfad, der an der Liegewiese ansetzt. Der wird mit der Zeit breiter und mündet bald in eine Kiesstraße. Darauf zunächst nach links, folgen wir dann zwei Rechtsbögen. Bald stoßen wir auf eine große Kiesstraße. Auf ihr nach links, treten wir bald aus dem Wald heraus, wo wir herrliche Ausblicke auf die Ver-

*Der Holzsteg im Burgermoos.*

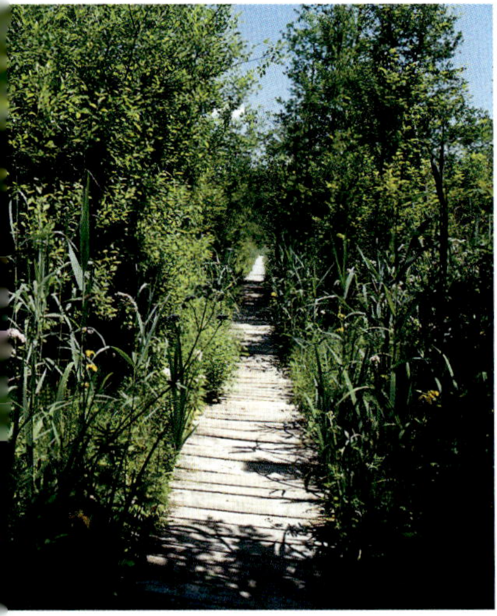

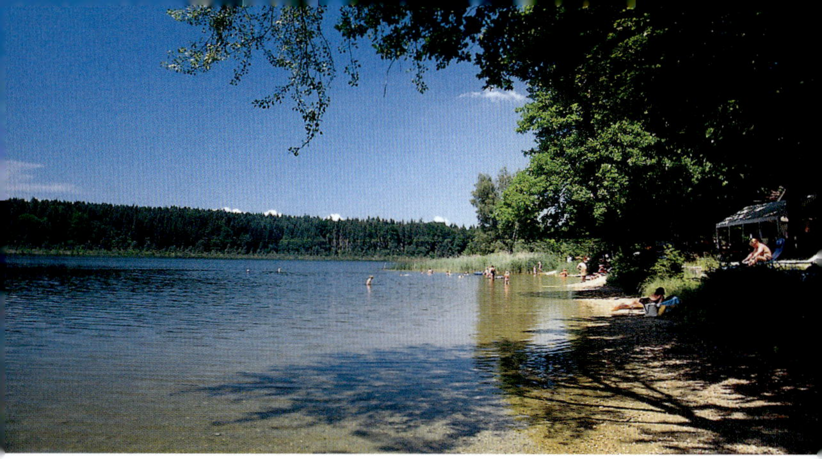

*Das Badegelände beim Strandhaus am Südostufer des Hofstätter Sees.*

landungszone des Hofstätter Sees sowie auf den Wendelstein genießen können. Nach den Häusern von Vettl und **Hofstätt** schließt sich die Seerunde. Einige Meter gehen wir auf bekanntem Weg wieder nach Niedernburg. Dort zweigen wir aber bei erster Gelegenheit links ab und gehen auf der Niedernburger Straße nach **Obernburg** (510 m). Weiter auf der Obernburger Straße nach links, in Haidbichl dann kurz rechts und gleich wieder links in die St.-Leonhards-Straße. Sie mutiert bald zu einem Feldweg, der aussichtsreich über einen Hügel (504 m) führt, auf dem einst eine Burg stand.

In **Leonhardspfunzen** (497 m) passieren wir die Kirche und gehen gleich danach über einen Fußweg (mit Rastbänken) nach links hinunter zur Straße, die gleich über den Pfunzener Graben (Rannergraben) hinwegführt, Bei der folgenden Verzweigung vor dem Feld rechts, dem Wegweiser zum Boadwirt folgend zwischen Bauernhöfen hindurch und auf steilem Weg über die bewaldete Uferterrasse hinab. Unten treffen wir auf das vom Anfang der Tour bekannte Sträßchen. Darauf könnten wir nach links gleich direkt zum Ausgangspunkt zurückkehren. Schöner ist es aber, mit Blick auf die Alpen am Inn entlang zurückzugehen. Dazu gehen wir am Hangfuß erstmal rechts und verlassen neben dem folgenden Bach aus dem Rannergraben das Sträßchen nach links zum **Uferdamm**.

*Winter beim Hofstätter See.*

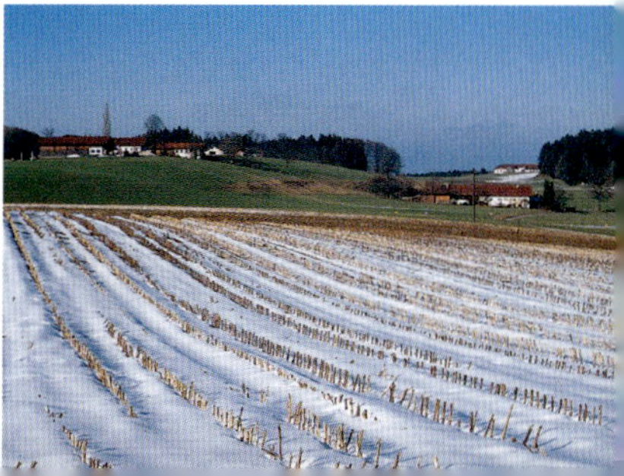

# 4 Simsseemoos und Hirnsberg, 563 m

2.35 Std.

## Von Bad Endorf durchs Simsseemoos

*Dass sich Endorf seit den 1970er-Jahren »Bad« nennen darf, verdankt es dem Erdöl, nach dem man dort gebohrt hat. Gefunden hat man dabei nämlich etwas noch Einträglicheres: Wasser, genaugenommen Jodwasser, das mit 90 °C und 50 Milligramm pro Liter sogar als stärkste Jodquelle Europas gilt. Unsere Wanderung führt durchs Simsseemoos südlich von Bad Endorf. Ein weithin sichtbarer Orientierungspunkt in dieser herrlichen Landschaft ist die Kirche von Hirnsberg. Sie steht auf einem steil aufragenden Hügel, auf dem bis 1378 auch die Burg der Herren von Hirnsberg stand, die großen Einfluss auf die mittelalterliche Entwicklung der Region hatten.*

**Ausgangspunkt:** Bad Endorf (522 m), Bahnhof an der Strecke München – Rosenheim – Salzburg. Parkplatz (1 Euro/Tag) auf der Südwestseite des Bahnhofs (Navi: 83093 Bad Endorf, Geigelsteinstraße). Alternativ Bushaltestellen Hirnsberg und Thalkirchen der RVO-Buslinie 9497 Rosenheim – Antwort – Prien.

**Höhenunterschied:** 180 m.

**Anforderungen:** Keine; nur der steile Pfad nach Hirnsberg hinauf kann etwas schweißtreibend sein.

**Einkehr:** Gasthaus Hilger in Hirnsberg, Lettenwirt, Kurfer Hof, Gaststätten und Cafés in Bad Endorf (u.a. das griechische Restaurant Artemis am Bahnhofsplatz).

*Nördlich vom Campingplatz: am Simsseeufer (kurzer Abstecher entlang der Achen).*

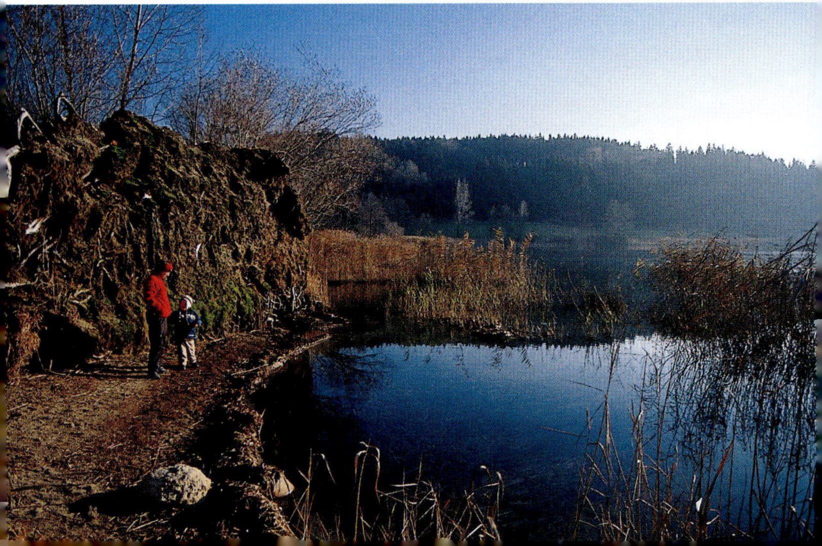

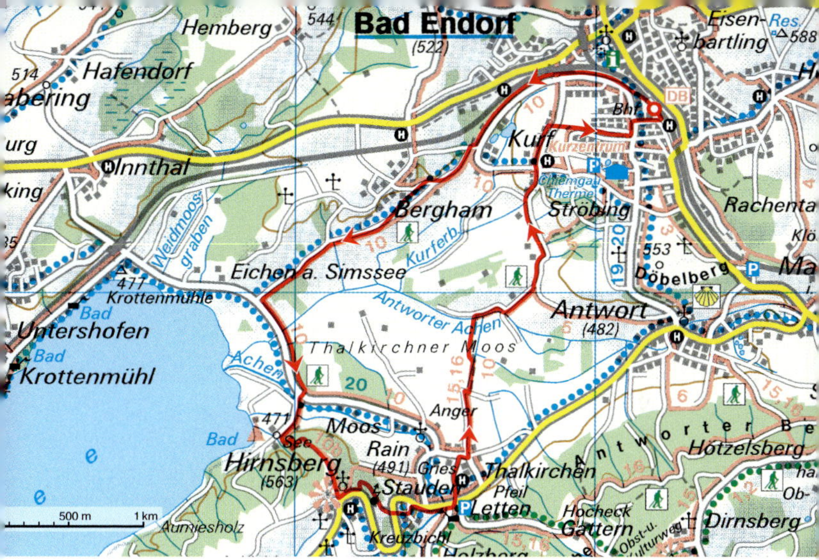


Am Westende des Bahnsteigs passieren wir ein E-Betriebsgebäude, gehen gleich dahinter auf einem Fußpfad zur Straße hinunter und folgen ihr nach rechts. Immer am Bahndamm entlang verlassen wir den Ort auf dem Simsseeweg. Nach einigen Häusern ignorieren wir die Linksabzweigung zur Kurf-Kurklinik, bei der gleich folgenden Verzweigung halten wir uns links und gelangen nach **Bergham**. Dort kurz nach rechts ins Dorf und gleich wieder links. Zwischen dem Simsseemoos zur Linken und einem Moränenwall zur Rechten leitet ein schöner Wanderweg zu einem Asphaltsträßchen, dem wir nach links folgen. Wir verlassen es wieder, indem wir die Abzweigung zum **Campingplatz** einschlagen. Dort gehen wir nach links an einer Schranke vorbei auf einen Parkplatz, an dem wiederum links der steile Fußpfad auf den Hirnsberg ansetzt.

Wo es wieder flacher wird, taucht links eine freie Verebnung auf – der Standort der um 1100 erstmals erwähnten und 1378 zerstörten Burg der Herren von **Hirnsberg** (563 m). Aus der Burgkapelle St. Maria (1360) ging die spätgotische Kirche Maria Himmelfahrt hervor (1496 erbaut, 1734 barockisiert), neben der wir gleich darauf nach links Richtung Endorf abbiegen. Wo in einer Rechtskurve eine Gefällestrecke beginnt, wechseln wir auf den links abzweigenden Fußweg, der in einer Leitplankenunterbrechung ansetzt (Wegwei-

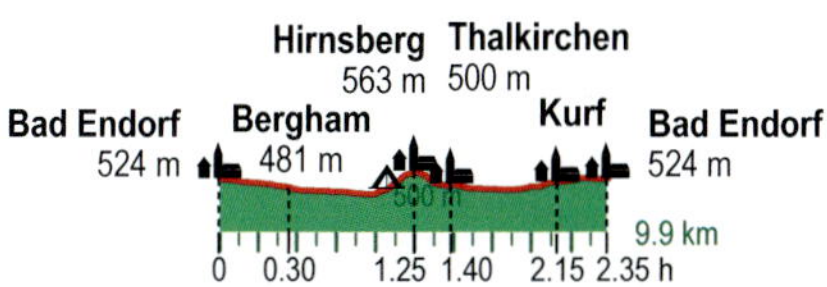

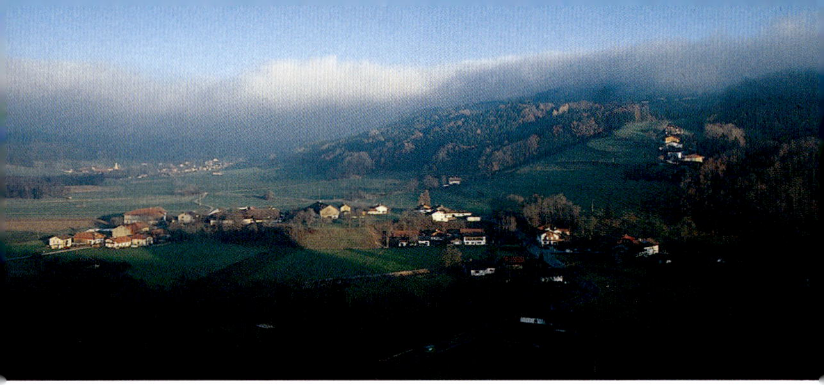

*Blick von Hirnsberg auf Thalkirchen – rechts der Nordhang der Ratzinger Höhe.*

ser Endorf). Der wendet sich nach rechts hinab und trifft wieder auf die Straße. Die wird geradewegs überquert, erst ab dem folgenden Anwesen (Kreuzbichl) müssen wir kurz entlang der Straße in die Senke beim **Lettenwirt** (485 m) gehen. Bevor die Straße nach **Thalkirchen** (500 m) ansteigt, zweigen wir nach links ab und wechseln auf einen Fußpfad. Wieder an einem Sträßchen, halten wir uns rechts. Gleich darauf zweigen wir nach links auf einen Kiesweg ins Moos ab.

Nach einem kleinen Rechtsschlenker über einen Entwässerungsgraben geht es daran entlang weiter. Nachdem der Weg die Grabenseite erneut gewechselt hat, treffen wir bei einer Lehrtafel zu Feuchtwiesen auf eine breitere Brücke. Unmittelbar dahinter rechts, schlängelt sich der Weg zu einer T-Kreuzung, bei der man über Bodenbrüter informiert wird. Wir gehen hier links, ebenso nach kurzer Steigungsstrecke bei einer weiteren Verzweigung. In einem Rechtsbogen geht es hinauf nach **Kurf** (508 m), wo am Ortseingang rechts ein Marienheiligtum neben einem Weiher zur Andacht lädt. Vor dem Kurfer Hof geht es halb rechts weiter, am Ortsende zuerst geradeaus und bei der folgenden Abzweigung dann nach rechts auf einen befestigten Fußweg. Nun geradewegs ins Endorfer Siedlungsgebiet, über eine Querstraße in die Kampenwandstraße. Bei einer T-Kreuzung gehen wir links und gleich darauf rechts durch die Geigelsteinstraße zum **Bahnhof** (522 m).

*Blick über Kurf zu den Bayerischen Voralpen.*

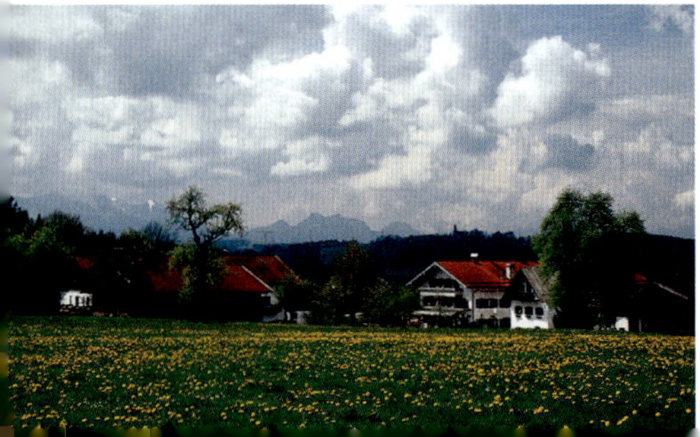

3.00 Std.

# Amerang und Meilham

5

## *Ein Schloss, ein Baumlehrpfad und ein schmuckes Landkircherl*

*Aus dem Jahr 1072 stammt die erste urkundliche Erwähnung von Schloss Amerang. Das heutige stattliche Gebäude erhielt seinen mediterranen Touch im 16. Jahrhundert von Hanns Warmund von der Leiter. Die »von der Leiter« waren das norditalienische Adelsgeschlecht der Scaliger – sie übersetzten ihren Namen ins Deutsche, nachdem Sie den Viscontis unterlegen und nach Bayern ausgewandert waren. Heute reizt der größte Renaissance-Arkadenhof des Alpenraums zu einem Besuch des Schlosses, v. a. bei einem der großartigen Konzerte, die hier allsommerlich stattfinden.*

**Ausgangspunkt:** Parkplatz (580 m) beim Schloss Amerang (Navi: 83123 Amerang, Schlossplatz 2); alternativ kleiner Parkplatz kurz vor dem Ortsschild Amerang (von Halfing kommend). An Sommerwochenenden Bahnverbindung (»LEO«) mit Prien; beim Bhf. Amerang Hst. der Buslinien 9492 von Rosenheim, 9480 von Bad Endorf sowie 9414 (Prien – Wasserburg).
**Höhenunterschied:** 190 m.
**Anforderungen:** Bequeme Wander- und Fahrwege sowie gekieste Fahrwege.
**Einkehr:** Abseits des Hauptwegs Gaststätten in Amerang.
**Varianten:** 1) Rückkehr auf dem beschilderten Arboretum-Rundweg: am Ende des Totmannsgrabens kurz vor der Straße rechts und auf Wiesenweg wieder hinauf zum Schloss (insg. 30 Min.).
2) Abkürzung auf gekiestem Fahrweg von Meilham nach Taiding (Gesamtdauer dann gut 2.15 Std.).

*Beeindruckendes Gemäuer: der Turm am Haupteingang vom Scaliger-Schloss Amerang.*

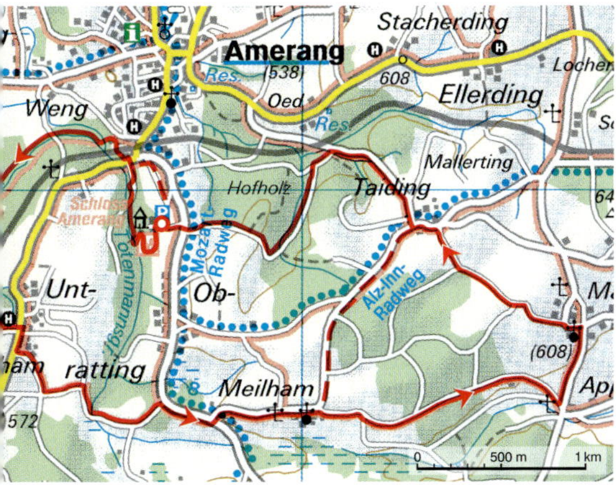


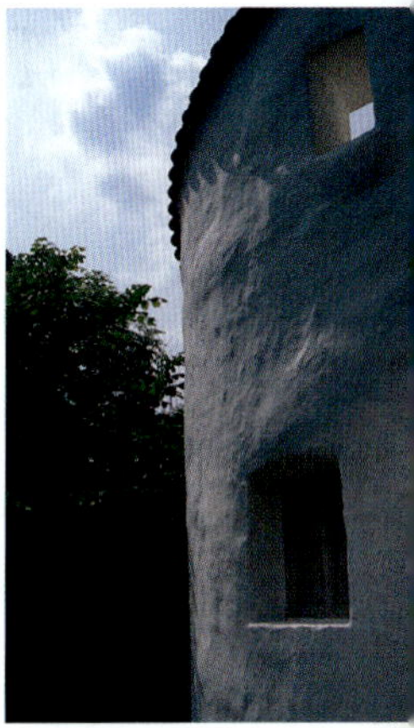

Am Schlosseingang und an einem Leuchten-Geschäft vorbei gelangt man auf einem Kiesweg zum **Arboretum-Lehrweg**. Der führt – zwischen vielen teils exotischen Bäumen – mit einigen Holzbefestigungen steil hinab in den Totmannsgraben. Unten geht es dann flach talaus, wobei man sich einen kleinen beschilderten »Urwald«-Umweg gönnen sollte. Kurz vor einer Straße zweigt nach rechts die Kurzrunde (Variante 1) ab. Auf der anderen Straßenseite geht leicht nach links versetzt der Weg weiter, ausgeschildert mit »Moosrundweg«. Talaus wandernd ignorieren wir alle Abzweigungen und bleiben am Bach, bis eine T-Kreuzung nur noch den Moosrundweg (Wegweiser) nach rechts oder links zulässt – wir gehen nach links über die Brücke (499 m). Bald gewinnen wir wieder an Höhe, ignorieren Abzweigungen nach rechts (Halfing) und steigen nach Überquerung der Bahnlinie auf einem Kiesweg zum Waldrand hinauf. Dort nach links, gelangt man über eine aussichtsreiche Kuppe zur Bushaltestelle von **Unterratting** (565 m), wo man nach rechts kurz entlang der Straße geht – bis zu den letzten Häusern, dort links. Nach einem Rechtsbogen gehen wir auf den Wald zu und biegen 100 m davor nach links ab. Der Weg schlängelt sich über einen Graben hinweg. Eine Abzweigung nach rechts wird ignoriert. Wo wir eine Asphaltstraße erreichen, folgen wir ihr auf dem begleitenden Rad-/Fußweg nach rechts, um beim Ortsschild Meilham wieder links abzubiegen.

Nach dem spätgotischen Peterskircherl in **Meilham** (614 m) – bekannt für seine Wand- und Deckenmalerei aus dem 15. Jahrhundert – verzweigen sich die Wege: links geht es direkt nach Taiding (Variante 2), rechts gehen wir auf einem Feldweg Richtung Pittenhart weiter. Kaum sind wir wieder im Wald, nehmen wir den mittleren von drei Wegen,

*Schloss Amerang, gesehen vom Arboretum-Lehrweg im Totmannsgraben.*

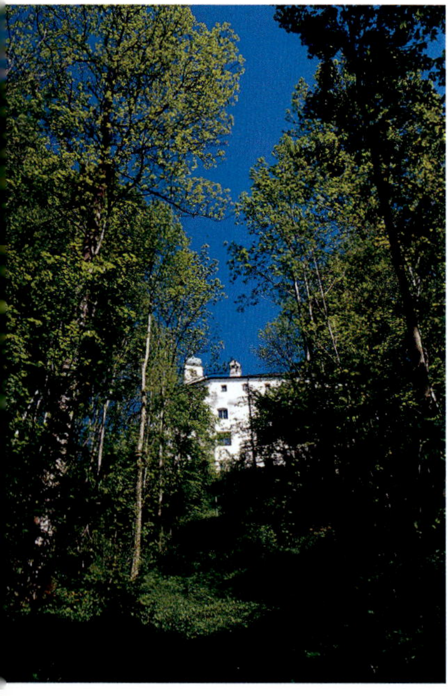

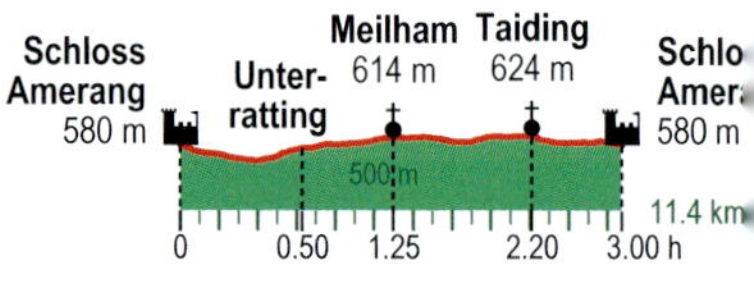

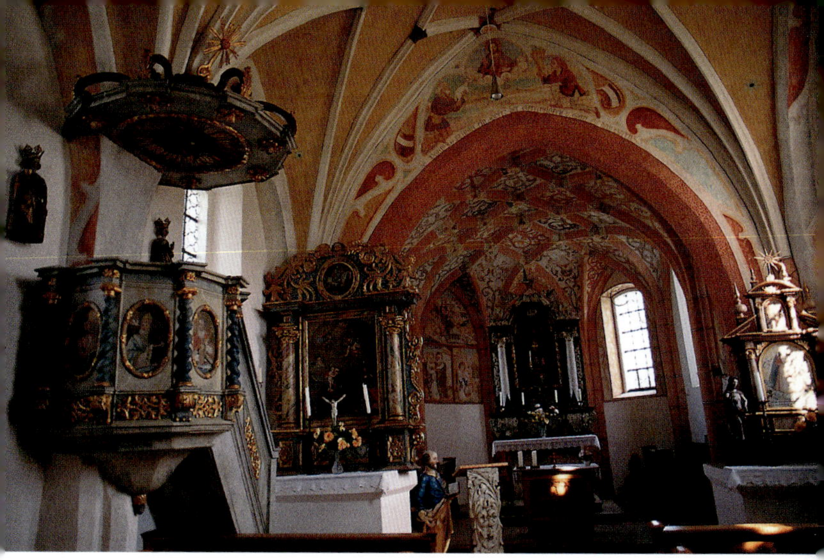

*Innen unerwartet prunkvoll: das Meilhamer Peterskircherl.*

auch wenn der oft etwas matschig ist. Kurz vor dem Waldende lassen wir eine kreuzende Spur unbeachtet, um geradeaus in die Senke von **Apping** (590 m) zu wandern. Dort geht es nach links und auf einem Sträßchen hinauf nach **Maiering** (608 m), wo wir uns wiederum links halten.

Gleich darauf beschreibt die Straße einen Rechtsbogen; dort wandern wir auf dem geradeausführenden, unbeschilderten Feldweg weiter. Nach einer Rechts-Links-Kombination gehen wir bei einer Verzweigung halbrechts weiter. Nach einem kurzen Stück am Waldrand gehen wir nach rechts, in **Taiding** (626 m) kurz links und gleich darauf wieder rechts auf der Straße Richtung Amerang hinab. Nach einem Straßenabschnitt im Wald folgen wir einem links abzweigenden Kiesweg. Bei der folgenden Verzweigung halb links. Dann geradeaus, bis es mit einem Rechtsknick aus dem Wald herausgeht. Schließlich wandern wir am Waldrand entlang zurück zum **Ausgangspunkt**.

*Außen schlicht: das Peterskircherl zu Meilham.*

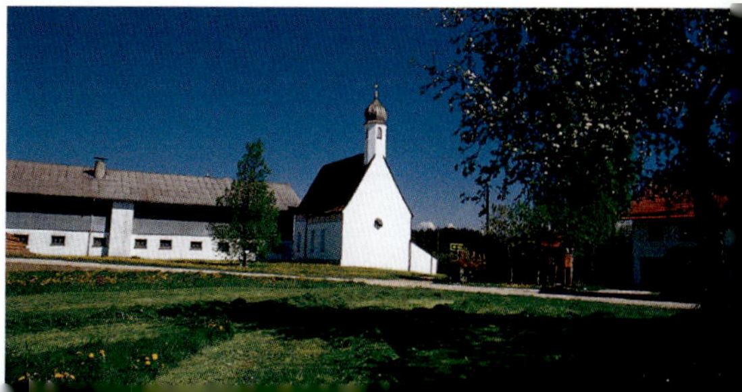

# TOP 6 Rund um den Hartsee

**2.10 Std.**

## *Durch die Eggstätt-Hemhofer Seenplatte*

*Vor rund 18.000 Jahren, beim Höchststand der letzten Eiszeit, reichten die alpinen Gletscher deutlich über das heutige Chiemseeufer hinaus nach Norden. Als das Eis dann zerfiel, wurden einige zurückgebliebene Eisblöcke von Schottermassen verschüttet, die reißende Schmelzwasserströme mitführten. Als die verschütteten Toteisblöcke dann doch austauten, sank die Oberfläche darüber ein und die Senken füllten sich mit Wasser. So entstanden die Toteisseen der Eggstätt-Hemhofer Seenplatte. Vor 2000 Jahren bauten die Römer ihre Via Julia durch das Gebiet, heute führen reizvolle Wanderwege durch diese ausgesprochen attraktive Landschaft, so auch um den mit 39 m tiefsten dieser Seen, den Hartsee. Die Seenplatte bietet Lebensraum für seltene Tiere, wie Graureiher, Rotfeder (Schwarmfisch), Teichmolch und den drachenartigen Kammmolch.*

**Ausgangspunkt:** Parkplatz (532 m, Navi: 47.910825, 12.349040), östlich von Schloss Hartmannsberg an der Straße Bad Endorf – Seebruck; von Endorf kommend nach dem Schloss beim Wegweiser »Lemberg« links der Straße. Hst. Schlicht der Buslinie 9480 Amerang – Bad Endorf – Prien (wochentags).
**Höhenunterschied:** 75 m.
**Anforderungen:** Keine; problemlose, gelegentlich feuchte Spazierwege.
**Einkehr:** Hartsee-Stüberl (Steckerlfisch!).

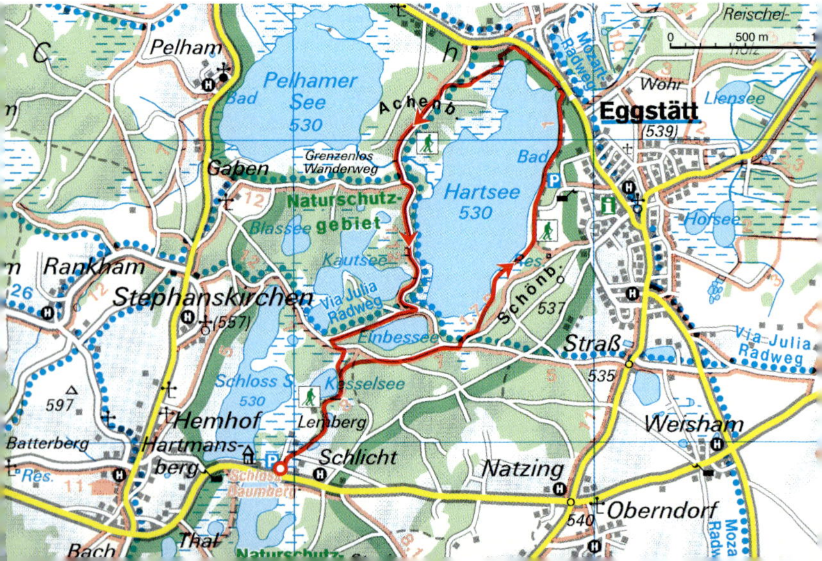

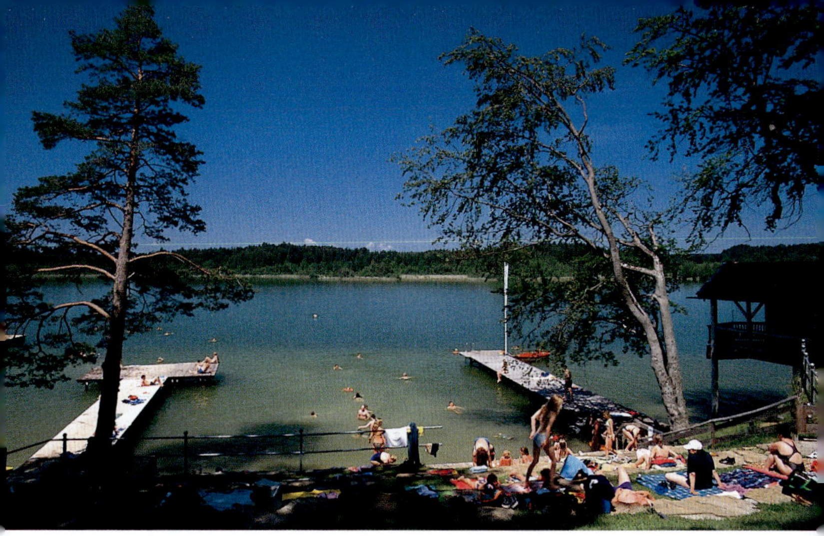

*Umgeben von viel Natur: das Eggstätter Strandbad am Hartsee.*

Vom **Parkplatz** folgen wir der Wegweisung auf den Hartseerundweg (»Eggstätt, Wanderweg 11b«). Am **Kesselsee** verzweigt sich der Weg – wir gehen hier rechts. Der Weg nach Stephanskirchen bleibt bald links zurück, wir folgen hier vorübergehend dem Grenzenlos-Weg. Dieser biegt bei einem größeren Wegweiserbaum nach links ab, wir gehen dort und bei den folgenden Wegweisern Richtung Eggstätt. Dabei biegen wir nach rechts auf die Via Julia ein, den Radweg zwischen Salzburg und Augsburg, der der gleichnamigen Römerstraße folgt. Diese historische Trasse verlassen wir aber bald wieder nach links, indem wir der Wegweisung »Hartseerundweg« folgend kurz hintereinander zweimal nach links abbiegen. So wandern wir nun immer nah am **Hartsee** (530 m) und erreichen das **Badegelände**, bei dem rechts oberhalb das Hartsee-Stüberl zur Einkehr lockt.
Auch der Weiterweg bleibt ufernah und führt zu einer Straße. Daran wandern wir auf einem Geh-Radweg ein Stück nach links (Richtung Obing). Am Ende eines Waldstücks zweigen wir mit dem Wegweiser »Hartsee« wieder auf ei-

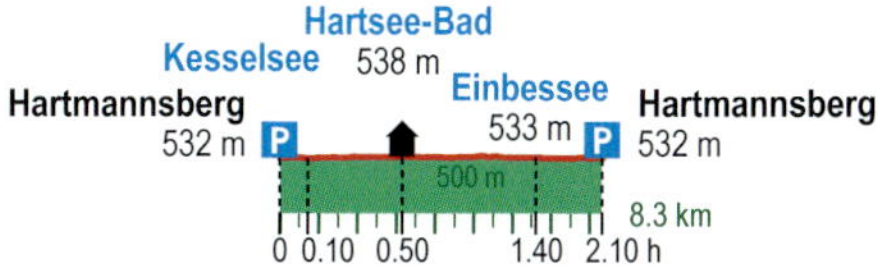

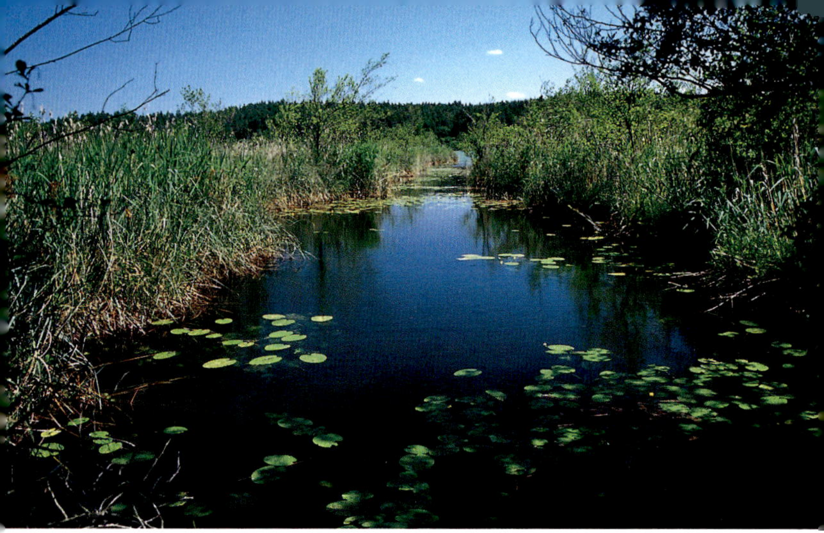

*Verbindungs-»Kanal« zwischen Kautsee und Hartsee.*

nen Wanderweg ab. Den Weg nach Unter-/Oberulsham ignorieren wir. Wo sich der Weg vielfach verzweigt, gehen wir geradeaus auf dem deutlichsten Weg weiter. Nach einer **Brücke** über die Verbindung von Hartsee (links) und Pelhamer See (rechts) steigt der Weg an zu einer Verzweigung: Nach rechts geht es auf den 7-Seen-Rundweg 12, wir gehen auf dem deutlicheren Weg nach links weiter und passieren bald darauf den **Kautsee**. Auf dem gekiesten Hauptweg, kommt man zu einer weiteren Abzweigung; dort gehen wir scharf nach rechs (Wegweiser »Hartmannsberg«).

Bei der gleich folgenden spitzwinkligen Verzweigung nehmen wir den linken, gelb markierten Weg. Am bewaldeten Ufer des Einbessees entlang kommt man zu einer großen Verzweigung, bei der wir nach links gehen; gleich darauf geht es zweimal nach rechts. So kommen wir zum **Kesselsee**, wo sich die Runde schließt. Auf bekanntem Weg geht es schließlich zurück zum **Parkplatz Hartmannsberg**.

*Weiher und Wollgraswiese nahe dem Ausgangspunkt.*

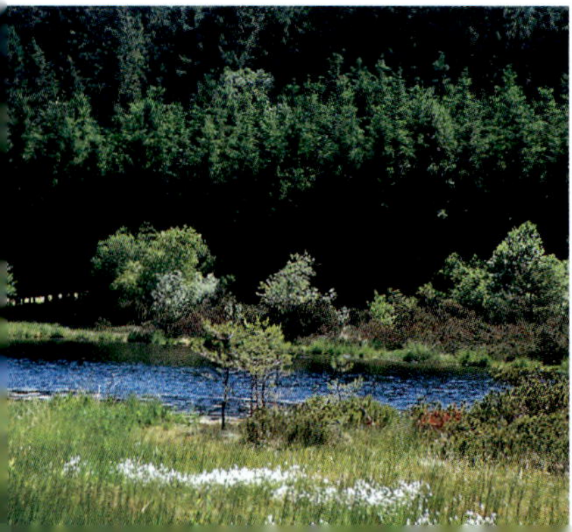

2.30 Std.

# Schafwaschener Bucht und Langbürgner See

7

## *Urwüchsige Natur und schöne Einkehrmöglichkeiten*

*Der westliche Teil des Chiemsees, der sogenannte Inselsee, bildet ganz im Nordwesten eine Bucht aus, die zwischen der Halbinsel Sassau und der Prienmündung nur noch eine schmale Verbindung zum Hauptsee hat: die Schafwaschener Bucht. Ihre naturbelassene Uferlandschaft erleben wir bei dieser Tour ebenso wie den versteckten Stettner See und das verwunschene Südufer des buchtenreichen Langbürgner Sees.*

**Ausgangspunkt:** Rimsting, Parkplatz (520 m) zwischen Sportplatz (Navi: 83253 Rimsting, Westernach 5) und Mündung der Prien. Zufahrt von der Straße Rimsting – Westernach, direkt neben der Prienbrücke abzweigen (Wegweiser »Steineweg«). Alternativ Hst. Hochstätt der Buslinien 9520 und 9586.
**Höhenunterschied:** 80 m.
**Anforderungen:** Orientierungssinn und ein wacher Blick für teils undeutliche Pfade (Tendenz zu »rot«) am Stettner und Langbürgner See; nach Regen matschig.
**Einkehr:** Seecafé Toni in Hochstätt, »Kurkuma im Kulturbahnhof« (thailändische Küche), Strandkiosk am Ausgangspunkt.
**Tipp:** Vogelbeobachtungsstation und »Steineweg« an der Prienmündung.

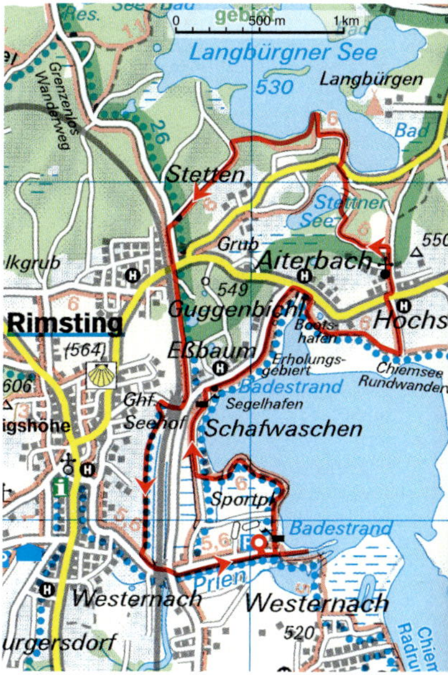


Am Kiosk vorbei starten wir auf dem Uferweg nach Norden. Der schlängelt sich zwischen Streuwiesen und Schilf zu einem breiteren Kiesweg, auf dem man nach rechts zum Seehof in **Schafwaschen** gelangt. Dessen Zufahrtsstraße führt an einem Straußengehege vorbei zu einer kleinen Landstraße, entlang der wir nach rechts gehen. Ebenfalls rechts gehen wir bei der nächsten querenden Straße. Die verlassen wir allerdings nach wenigen Metern – wiederum nach rechts. Auf reizvollem Wanderweg geht es wieder über Streuwiesen, bis der »Naturweg« nach links abzweigt und zum **Seecafé Toni** in Hochstätt leitet. Dort an der Straße 30 m nach rechts, dann gleich wieder links und an der Kapelle St. Coloman vorbei.

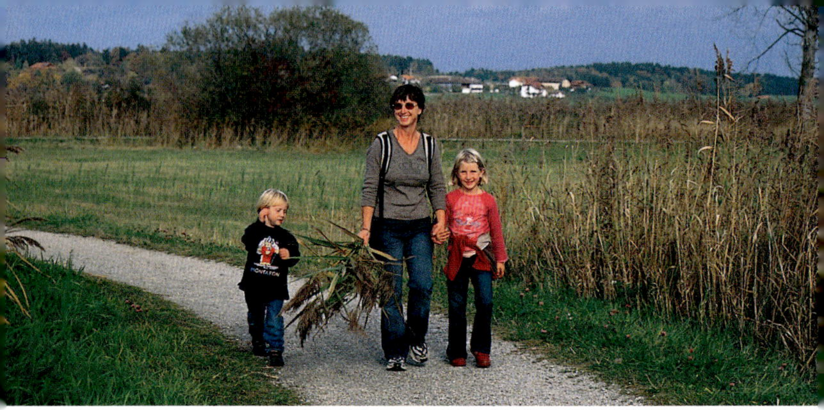

*Uferweg durch Streuwiesen zwischen der Prienmündung und Schafwaschen.*

Nach dem letzten Grundstück zweigen wir am Ende des Zauns rechtwinklig nach links ab. Nun leicht bergab zum Wald. Dort gehen wir an einer Verzweigung halbrechts. Unser Weg führt nun – oft matschig – in einem leichten Rechtsbogen am Fuß eines Hügels entlang zu einer Verlandungszone und weicht davor über sanfte Geländeschwellen aus. Nach einem Linksknick geht es auf deutlicher Trasse zur Liegewiese beim **Stettner See** (Bademöglichkeit).

Auf der Wiese kurz Richtung Straße hinauf, 15 m davor nach links und zwischen Wiese und Straße zum linken Halteverbotsschild. Über die Straße und daran kurz nach links. Bei erster Gelegenheit geht es scharf nach rechts hinauf. Wir folgen dem Hauptweg (Abstecher nach rechts ignorieren), der auf der Spitze einer einst von den Römern besiedelten Landzunge am Langbürgner See einen Linksbogen beschreibt und anschließend nach rechts tendiert. Einem querenden, breiten Fahrweg folgen wir nach rechts und kommen geradeausgehend direkt zum **Langbürgner See** (530 m). Dort nach links auf dem anfangs undeutlichen uferbegleitenden Pfad weiter an einer Bucht entlang. Einige Linksabzweigungen ignorieren wir. Nach einem leichten Gefälle geht man nicht auf die nächste (im weiteren Verlauf weglose) Landzunge, sondern hält sich leicht links und verlässt damit das Ufer. Ein kurzer, verwachsener Abschnitt führt zu einem Karrenweg. In diesen mündet

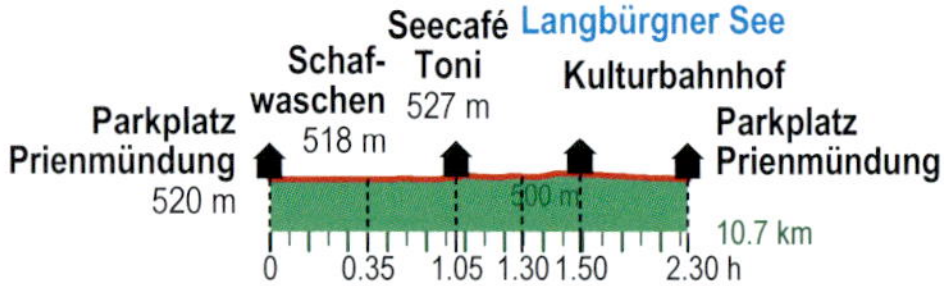

bald von rechts ein anderer Weg – wir gehen hier geradeaus. Gleich darauf, wo sich wieder ein Weg von rechts dazugesellt, folgen wir dem Weg, der in einem Linksbogen weiterführt. Der jetzt breite Hauptweg schlängelt sich – weiter im Wald bleibend – zu einem Sägewerk; dort nach links an einem trockenen Toteisloch vorbei zur Gaststätte **»Kurkuma im Kulturbahnhof«**, dem ehemaligen Bahnhof von **Rimsting**. Daneben steht die Königslinde – genau an der Stelle, an der sich 1882–1887 der Wartesaal-Pavillon von König Ludwig II. befand: Der Platz, um vom Zug auf die Kutsche nach Urfahrn zu wechseln, wo dann das Ruderboot auf »seine« Insel wartete.

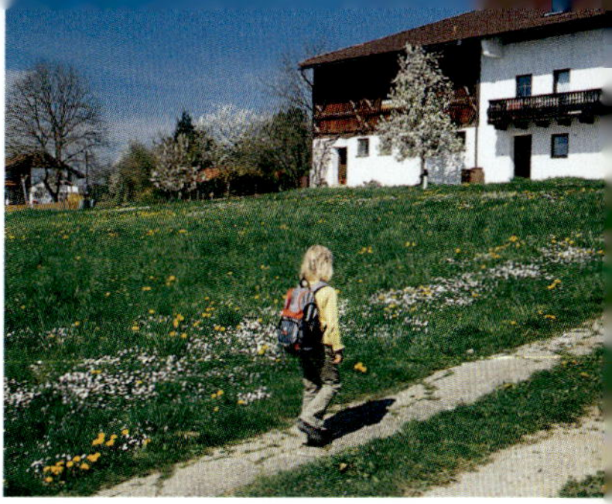

*Frühling bei Hochstätt.*

An der Bahn entlang hinauf zur Straße (552 m), die geradewegs überquert wird. Auf dem **Alfredweg** gehen wir nun zwischen der Bahnlinie und einer bewaldeten Toteislandschaft Richtung Süden. Wir treffen auf die Straße und könnten in wenigen Minuten nach links hinab nach Schafwaschen und damit zum ersten Wegabschnitt gelangen. Für eine richtige Rundtour gehen wir auf der Straße kurz rechts und unter der Bahnunterführung durch. 50 m weiter setzt links der **Römerweg** an, der mit herrlichen Blicken auf die Kampenwand nach Süden führt und mit Rastbänken, moderner Kunst und einem 1999 in der Nähe gefundenen römischen Meilenstein garniert ist. Wo der Weg auf die Straße trifft, geht es nach links unter der Bahn durch und an der unmittelbar folgenden Abzweigung vorbei. Gleich darauf, vor der Prienbrücke, treffen wir auf den **Steinlehrpfad**. Dem folgen wir zurück zum Ausgangspunkt bzw. daran vorbei auf einem kurzen Abstecher zur nahen **Prienmündung**.

*Der Langbürgner See mit seinen größtenteils bewaldeten Ufern.*

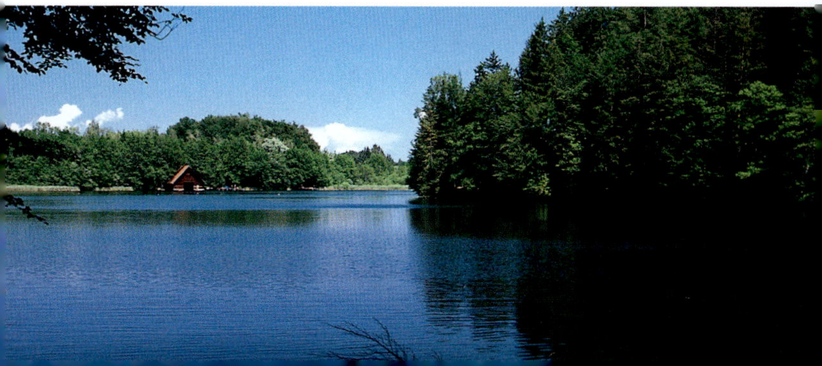

# 8 Ratzinger Höhe, 694 m

**4.40 Std.**

## *Von Prien über Greimharting und Rimsting*

*Viele denken beim Namen dieses Vorlandhügels vielleicht an Papst Benedikt, den ehemaligen Kardinal Ratzinger. Dass der Ursprung des Namens auf den Weiler Ratzing auf der gleichnamigen Höhe zurückgeht, erscheint naheliegend. Es gibt aber auch eine direkte Verbindung: Die Mutter von Josef Ratzinger wohnte nämlich vor ihrer Heirat in Rimsting am Fuß der Ratzinger Höhe. Der Molassehügel – oder handelt es sich doch schon um einen kleinen Berg? – überragt das umgebende Alpenvorland so deutlich, dass man von seinen Höhen eine unvergleichliche Aussicht genießen kann. Sie reicht bei klarer Luft über den Chiemsee hinweg bis zu den Bergen im Salzkammergut.*

**Ausgangspunkt:** Prien (532 m), Bahnhof an der Strecke Rosenheim – Salzburg; Knotenpunkt mehrerer RVO-Buslinien. Parkplätze östlich der Bahnlinie, zwischen Bahnhof und Schule (Navi: 83209 Prien am Chiemsee, Franziska-Hager-Straße), ein Teil davon Lehrerparkplätze, die von Montag bis Freitag von 6 bis 13 Uhr für das Schulpersonal reserviert sind; südlich davon auch einige ganz freie Parkplätze. Alternative Parkmöglichkeiten in Rimsting (564 m) im südlichen Ortsteil an der Greimhartinger Straße sowie in Greimharting (584 m) bei der Kirche.
**Höhenunterschied:** 300 m.
**Anforderungen:** Problemlose Wanderung mit viel Auf und Ab, die im Vergleich zu anderen Routen im Alpenvorland schon etwas Ausdauer erfordert.
**Einkehr:** Schützenwirt im Eichental, Obstbrennerei Fritznhof und Gasthof Weingarten an der Ratzinger Höhe, Gaststätten in Prien und Rimsting.

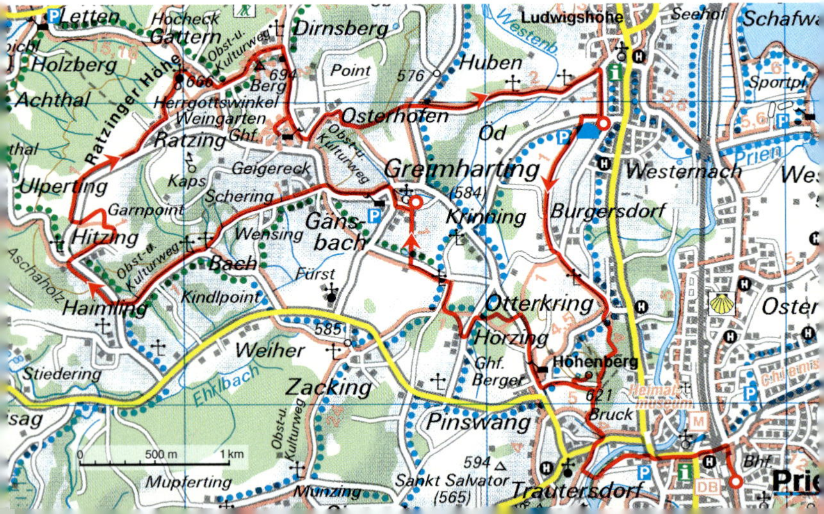

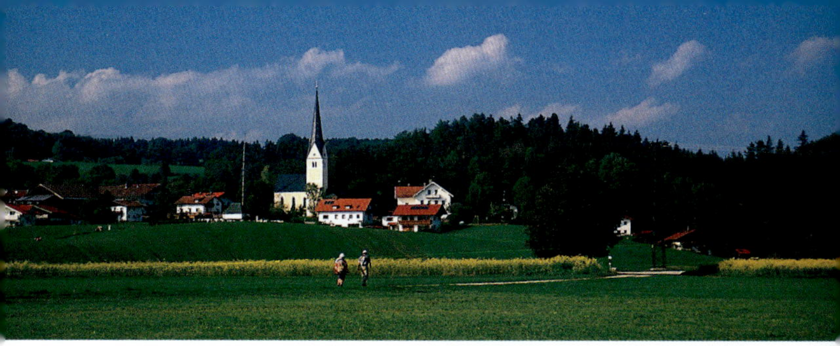

*Auf den Feldern und Wiesen südöstlich von Greimharting.*

Vom Bahnhof bzw. den Parkplätzen gehen wir zunächst nach Norden zur Seestraße und dort nach links. Auf der anschließenden Alten Rathausstraße halten wir die Richtung bei. Unmittelbar vor der Prienbrücke wenden wir uns nach links. Durch den **Kurpark Eichental** gelangen wir zu einer Fußgängerbrücke. Darauf überqueren wir die **Prien** und gehen nach rechts auf einem schmalen Sträßchen über die Uferterrasse hinauf.

Auf der anderen Seite einer Landstraße schickt uns der Wegweiser »Greimharting, Ratzinger Höhe« neben einem Bach bergan. Über ein Holzbrückerl ist ein kurzer Abstecher nach links zum Priener Weinberg möglich, wo die bis vor rund 200 Jahren gepflegte Weinbau-Tradition der Herrenchiemseer Augustiner-Mönche im Jahr 1985 in kleinem Stil wiederaufgenommen worden ist – mit Hilfe des fränkischen Weinbauvereins Randersacker.

Bei einer Bank mit Bildstöckl verzweigt sich der Weg; dort rechts an der schlossartigen Villa vorbei und hinauf zum Waldrand, wo wir dem linken Weg folgen. Nach einer Kapelle steigen wir nach rechts hinauf, halten uns gleich darauf links, passieren den Sendeturm auf dem **Höhenberg** (621 m) und genießen gleich dahinter den Blick zu unserem Hauptziel, der Ratzinger Höhe.

Zurück an der Verzweigung bei der Kapelle, gehen wir hinunter nach **Pinswang** und dort rechts auf den Fuß-/Radweg entlang der Straße Richtung Greimharting. Wo im Wald nach rechts ein Wanderweg nach Rimsting ausgeschildert ist, zweigen wir auf den schräg gegenüber ansetzenden Waldweg nach links ab. Sobald dieser wieder auf eine Asphaltstraße trifft, gehen wir kurz nach links, um unmittelbar vor dem Langhof wieder rechts abzuzweigen. Am Ende des Zauns halten wir uns links. Bald darauf treten wir wieder aus dem Wald hinaus

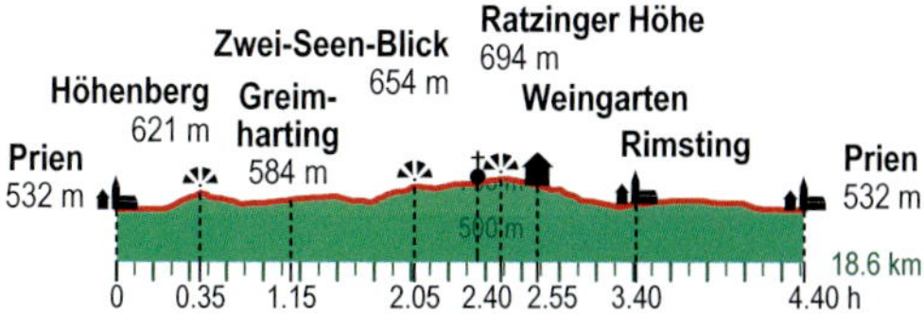

*Die Herrgottswinkel-Kapelle bei Ratzing.*

und gehen nach rechts, bei einem Wegkreuz dann nach links. Im Weiler **Krinning** (561 m) zweigen wir rechts ab, gehen zwischen den Häusern hindurch und schnurstracks hinauf zur Kirche von **Greimharting** (584 m). Vor dem 1758 erbauten Gotteshaus gehen wir nach links, bei der folgenden Verzweigung nach rechts und gleich darauf wieder links auf die Hauptstraße. Wo diese nach rechts hinaufführt, folgen wir der zweiten Abzweigung nach links in den Ortsteil Gänsbach. Abzweigungen nach links ignorierend, verlassen wir auf dem hangquerenden Weg das Siedlungsgebiet. Der vorübergehend naturnahe Weg trifft bald wieder auf einen befestigten Fahrweg, auf dem wir die Grundrichtung bis zu einem querenden Landsträßchen beibehalten. Dem folgen wir nach rechts hinauf nach **Hitzing**.

Dort zweigen wir vor einem Wegkreuz nach rechts ab auf die Wegschleife über den **Zwei-Seen-Blick**. Um den genießen zu können, steigt man auf den großen Holzturm am Geländerücken. Über die flache Seite des Rückens gelangt man auf einem Kiesweg wieder zur Straße, der wir nach rechts folgen. Bald zweigen wir dann nach links ab, um geradeaus durch **Ratzing** zu wandern. Am Ortsende halten wir uns links und wandern zur Herrgottswinkel-Kapelle (666 m). Weiter geht es am Waldrand entlang und kurz vor einem Anwesen nach rechts zu einem weiteren Waldstück, durch das man wieder ein Teersträßchen erreicht. Darauf halten wir die Grundrichtung bei (gehen also kurz rechts und gleich wieder links). Nach einem Bauernhof befindet sich rechts im Bereich einer Baumgruppe einer der beiden höchsten Punkte der **Ratzinger Höhe** (694 m). Hinter der Baumgruppe, die auf einer eckigen Vertiefung – also wahrscheinlich den Grundmauern eines alten Bauwerks – gewachsen ist, lädt eine Bank zu einer Rast mit gigantischer Aussicht über den Chiemsee und auf den Alpenrand.

Auf dem Sträßchen nehmen wir die ursprüngliche Gehrichtung wieder auf, passieren den rechts der Straße gelegenen, sehenswerten Schaubienenstand und treffen etwas unterhalb auf den Weiler **Dirnsberg**; dort nach rechts und an der Obstbrennerei Fritznhof (Apfelsaft-/Schnaps-»Tankstelle«) vorbei. Geradeaus abwärts gelangt man zur Papstlinde. Von dort führt ein kurzer Abstecher nach rechts hinauf zum **Weingarten** (660 m), einer Gaststätte mit herrlich aussichtsreicher Terrasse. Zurück am Sträßchen, weiter bergab und bei der nächsten Kreuzung auf dem linken Weg nach **Oster-**

**hofen**. Dort gehen wir nach dem rechten Bauernhof nach rechts und auf einem schmalen Pfad bergab. Nach einem Linksbogen ignorieren wir eine Rechtsabzweigung. Durch Wald, dann über eine Wiese, gelangt man zu einem Bauernhof. Dort über eine Straße und auf einem Kiesweg geradeaus weiter. Der führt bald durch ein Tal (545 m), das ein späteiszeitlicher Schmelzwasserstrom geschaffen hat; heute fließt darin der kleine Westenbach an kunstvoller Mammut-Darstellung vorbei. Nach kräftigem Anstieg zweigen wir am Ortsrand von **Rimsting** (564 m) rechts ab. Bald treffen wir auf die Greimhartinger Straße, entlang der wir nach rechts gehen. Der erste abzweigende Feldweg führt kurz darauf nach **Burgersdorf** (590 m), an dessen Ortsende wir – die Grundrichtung beibehaltend – nach links auf die Straße wechseln. In **Otterkring** halten wir uns mit der Wegweisung nach Pinswang zunächst rechts, nehmen gut 100 m weiter aber den Wanderweg nach Prien. Nach einem Weiher gehen wir auf dem rechten, vorübergehend ansteigenden Weg Nr. 5 weiter. Abzweigungen ignorierend quert man durch den Osthang des Höhenbergs und trifft an seinen Südfuß wieder auf das schon bekannte erste Wegstück der Tour. Darauf zurück zum **Ausgangspunkt**.

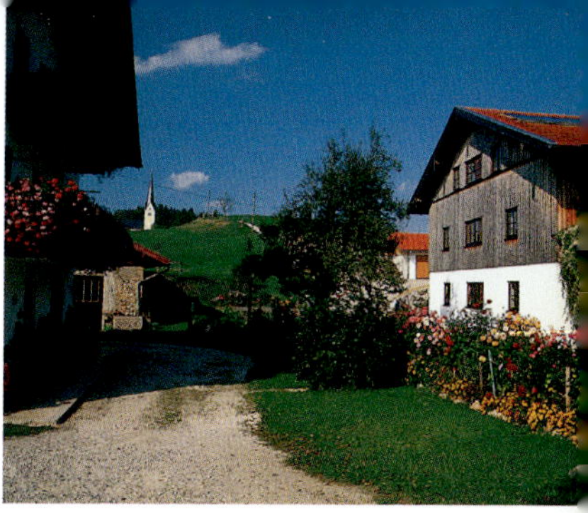

*Krinning – hier geht's durch zur Greimhartinger Kirche (deren Turm man im Hintergrund sieht).*

*Auf der Ratzinger Höhe – Blick über ein Nebelmeer auf die Chiemgauer Alpen.*

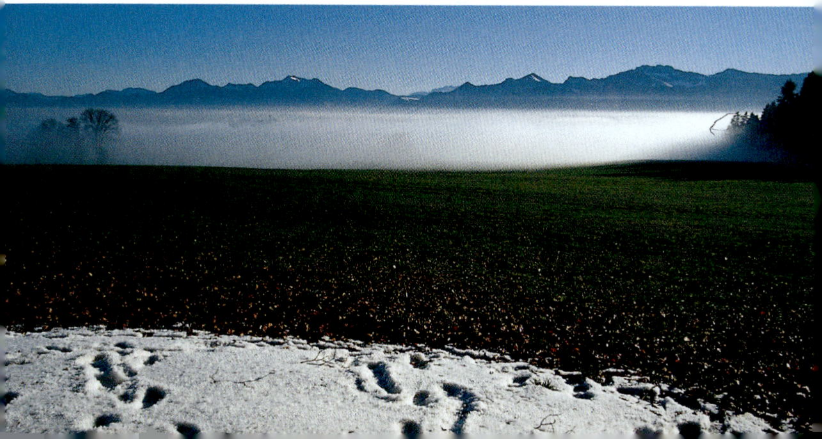

# 9 Durchs stille Priental

3.45 Std.

## Von Prien über Wildenwart nach Aschau

*Wanderungen entlang von Flussläufen werden gerne flussab begangen, um den Höhenunterschied in der bequemeren Richtung zu bewältigen. Bei der hier vorgeschlagenen Prientalwanderung geht es aber so oft auf und ab, dass man die rechnerische Höhendifferenz zwischen Ausgangs- und Endpunkt nicht mehr wahrnimmt. Also kann man getrost flussauf wandern, um die fotogene Kulisse des Alpenrands immer vor Augen zu haben. Unterwegs fällt auf, wie tief eingeschnitten das Priental ist und wie steil die Böschungen streckenweise sind – die relativ kleine Prien konnte das nicht schaffen, es war ein gigantischer Schmelzwasserstrom aus den abschmelzenden Gletschern der Späteiszeit (vor ca. 15.000 Jahren), der dieses Tal ausräumte. Hoch über dem Westufer der Prien thront Schloss Wildenwart, in dem einige Mitglieder der Wittelsbacher Familie Zuflucht suchten, nachdem die Revolutionsregierung 1918 den Freistaat Bayern ausgerufen hatte. Immerhin durch den Zaun kann man das prunkvolle Bauwerk bestaunen.*

**Ausgangspunkt:** Prien (532 m), Bahnhof an der Strecke München – Rosenheim – Salzburg; Parkplätze östlich der Bahnlinie, zwischen Bahnhof und Schule (Navi: 83209 Prien am Chiemsee, Franziska-Hager-Straße), ein Teil davon Lehrerparkplätze, die von Montag bis Freitag von 6 bis 13 Uhr für das Schulpersonal reserviert sind.

*Schloss Wildenwart.*

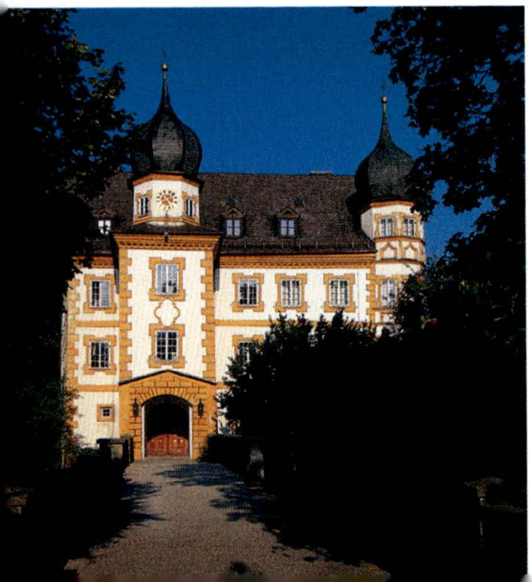

**Endpunkt:** Aschau im Chiemgau, Bahnhof; Rückfahrt nach Prien mit der Chiemgau-Bahn.

**Höhenunterschied:** 290 m im Aufstieg, 210 m im Abstieg.

**Anforderungen:** Streckenwanderung ohne nennenswerte Schwierigkeiten; nur der reizvolle Pfad zwischen Wildenwart und Oed leitet durch einen stellenweise steilen Waldhang, an dem etwas Trittsicherheit nicht schaden kann.

**Einkehr:** Gaststätten in Prien und Aschau, Schützenwirt im Eichental, Schlosswirtschaft Wildenwart; Michaels Leitenberg.

**Variante:** Wer den Schlenker über Leitenberg auslässt (und sich damit den letzten Anstieg der Tour und eine gute Viertelstunde Gehzeit spart), bleibt auf dem Weg im Priental und geht darauf unter der Autobahn durch in die Prienauen. Bei einer Verzweigung gehen wir nach rechts und sind damit wieder am Hauptweg.

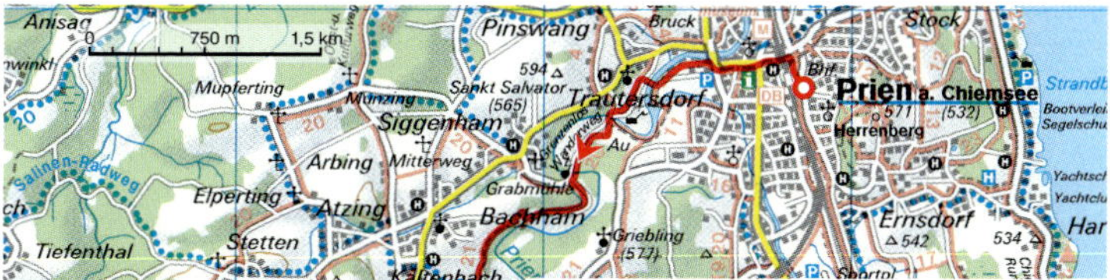
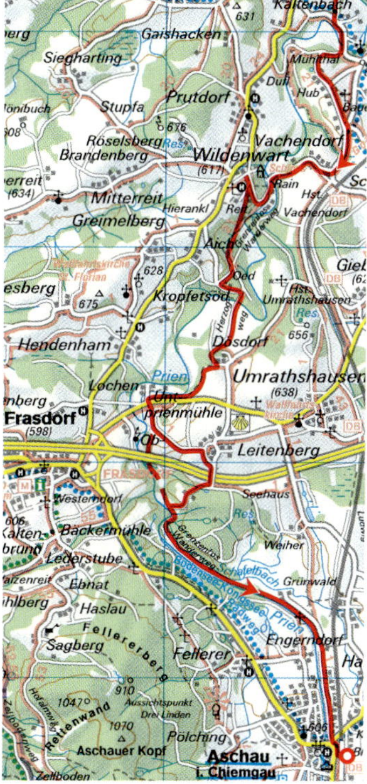


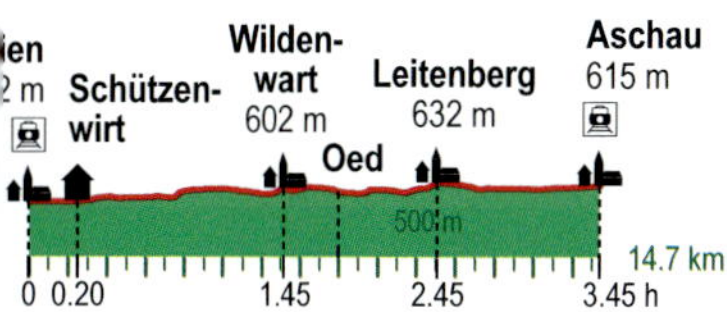


Wie bei Tour 8 spazieren wir durch den **Kurpark Eichental** zur Fußgängerbrücke über die Prien. Dem querenden Sträßchen folgen wir dann nach links. Es leitet am **Schützenwirt** vorbei und schlängelt sich durch den breiten Talboden. Wieder auf der anderen Seite der Prien gehen wir mit der Grenzenlos-Wegweisung rechts. Bei einer Bank ignorieren wir einen links abzweigenden Weg und wandern geradeaus. Nach einer Wiese geht es wieder über die Prien, gleich dahinter bei der **Grablmühle** nach links. Am Kanal entlang kommen wir zu einem Wehr. Dort überwinden wir auf einem steilen Steig die Uferterrasse. Oben links, geht es – zuerst entlang der steil abbrechenden Uferböschung – auf romantischem Weg nach **Kaltenbach**. Dort auf der Straße nach links hinab. Nach der **Prienbrücke** (550 m) zweigen wir bei einer Infotafel rechts ab. Im Wald ziehen wir in einem weiten Linksbogen hinauf nach **Hub**, dort geradeaus nach **Bauernberg** (610 m) und der Straße nach rechts folgen. Nach einer Senke zweigen wir rechts ab und gehen durch Vachendorf hinab ins Priental. Nach einer engen Durchfahrt und einer weiteren Prienbrücke (565 m) folgt nach einer Rechtskurve der Anstieg hinauf nach **Wildenwart** (617 m).

Dort kann man sich im Gasthof stärken und dahinter – durch ein Gittertor – einen Blick auf das Schloss der Wittelsbacher werfen.
Nun geht es erst mal einige Meter zurück, um das Sträßchen dann bergseitig zu verlassen und auf dem reizvollen, schmalen »**Herzog-Weg**« durch das Hangufer der Prien zu queren. Zwischendurch benutzen wir dabei für einige Meter einen Kiesfahrweg. Bevor der sich deutlich senkt, gehen wir rechts auf den nun wieder schön schmalen Pfad. Es folgt eine Passage durch einen richtig steilen Prallhang der Prien mit herrlichen Aus- und Tiefblicken. Wo der Pfad spitzwinklig in einen Fahrweg mündet, folgen wir diesem bergan zu einer T-Kreuzung – dort links. An den Gebäuden von **Oed** vorbei gehen wir schnurstracks geradeaus über die Wiese dahinter. Unten im Wald gehen wir bei einer Wegkreuzung mit nicht eindeutiger Markierung rechts hinab. Nach einer schmalen Betonbrücke (573 m) über die Prien führt der Weg geradeaus über eine große Wiese. An ihrem anderen Ende gehen wir ganz kurz rechts und gleich wieder links hinauf. An der oberen Geländekante gehen wir scharf nach rechts. Am Waldrand ignorieren wir eine Abzweigung nach rechts und folgen dem reizvollen Pfad halb links in den Wald. An einer Hangterrasse geht es schräg bergab zu einer Asphaltstraße, der wir ein kurzes Stück nach rechts folgen. Gegenüber dem Weiler Unterprienmühle zweigt man auf einen Weg nach links ab. Bei der folgenden Abzweigung geht es wiederum links nach **Leitenberg** hinauf (geradeaus die kürzere Variante).

*Schattiger Biergarten beim Schützenwirt.*

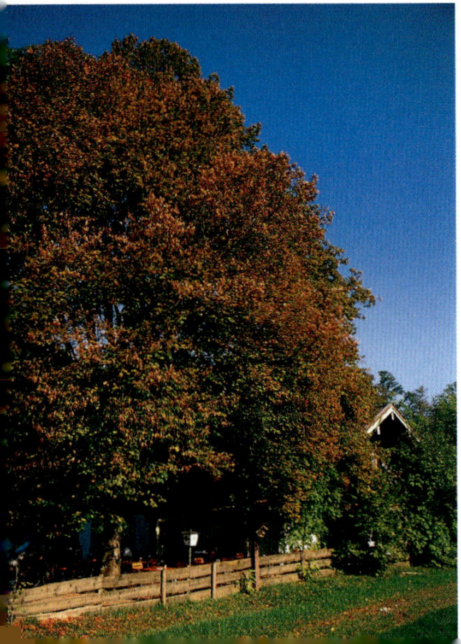

Oben in **Leitenberg** (630 m) gehen wir nach rechts auf den Weiherweg, am Restaurant Michaels Leitenberg vorbei und nach Süden hinab. Gleich nach Überquerung der Autobahn halten wir uns wieder rechts und wandern am Hauptweg hinab ins Tal der Prien, an der wir nun weiter flussauf wandern – an einigen Sandbänken vorbei (ideales »Dammbau-Gelände« für Kinder) und durch Auwald. Schließlich wandern wir auf dem Damm, die Chiemgauer Berge immer vor Augen, nach **Aschau** (615 m). Dort bieten sich die Pfarrkirche zur Darstellung des Herrn (ursprünglicher Bau von 1450, um 1755 barockisiert) sowie einige der Wirtshäuser zur stillen oder zur kulinarischen Einkehr an.

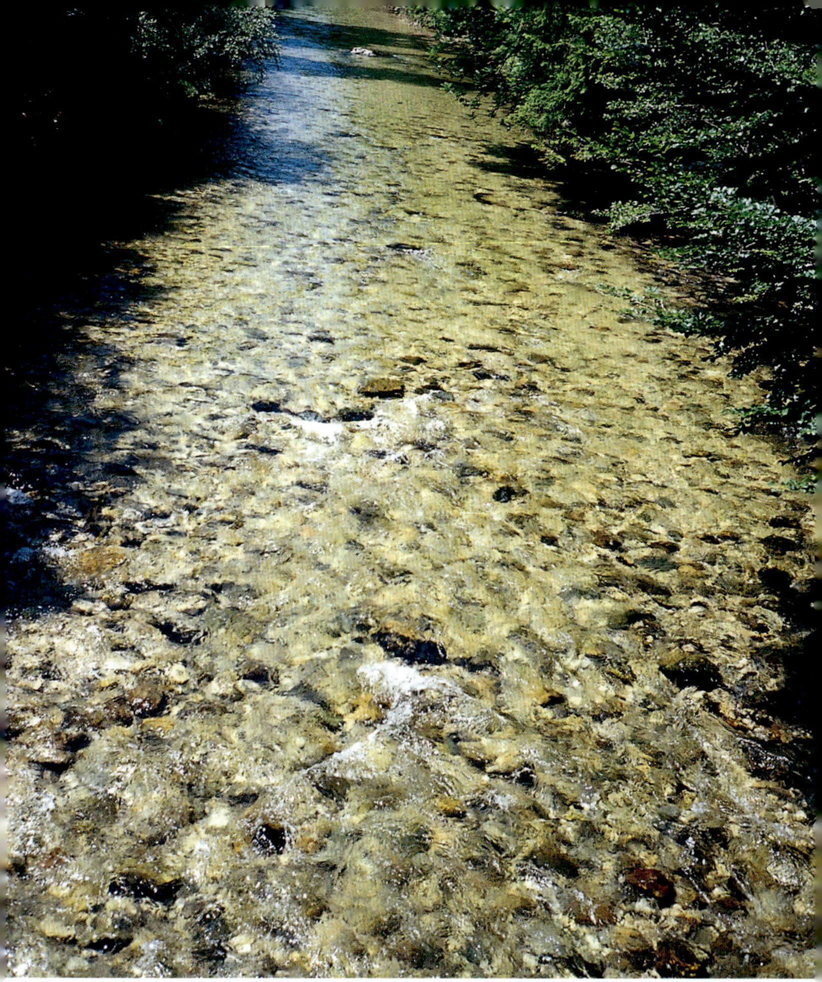

*Die Prien, ein herrlich klarer Gebirgsfluss.*

In wenigen Minuten erreicht man den Bahnhof am **Hans-Clarin-Platz**, benannt nach dem sympathischen Schauspieler, der dem Fernseh-Kobold Pumuckl die Stimme gegeben hat; er hat von 1974 bis zu seinem Tode im Jahr 2005 in Aschau gewohnt.

# 10 Irschener Winkel und die Höhen um Hittenkirchen

**4.00 Std.**

## *Zur uralten Jakobuskirche von Urschalling*

*Zwischen Bernau und Prien erstreckt sich ein reizvolles Niedermoor, entstanden durch das Verlanden der Chiemseebucht im Irschener Winkel. Durch dieses Kleinod führt die erste Etappe unserer Wanderung, garniert mit einem genialen Fischrestaurant, dem »Fischer am See«. Der Rückweg führt über die Moränenhügel, die das Chiemseebecken im Westen begrenzen. Dort gibt es neben schöner Aussicht wieder verlockende Einkehrmöglichkeiten und – an einem der Jakobswege nach Santiago de Compostela gelegen – ein einzigartiges Schmuckstück: die um 1180 von den Falkensteinern erbaute Jakobuskirche von Urschalling. In ihr sind eindrucksvolle Fresken erhalten, romanische aus der Zeit des Baus und gotische vom Ende des 14. Jahrhunderts.*

**Ausgangspunkt:** Bernau (544 m), Parkplatz beim Minigolfplatz (Navi: 83233 Bernau am Chiemsee, Rottauer Str. 5), von der Autobahn kommend an der linken Seite. Alternative Ausgangspunkte mit Parkplätzen: Harras, Urschalling, Hittenkirchen (bei der Kapelle oberhalb des Dorfes). Bahnhöfe Bernau und Prien an der Strecke Rosenheim – Salzburg; Bus-Hst. der Ringlinie 9586.
**Höhenunterschied:** 220 m.
**Anforderungen:** Problemlose Wanderwege und verkehrsarme Sträßchen.
**Einkehr:** Fischer am See, Alpenblick in Prien, Mesner-Stub'n neben der Kirche in Urschalling, Landgasthof Hittenkirchen, in Bernau Alte Post und Achims Brotzeithütte am Ausgangspunkt.

*Das Bonn-Schlössl in Bernau, im Kern ein Edelsitz aus dem 15. Jahrhundert.*

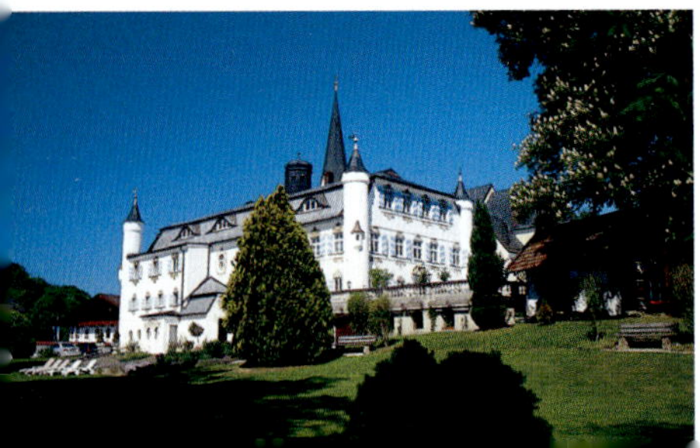

**Varianten:** 1) Parken bei der Autobahnausfahrt, schräg gegenüber der Abfahrtsschleife aus Richtung Rosenheim (also südlich der Brücke); von dort auf Fußweg unter der Autobahn durch und nahe dem Autohaus Saur mit dem Wegweiser »Chiemsee, Uferweg« rechts ab auf einen Feldweg; über die Bahngleise, unmittelbar danach leicht nach rechts versetzt – die Richtung beibehaltend – mit der Wegweisung »Chiemseepark Felden« zum Uferweg; darauf nach links weiter auf beschriebenen Hauptweg. Der führt am Ende der Tour auch zum Ausgangspunkt der Variante. Gehzeit dann nur ca. 3 Std. 2) Start am Parkplatz Chiemseepark Felden: Im Medical Park zum Haus Kampenwand, direkt davor nach links, dann mit dem Wegweiser »Chiemsee Rundweg« nach rechts in die Hauptroute einschwenken. 3) Wer mit der Bahn anreist, geht an den Radlständern an der Ostseite des Bahnhofs Bernau vorbei geradeaus Richtung »Chiemsee/JVA«. Direkt nach der Ache dann nach links auf den beschriebenen Hauptweg einbiegen. Am Ende der Tour zweigen wir vor einem Autohaus nach links ab (Wegweiser »Chiemsee, Uferweg«), überqueren die Bahn und folgen dem Weg neben den Gleisen zum Bahnhof.

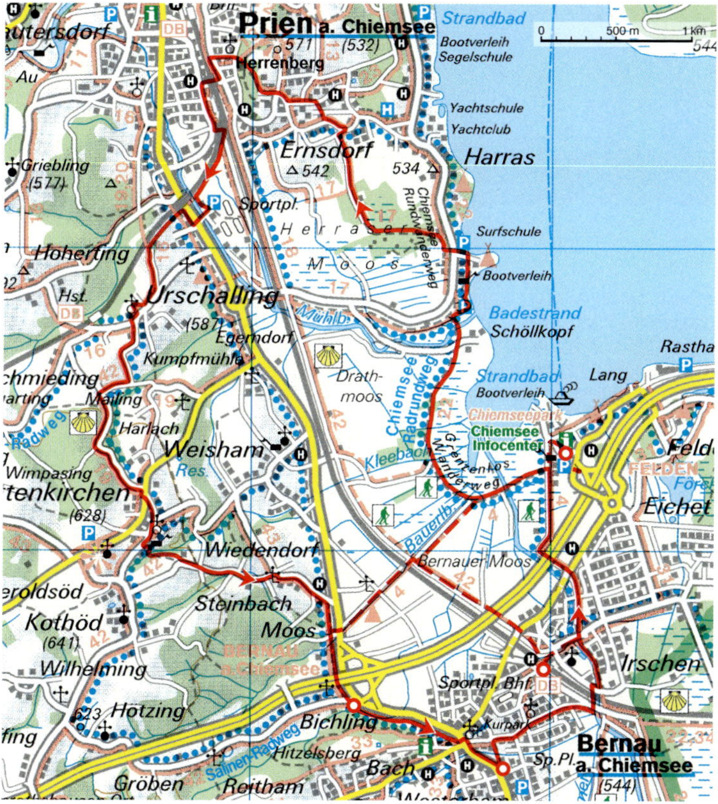


Hinter Achims Brotzeithütte in **Bernau** folgen wir dem Wegweiser »Kurgarten, Bahnhof, Chiemsee« über einen Bach. Am Park des **Bonn-Schlössls** vorbei spazieren wir zu einem Sträßchen, dem wir nach rechts folgen. Wir gehen nun immer geradeaus durch die Bügelrain- und Sommerlandstraße. Wo es nach links zum Bahnhof geht, folgen wir der Straße »Am Anger«. Vor der Bahnlinie geht es kurz nach rechts, vor der Bernauer Achen kurz nach links unter der Bahn durch zu einer Brücke, über die auf die andere Bachseite gewechselt wird. Ein reizvoller Uferweg leitet nun aus dem Ort hinaus. Nach der Autobahnunterführung verlassen wir den Bach nach rechts und wandern durch eine **Birkenallee** Richtung Medical Park Chiemsee. Noch

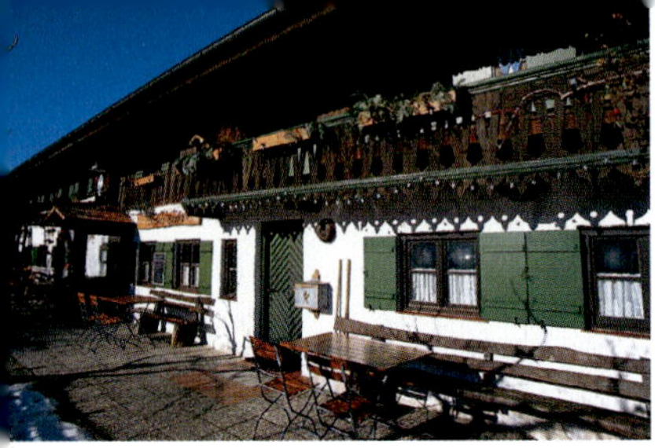

*Gasthaus Mesner-Stub'n in Urschalling.*

davor biegen wir aber nach links auf den Uferweg ein. Die folgenden Abzweigungen nach links bleiben unberücksichtigt. Einem kreuzenden Sträßchen können wir nach rechts folgen, wenn wir am kleinen Badeplatz **Schöllkopf** in die Fluten springen wollen. Ansonsten geht es auf dem Uferweg geradeaus weiter nach Norden. Nach dem Mühlbach zweigt er rechts ab und bietet gleich darauf einen kurzen Abstecher zum See. Bald nachdem der Uferweg die Gaststätte **Fischer am See** passiert hat, leitet er nach links zur Straße. Daran etwa 100 m entlang und bei erster Gelegenheit nach links abzweigen auf einen befestigten Fahrweg, der gleich einen Rechtsknick vollführt. Vor der Hausnummer 126 biegen wir nach links ab (Wegweiser »Ortsmitte«).

Der Moosweg schlängelt sich durchs Harraser Moos zu einem großen Stadel nahe dem Ernsdorfer Ortsrand; dort gehen wir rechts, 50 m weiter dann nach links in den Laubensteinweg. Nach der Hausnummer 11 zweigen wir nach rechts auf einen Kiesweg ab. Wieder auf Asphalt, folgen wir der Ernsdorfer Straße nach links, ignorieren eine Abzweigung zum Herrenberg, passieren den Moarhof und zweigen bald darauf nach rechts in die Heubergstraße ab. Knapp 10 m weiter nach links hinauf (Wwgweiser »Kirchenweg«). Am **Herrenberg** steigen wir nun auf einem Wanderweg bis auf eine Höhe von gut 560 m an. Dort, bei einer Verzweigung im Wald, gehen wir nach links hinab und kommen an der Evangelischen Kirche vorbei durch die Martin-Luther-Straße zur Jensenstraße in **Prien** (532 m). Daran kurz nach links, dann unter der Bahn durch und an der Hochriesstraße wieder links weiter bis zur Boschenhofstraße. Der folgen wir nach links, unterqueren die Bahn und wenden uns unmittelbar danach nach rechts. Weiter geht es entlang der Bahn bis der Weg nach links abbiegt. Über einen Parkplatz, dann nach rechts um eine Tankstelle herum, gelangt man zur Hauptstraße und daran entlang wieder zur Bahn. Vor der Unter-

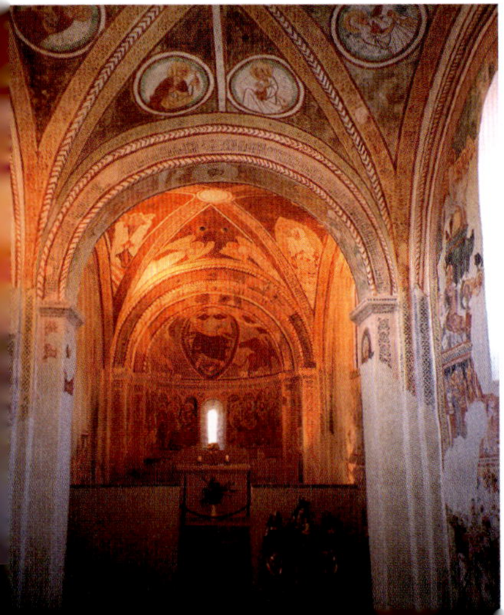

*Die Urschallinger Jakobuskirche.*

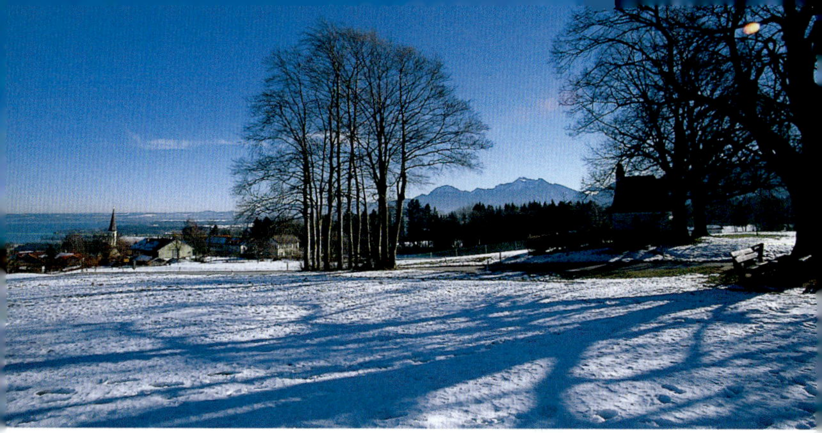

*Blick über Hittenkirchen auf den Chiemsee (links) und die Chiemgauer Alpen.*

führung wechseln wir auf den schmalen Fußpfad, der entlang dem Bahndamm bergan führt und vor einem Zaun nach links ausweicht. Bald wird der Weg zu einem Fahrweg und mündet in die Asphaltstraße, die nach **Urschalling** (587 m) hinaufführt, wo wir geradeaus zur Mesner-Stub'n und zur Kirche **St. Jakobus** gehen.

Weiter geht es Richtung Süden und dem Wegweiser zur Chiemgaubahn folgend kurz nach rechts. Beim letzten Haus biegen wir links ab. Abzweigungen ignorierend gelangen wir durch einen Wald nach **Hittenkirchen**. Dort folgen wir kurz der Hauptstraße nach rechts, um gleich darauf nach links in die Hittostraße abzubiegen; diese führt zum Landgasthof Hittenkirchen (628 m) hinauf. Hinter dem Rückgebäude setzt am Parkplatz des Gasthofs unsere Wegfortsetzung an: Ein Pfad, der über eine Wiese zum Wald führt und dort den eindrucksvollen Kleebach-Graben durchquert. Auf der anderen Seite geht es am Waldrand entlang bergab und an einem Bauernhof mit seltenen Hühnerarten vorbei zur Kreuzung im Weiler **Gröben** (615 m). Von dort gehen wir an einem Sträßchen hinab zum Weiler Steinbach. Dort zweigen wir nahe dem letzten Haus nach rechts auf einen Kiesweg ab. Dieser mündet bei einem Autohaus in die Bundesstraße. Auf dem begleitenden Fußweg unter der Autobahn durch und zurück zum **Ausgangspunkt**.

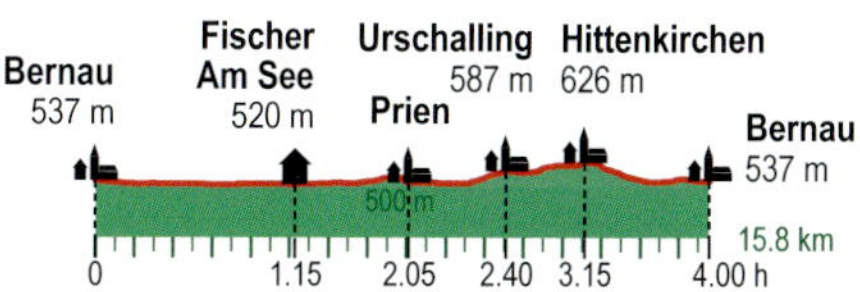

TOP **11** 

# Herren- und Fraueninsel

2.45 Std.

## Ludwigsschloss und Frauenkloster

*Eine Schiffsrundfahrt über Herren- und Fraueninsel ist nicht umsonst der beliebteste Chiemseeausflug. Trotz der vielen Touristen kann man diesen Ausflug auch mit einsamen Wanderstrecken aufwerten. Dazu braucht man nur einige »Umwege« auf der Herreninsel zu machen. Die kennt man v. a. durch das Schloss, das König Ludwig II. ab 1878 im Stil von Schloss Versailles erbauen ließ. Doch schon 2½ Jahrtausende zuvor siedelten hier Kelten. Reste von deren Ringwallanlage erkennt man noch im Südwesten der Insel. Der Name der Insel geht zurück auf das Augustiner-Chorherrenstift, das im Gegensatz zum Kloster auf der benachbarten Insel von Mönchen bewohnt war. Die wohl zukunftsweisendste Bedeutung bekam die Insel dadurch, dass beim Verfassungskonvent im August 1948 im ehemaligen Stift – dem »Alten Schloss« – kluge Köpfe (mit Vertretern aller damals 11 Bundesländer) die Grundzüge der Verfassung der Bundesrepublik Deutschland ausgetüftelt hatten.*

**Ausgangspunkt:** Anlegesteg Herrenchiemsee der Chiemseeschifffahrt (Tel. +49 8051 6090); Überfahrten von Gstadt oder Prien-Stock; der Hafen Stock bietet mit großen gebührenpflichtigen Parkplätzen (Navi: 83209 Prien am Chiemsee, Seestraße 95) sowie einer dampfbetriebenen Zugverbindung mit dem Bahnhof Prien die beste Infrastruktur. Bushaltestellen der Ringlinie 9586 in Prien und Gstadt.

**Höhenunterschied:** Nicht nennenswert.

**Anforderungen:** Flache Spazierwege.

**Einkehr:** Altes Schloss auf Herrenchiemsee; Inselwirt, Klostergaststätte und Fischer-Imbisse auf der Fraueninsel.

Vom Dampfersteg passieren wir das Kiosk- und Servicegebäude und gehen direkt dahinter nach rechts. 10 Minuten später stehen wir an der Nordspitze der Herreninsel. Links neben der Bootshütte kann man gut schwimmen gehen und neben der **Kreuzkapelle** gibt es eine kleine aber feine Liegewiese und einen Grillplatz (17–19.15 Uhr und ab 19.30 Uhr, reservieren unter www.boje-5.de). Am Westufer entlang – zuerst auf schmalem Pfad, dann auf einem Kiesweg – wandern wir dann nach Süden zum Schlosskanal. Daran nach links, streben wir aufs Schloss zu, wo man die regelmäßigen Wasserspiele der Brunnen abwarten sollte. Danach gehen wir zurück Richtung Kanal, folgen aber noch vor dem unvollendeten Apollobecken dem querenden Sandweg kurz nach links. Bei der gleich folgenden Verzweigung nehmen wir den rechten Weg.

*Schlosspark Herrenchiemsee.*

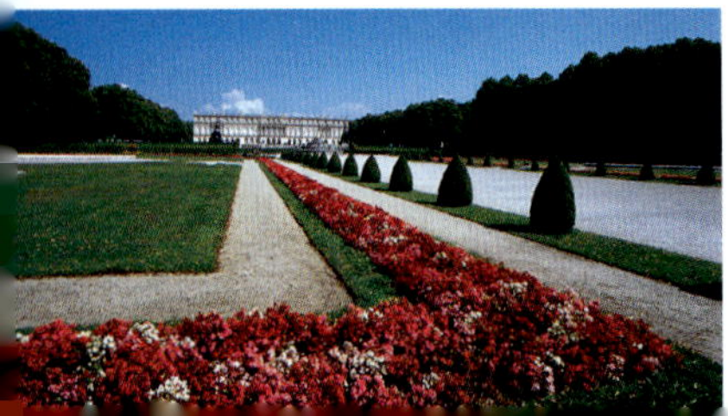

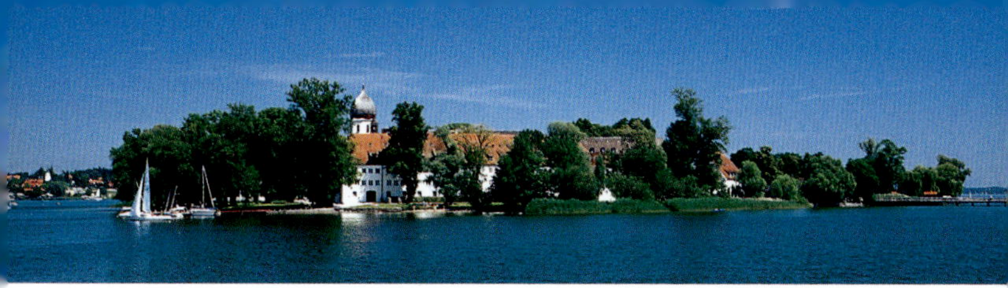

*Blick vom Schiff auf die Fraueninsel mit dem Kloster. Links im Hintergrund: Gstadt.*

Abzweigungen ignorierend geht es an einer keltischen Ringwallanlage etwas bergauf und zum Rastplatz »**Ottos Ruh**«. Hoch über der unberührten Uferzone geht es nun nach Osten. Bei einer Kreuzung halb rechts, wandern wir dann zu »Pauls Ruh« im Südosten der Insel, wo man wieder direkt ans Wasser rankommt. Auf dem Rückweg nach Norden ergibt sich ein Blick auf die weniger bekannte Auffahrtsseite des Königsschlosses. Alle Abzweigungen ignorierend gelangt man zum »**Alten Schloss**« und zurück zur Anlegestelle. Zurück am Steg, nehmen wir das Schiff zur Fraueninsel und fahren an der **Krautinsel** vorbei. Sie ist unbewohnt, man munkelt jedoch, dass sie in früheren Jahrhunderten nicht ungenutzt blieb, als noch beide Klöster bestanden – die Herren und die Frauen auf Ihrer jeweiligen Insel, beide nicht weit von der romantischen Krautinsel. Schließlich schlendern wir um die **Fraueninsel**, bevor wir nach **Prien-Stock** zurückschippern.

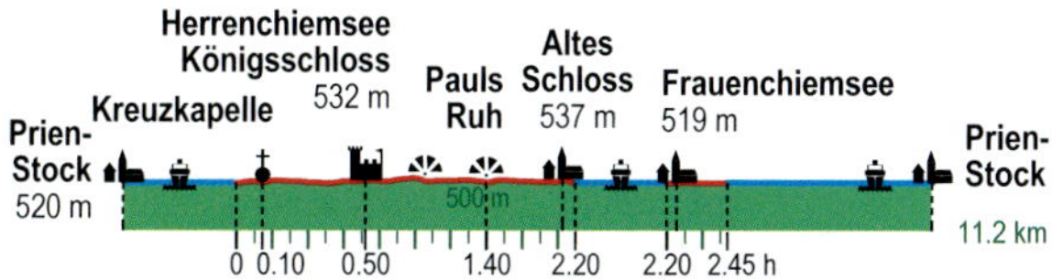


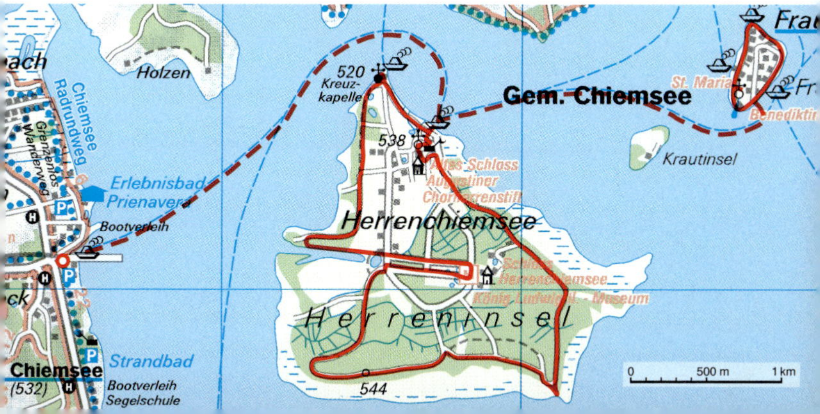

# 12 Breitbrunn, Urfahrn und Gstadt

2.10 Std.

## *Am gewundenen Nordufer des Inselsees*

*Die stark gegliederte Chiemsee-»Küste« östlich von Gstadt lockt mit besonders abwechslungsreichen und aussichtsreichen Wegen am Wasser. Diese lassen sich gut in eine überschaubare Runde übers Hinterland einknüpfen. Dabei kommt man auch durch Breitbrunn, wo eine der meistfotografierten Chiemgauer Kirchen steht: die Pfarrkirche St. Johannes, ein neubarocker Bau von 1899, dessen Vorgängerbau 1469 geweiht wurde – die Ursprünge der Kirche werden jedoch im 8. Jahrhundert vermutet.*

**Ausgangspunkt:** Parkplatz (550 m) auf der Kuppe zwischen Breitbrunn und Gstadt, bei der Abzweigung nach Aisching (Navi: 83257 Gstadt am Chiemsee, Höhenstraße 5). Alternativer Parkplatz bei der Kirche von Breitbrunn (536 m). Haltestellen Breitbrunn oder Gstadt der Busse 9586 (Ringlinie) und 9520.
**Höhenunterschied:** 40 m.
**Anforderungen:** Keine.
**Einkehr:** Gaststätten in Breitbrunn, Urfahrn, Mühln und Gstadt.
**Variante:** An der Breitbrunner Kirche rechts vorbei zum Ghs. zur Post und an der Seestraße zurück zur Hauptroute.

Wir starten westwärts auf den Spazierweg nach **Breitbrunn** (536 m). Dort gehen wir nach links über den Kirchplatz, am Parkplatz vorbei sowie ein Stück am Friedhof entlang und dann nochmal nach links. Nun auf einer An-

*St. Johannes in Breitbrunn – kleiner Turm aus dem 18. Jh., Kirchenschiff von 1899.*

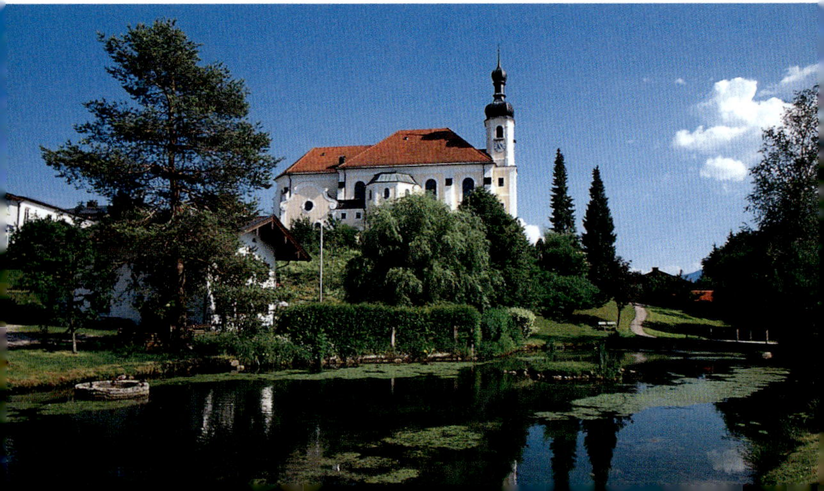

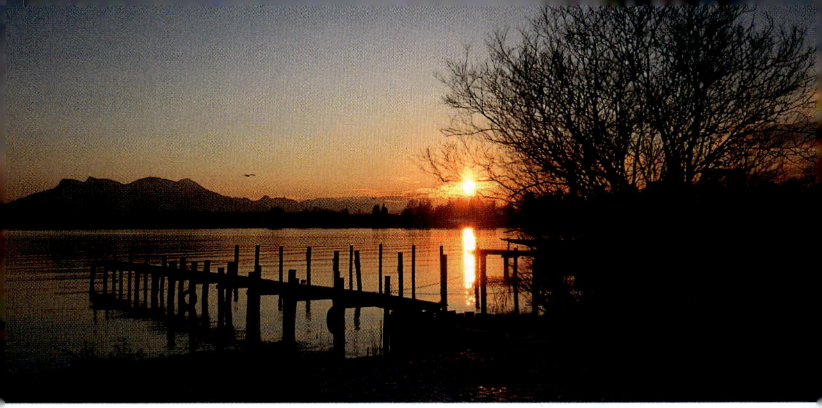

*Winterlicher Sonnenuntergang am Hafen von Mühln.*

liegerstraße kurz bergab, dann auf einem Fußweg über den kleinen Mühlbach. Nach der Brücke kurz links, dann rechts hinauf und über die Seestraße in die Wolfsberger Straße. Ein Fußweg leitet sodann über eine Wiese zur Königstraße. Die wird geradewegs überquert, um durch den Ziegelweg und über einen steilen Treppenweg zum Uferweg zu gelangen. Darauf wandern wir nach links weiter. Beim **Strandpavillion** geht es kurz rechts runter. Nun wandern wir zur äußersten Spitze der **Urfahrner Landzunge**, die der Herreninsel schon recht nah kommt. Einige Meter auf gleichen Weg zurück, folgen wir dann kurz der geradeausführenden Straße, bis der Chiemseerundweg beschildert nach rechts abzweigt.

An einem Yachthafen vorbei gelangt man nach **Mühln**. Seeufer und Weg beschreiben dann einen Rechtsbogen, später einen Linksbogen. Am Ende einer Lichtung biegt der Kiesweg nach links hinauf ab. Wir bleiben rechts im Wald und damit nahe dem Ufer. Nach einem Abstecher nach rechts zu einer Landzunge mit Blick auf die Herreninsel folgen wir dem Uferweg nach **Gstadt**. Dort passieren wir den Dampfersteg, biegen nach links in die Breitbrunner Straße ein und folgen ihr bergan. Wo die Hauptstraße nach rechts abknickt, führt ein Fuß-/Radweg (Gangsteig) geradeaus weiter und zum **Parkplatz** zurück.

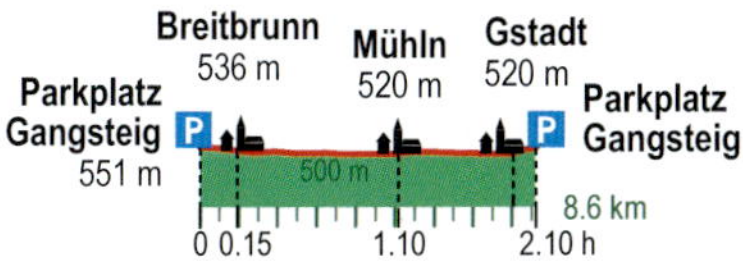


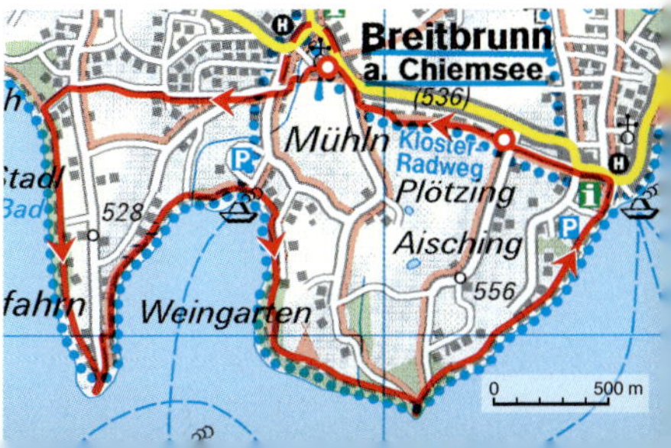

# 13 Burghamer Filzen und Fraueninsel

3.35 Std.

## Ursprüngliche Natur und traditionsreiche Kultur

*Das erste Ziel dieser Wanderung ist das Große Latschenfeld, ein 16 Hektar großes Hochmoor in der Burghamer Filzen – ein wunderschönes und weitgehend unbekanntes Naturparadies. Richtig berühmt ist dagegen das zweite Ziel, Frauenchiemsee. Die Insel ist die Heimat der um 780 gegündeteten Benediktinerinnenabtei Frauenwörth und trägt mit dem Glockenturm neben der romanischen Münsterkirche das Wahrzeichen des Chiemgaus. Bemerkenswert: Keine 250 Einwohner – darunter einige Berufsfischer – leben auf dem Eiland, aber eine eigene Inselbrauerei gibt es!*

**Ausgangspunkt:** Seebruck (520 m), Parkflächen östlich der Alzbrücke (Navi: 83358 Seeon-Seebruck, Traunsteiner Str. 10; oder an einigen Abschnitten der Haushoferstraße). Alternativ der kostenlose Parkplatz Esbaum westlich von Seebruck (Abzweigung von der Staatsstraße beim Schild Esbaum, gegenüber der Abzweigung nach Burgham).
**Zielort:** Frauenchiemsee (520 m); Rückfahrt per Schiff im Sommer (Ende Mai – Ende September) direkt nach Seebruck, ansonsten zurück nach Gstadt und weiter mit Bus 9586 (Ringlinie) oder 9520.
**Höhenunterschied:** 50 m.
**Anforderungen:** Keine; für den stellenweise wurzeligen Weg in den Filzen ist aber griffiges Profil angenehm.
**Einkehr:** Malerwinkel, Schalchenhof, Inselwirt, Klostergaststätte und Imbisse der Chiemseefischer.
**Variante:** Bei Verzweigung südlich des Großen Latschenfelds dem Wegweiser »Chiemseeuferweg 1,0 km« nach links folgen und am See entlang zurück zum Ausgangspunkt (insgesamt 1.45 Std.).

*Das Große Latschenfeld in der Burghamer Filzen – gesehen vom Aussichtsturm.*

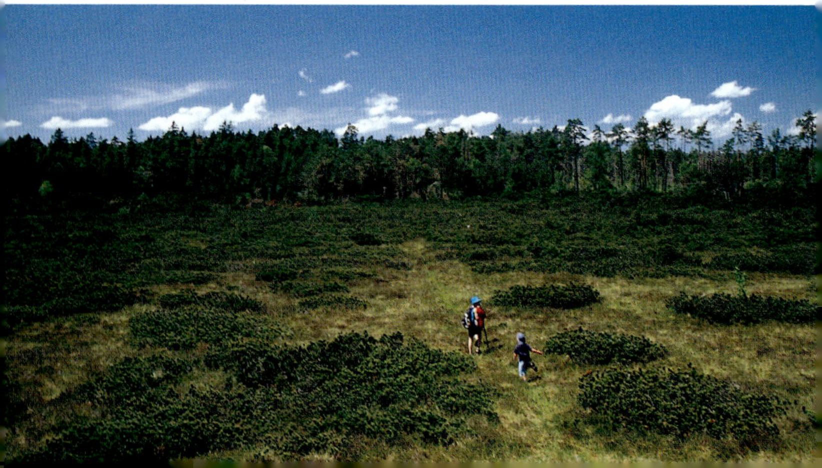

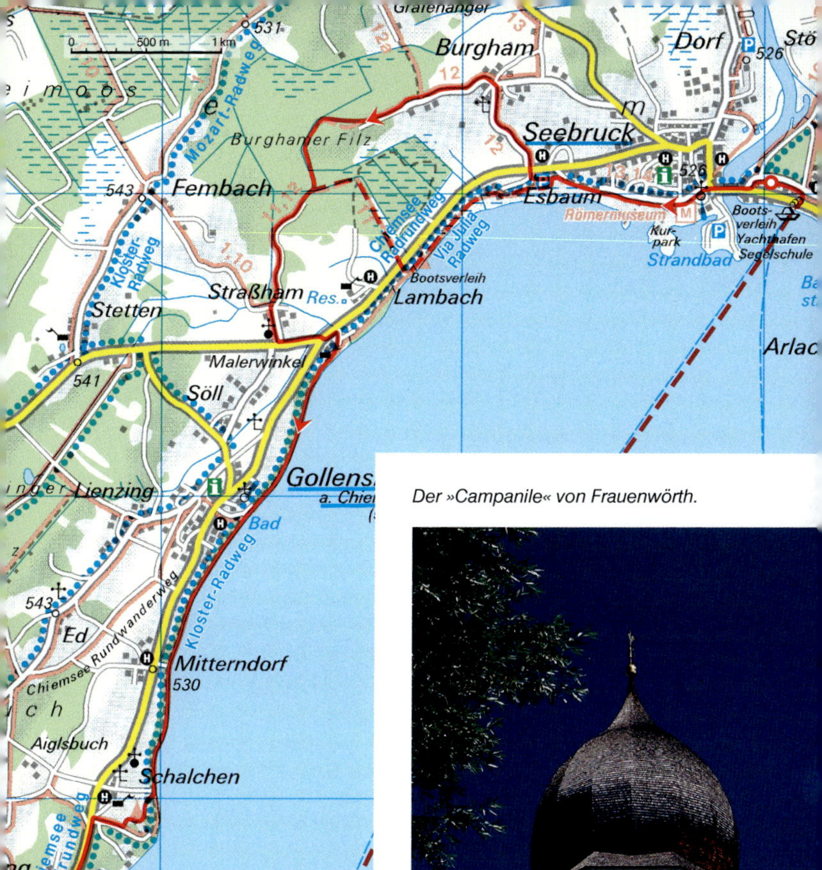


Der »Campanile« von Frauenwörth.

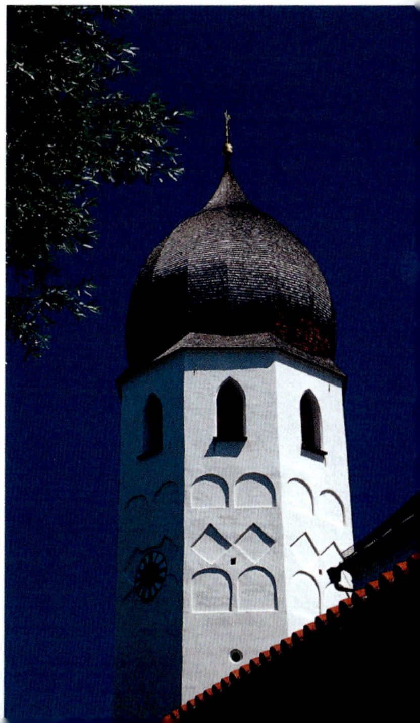

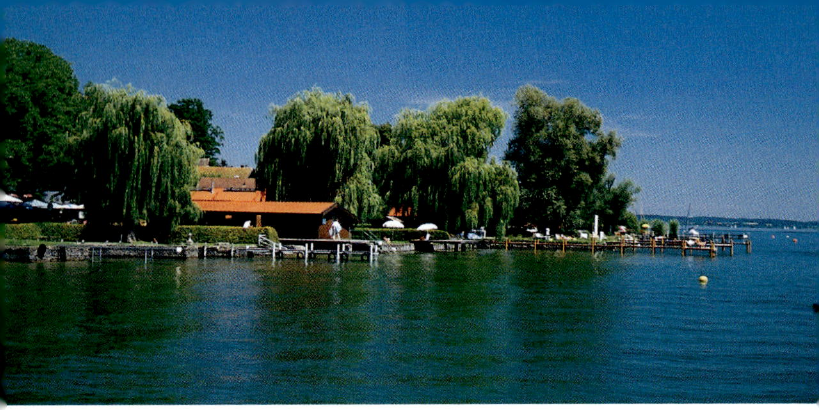

*Weiden und Bootsstege am Ostufer der Fraueninsel.*

In **Seebruck** folgen wir der Beschilderung zum Römermuseum westlich der Alz. Auf der Römerstraße passieren wir die Ausgrabung einer römischen Darre (Räucherkammer) und verlassen den Ort nach Westen. Beim Parkplatz **Esbaum**, wo der aufwendige Unterbau einer Römerstraße zu bestaunen ist, zweigen wir rechts ab, überqueren die Landstraße und wandern nach **Burgham**. Bei einer Verzweigung im Weiler halten wir uns links. Damit sind wir auf dem archäologischen Rundweg. Der zweigt gegenüber einem Gehöft rechts ab. Wir gehen hier geradeaus Richtung Latschenfeld. Beim gleich folgenden Hof halten wir uns rechts und gehen auf einem gekiesten Fahrweg über eine Wiese in den Wald. Bei der folgenden Verzweigung gehen wir rechts. Wir bleiben nun auf dem Hauptweg und folgen kleinen grünen Wanderschildchen. Bei einer Holztafel zweigt nach rechts ein kurzer Abstecher zum Beobachtungsturm am **Großen Latschenfeld** ab.
Zurück an der Holztafel, folgen wir dem Wegweiser »11/12 Straßham« geradeaus. Ein wurzeliger Weg entlang eines Drainagegrabens führt zu einem Blaubeerfeld und einer weiteren Verzweigung. Dort könnten wir nach links abkürzen (Variante). Wir gehen geradeaus Richtung Straßham. Der Weg wird breiter und bald zu einem Fahrweg. Untergeordnete Wege ignorieren wir, ebenso eine links abzweigendes Kiesstraße am Waldrand. Nach dem Weiler **Straßham** treffen wir bei einer Kapelle auf eine Landstraße, entlang der wir nach links zum Kreisverkehr gehen; dort wieder kurz links, dann nach

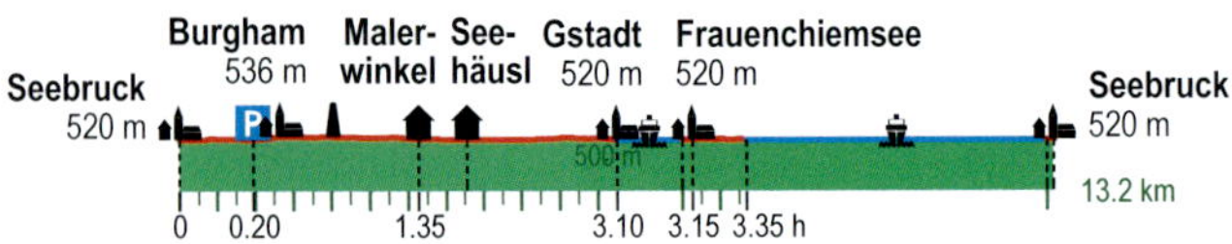

rechts zum Hotel **Malerwinkel**. Daran links vorbei, gelangt man zum Seeweg, auf dem wir dann nach rechts weitergehen. Nun gibt der Seeuferweg den weiteren Streckenverlauf vor. Eine urige Fischbude unterhalb von Gollenshausen lockt zur Einkehr. Unter dem **Schalchenhof** entfernt sich der Weg vom Ufer und führt mit einigen beschilderten Schlenkern nach rechts hinauf zur Straße. Daran wandern wir auf einem Fußweg durch ein Waldstück. In einer parkähnlichen Anlage queren wir wieder hinunter zum See und zur Anlegestelle **Gstadt** der Chiemseeschifffahrt.

Nun schippern wir hinüber zur **Fraueninsel**, die sich mit einem knapp halbstündigen Spaziergang umrunden lässt. Dabei sollte man an der Westseite der Insel – bei der großen Wiese – nicht versäumen, einen kurzen Abstecher zu machen: durch die Mauer und nach links zur karolingischen **Torhalle** (8. Jh., Ausstellung) bzw. nach rechts zum Glockenturm (»Campanile«, 12. Jh.) und in die **Münsterkirche**. Ihre Grundmauern stammen aus dem 8. Jh., der größte Teil der Kirche enstand um das Jahr 1000; sehenswert hinter dem Hochaltar: die Irmengardkapelle mit romanischen Fresken. Ebenfalls an der Westseite der Insel lockt der Inselwirt zur Einkehr, ein Gebäude aus dem 12. Jahrhundert, in dem der Hofrichter des Bistums Chiemsee waltete; sehenswert der glasüberdeckte Brunnen in der Herrentoilette.

Mit der Schiffsrückfahrt nach **Seebruck** beschließen wir den Tag.

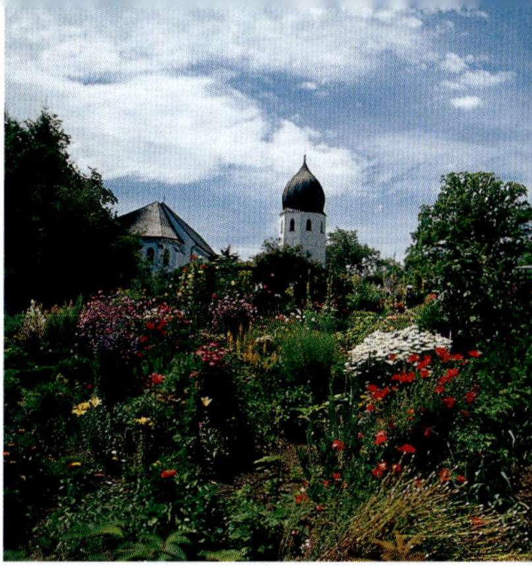

*Bild oben: Der Klostergarten von Frauenwörth.*

*Bild unten: Die Irmengardkapelle im Münster.*

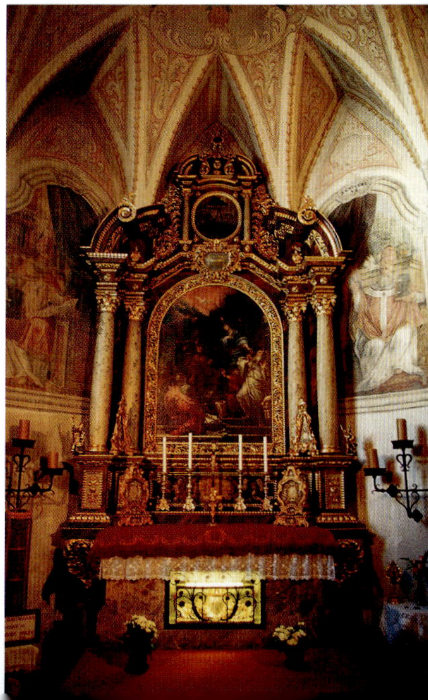

# 14 Ising und Castrum

**3.35 Std.**

### *Auf den Spuren von Kelten und Römern*

*Auf geschichtsträchtigem Boden ist man hier unterwegs: In Seebruck überquerte die römische Via Julia die Alz, südöstlich davon führte sie über den Hügel, auf dem jetzt Ising steht. Der nahe Weiler Castrum trägt in seinem Namen noch heute seine römischen Wurzeln. Und in Stöffling kann man ein rekonstruiertes Gehöft der vorrömischen Bevölkerung bestaunen: der Kelten.*

**Ausgangspunkt:** Seebruck (520 m), Parkflächen östlich der Alzbrücke (Navi: 83358 Seeon-Seebruck, Traunsteiner Str. 10 oder an der Haushoferstraße). Hst. der Busse 9586 (Ringlinie) und 9520.
**Höhenunterschied:** 90 m.

**Anforderungen:** Ein wacher Blick für die beschriebenen Wegverzweigungen; ansonsten problemlose Wanderung.
**Einkehr:** Renés Café, Goldener Pflug in Ising, Greenfoods sowie Seeside Kupferschmiede in Seebruck.

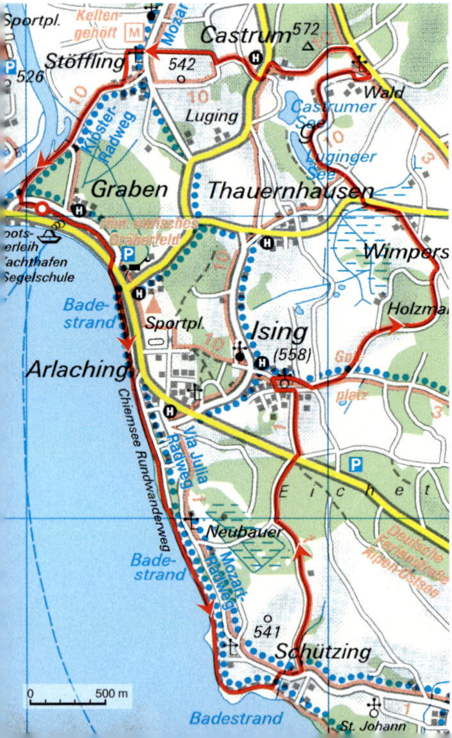


Zunächst steuern wir entlang der **Haushoferstraße** oder direkt über einen der Parkplätze die Traunsteiner Straße an und überqueren diese. Neben den Liegewiesen wandern wir nach links. Dieser Weg entfernt sich bald vom Bade- und Verkehrstrubel und verläuft recht reizvoll zwischen Schilf und Uferböschung (darauf Renés Café). Eine Radweg-Abzweigung nach links hinauf ignorieren wir. Nach den ersten ausgeprägten Kurven – erst nach links, dann nach rechts – zweigen wir auf einen schmalen Pfad (mit Nordic-Walking-Symbol) nach links ab. So treffen wir gleich darauf auf den befestigten Radweg und folgen diesem nach rechts. Wenige Meter weiter wenden wir uns beim Jugendzeltplatz in **Schützing** (528 m) gleich wieder nach links.

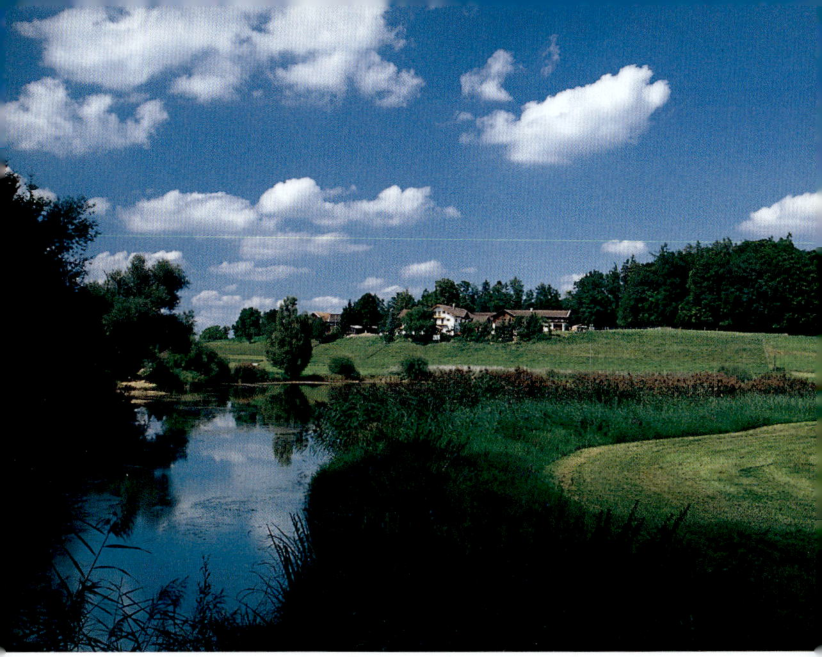

*Der Weiler Castrum über dem gleichnamigen See.*

Ein Feldweg leitet nun durch Grünland und Wald zu einer Bundesstraße. Die wird vorsichtig überquert und der etwas tiefer liegende Weg angesteuert. Darauf nach links, wandern wir hinauf nach **Ising** (558 m). Dort schlängelt sich unser Weg zur Kirche Maria Himmelfahrt und zum Gasthaus »Goldener Pflug«. Anschließend steuert man den Parkplatz am östlichen unteren Rand der Siedlung an und folgt der Allee, durch die es zum Ballonstartplatz geht. Bei einer spitzwinkligen Verzweigung halten wir uns links (Schild Ballonstartplatz). Am Ende der Allee ignorieren wir eine Abzweigung nach links. Auch die folgenden Abzweigungen ignorierend, wandern wir auf dem Hauptweg durch **Wimpersing** (530 m). Nach dem Weiler gehen wir auf einer Asphaltstraße nach links und zweigen mit dem Wegweiser »Wald« gleich wieder nach rechts ab. Ein schmales Höfesträßchen schlängelt sich nun nahe am **Luginger und Castrumer See** vorbei (Abstecher dorthin möglich auf einem Feldweg

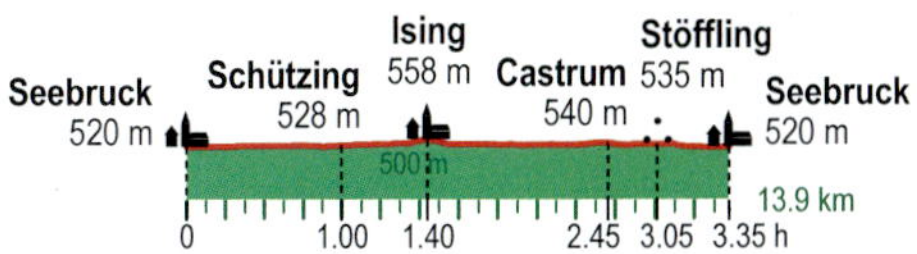

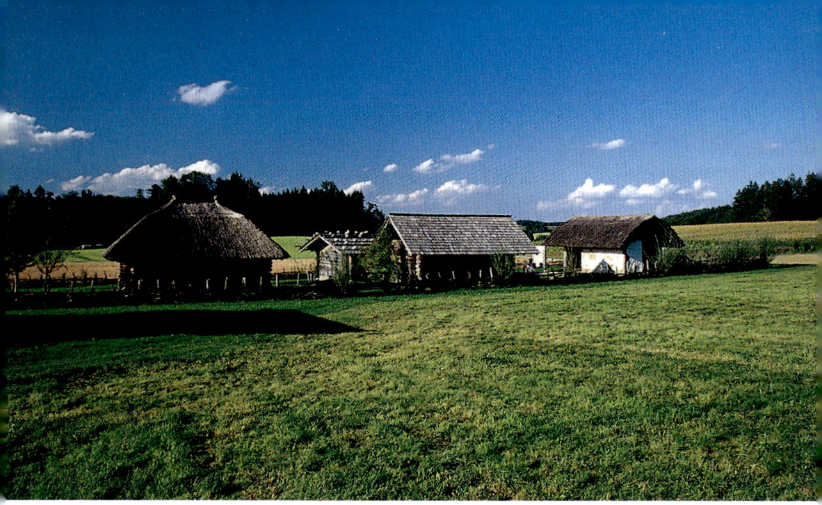

*Das rekonstruierte Keltengehöft bei Stöffling.*

nach links). Nachdem es drei Bauernhöfe passiert hat, trifft es wieder auf eine Landstraße. Der folgen wir nach links bis zum Waldrand, wo wir abermals nach links auf einen Naturweg wechseln, der an einer Rastbank mit schöner Aussicht vorbei zu den Häusern von **Castrum** führt. Auf dem Zufahrtssträßchen hinab zur Hauptstraße und daran entlang kurz nach Süden (links) hinab zu einem scharf nach rechts abzweigenden Kiesweg. Dem folgen wir, bald links haltend, auf einen Moränenhügel (542 m); an einer T-Kreuzung dann rechts und am Waldrand entlang zum rekonstruierten Keltengehöft **Stöffling** (535 m). Dahinter links, an einer Toilettenanlage vorbei, auf beschildertem Weg zu den Häusern von Stöffling. Vor einer Möbelschreinerei nach rechts, gelangt man schließlich zum Auwald der Alz hinab, durch den ein ausgesprochen reizvoller Wanderweg zum **Ausgangspunkt** zurückführt.

*Keltische Wohnidylle.*

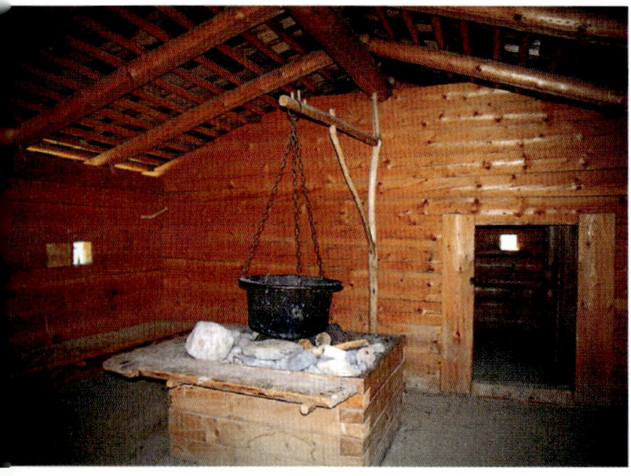

2.45 Std.

# Keltenschanze Truchtlaching

15

## *Archäologische Sehenswürdigkeiten bei Seebruck*

*Bevor die Römer im Alpenvorland das Sagen hatten, war die Gegend von Kelten beherrscht. Ihre Spuren finden sich in der Chiemsee-Region auffallend häufig. Diese Wanderung verbindet zwei herausragende Orte keltischer Siedlungstätigkeit: die Keltenschanze Truchtlaching und den Weiler Stöffling, wo ein Keltengehöft anschaulich rekonstruiert wurde.*

**Ausgangspunkt:** Parkplatz nördlich der Alzbrücke in Truchtlaching (515 m, Navi: 83376 Seeon-Seebruck, Seeoner Str. 10). Hst. der Buslinie 9438 Trostberg – Obing.
**Höhenunterschied:** 120 m.
**Anforderungen:** Keine; leichte Wanderung, allerdings mit einem etwas matschigen Wegabschnitt samt Brennnessel-»Spalier«.
**Einkehr:** In Truchtlaching der Neuwirt (mit Biergarten an der Alz) und das Ristorante Pizzeria Ciao Ciao im Gasthof »Zur Post« an der Chiemseestraße.

Zunächst überqueren wir die **Alz** (515 m) und steuern den Platz vor der Kirche an. Vor dem Ristorante Ciao Ciao im **Gasthof zur Post** gehen wir 20 Meter Richtung Trostberg, dann nach rechts auf die Pattenhamer Sraße und über eine Kuppe hinweg zum Ortsrand. Dort zweigen wir nach rechts auf einen unbeschilderten Feldweg ab. Darauf wandern wir zu einem Wald (550 m), behalten an seinem Rand erstmal die Richtung bei und folgen dann dem Waldrand nach links hinab zu einem Sträßchen. Darauf geht es nach rechts zu einer Landstraße, die überquert wird. Der gegenüber ansetzende

*Rekonstruierter Eingang zur Truchtlachinger Keltenschanze.*

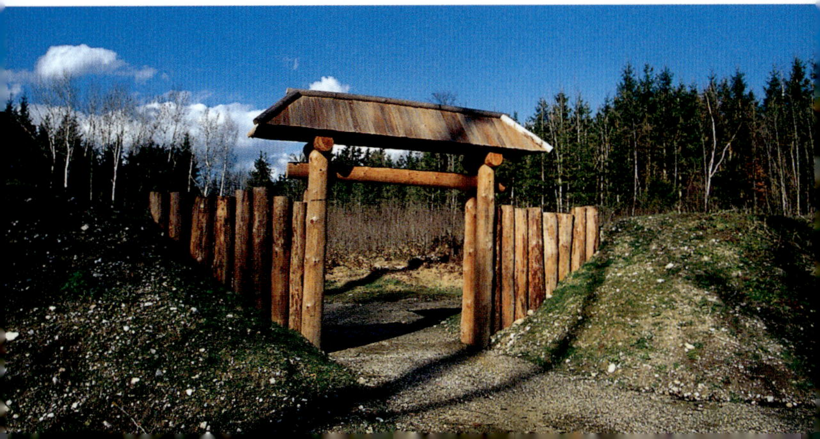

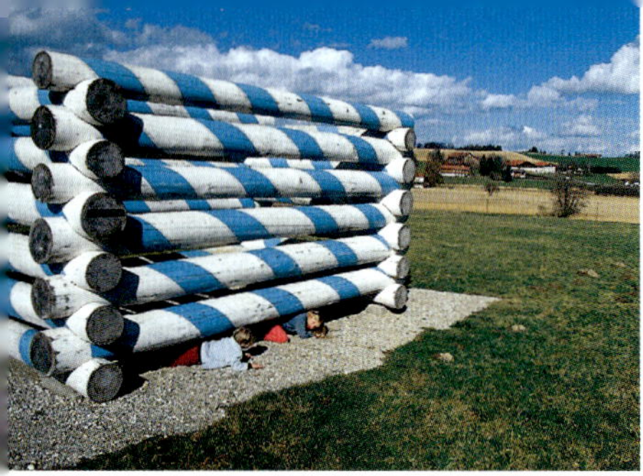

Stand nahe der Keltenschanze: der »Maiblock« des lettischen Künstlers Indrikis Latsons.

Waldweg verzweigt sich bald. Wir halten uns halblinks und wandern durch einen etwas matschigen Abschnitt hinab zu einer weiteren Landstraße. Dieser folgen wir nach links, unter den Häusern von **Castrum** vorbei, in den Türkelgraben (520 m). Dort scharf nach rechts auf einen abzweigenden Kiesweg. Diesem folgen wir, bald links haltend, auf einen Moränenhügel (542 m); an einer T-Kreuzung dann rechts und am Waldrand entlang zum rekonstruierten **Keltengehöft Stöffling** (535 m).
Auf dem befestigten Sträßchen nach Norden setzen wir unseren Weg fort. Nachdem wir an einem Waldstück entlanggegangen sind, zweigen wir scharf nach links ab und bei nächster Gelegenheit wieder nach rechts. Nun immer geradeaus und auf der Hochöder Straße am Truchtlachinger Ortsrand zu einer T-Kreuzung – dort, am Bergweg, nach links. Am Waldrand nehmen wir den rechten Weg und folgen dem Hauptweg zur **Keltenschanze** (532 m). Am rekonstruierten Eingangstor gehen wir rechts vorbei und über-

An der Alzschleife nahe der frühmittelalterlichen Fluchtburg.

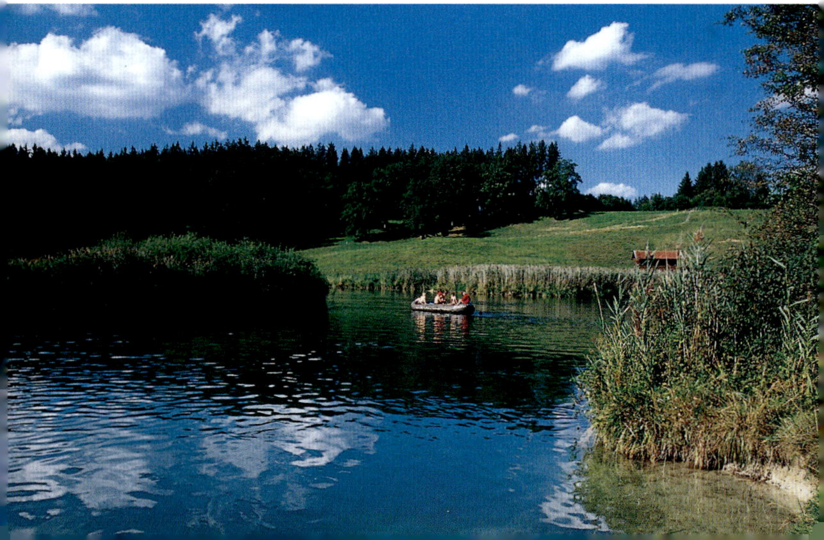

queren leicht rechts haltend die freie Fläche der Schanze. An deren Nordecke treffen wir auf einen Kiesweg, dem wir nach rechts auf eine Wiese folgen (dort stand 2006 bis 2014 der »Maiblock« eines lettischen Künstlers). Unten, an einer T-Kreuzung neben einem Haus, setzt nach links der Abstecher zum Standort einer **frühmittelalterlichen Fluchtburg** an. Von dort kann man auf schmalem Pfad auch noch bis zur **Alz** vordringen und in beträchtlicher Strömung (!) schwimmen.
Zurück an der Kreuzung neben dem Haus, gehen wir geradeaus weiter und kommen nach einem Rechts-Links-Schlenker zurück nach **Truchtlaching**. Am Ende der Westenstraße halten wir uns links und folgen der Seeoner Straße über die **Alz** (518 m).

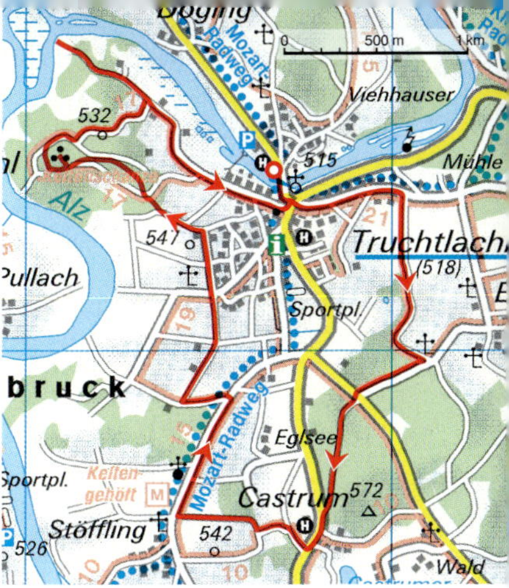


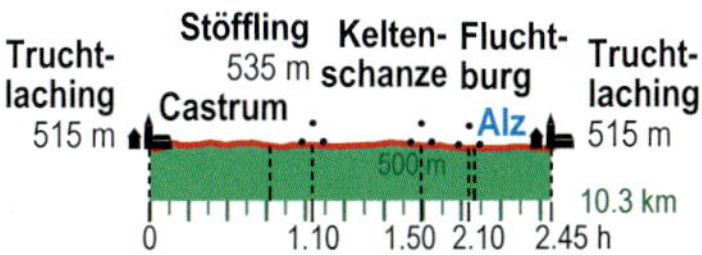


*Im Zentrum von Truchtlaching: Maibaum und Gasthof zur Post, jetzt Ristorante Ciao Ciao.*

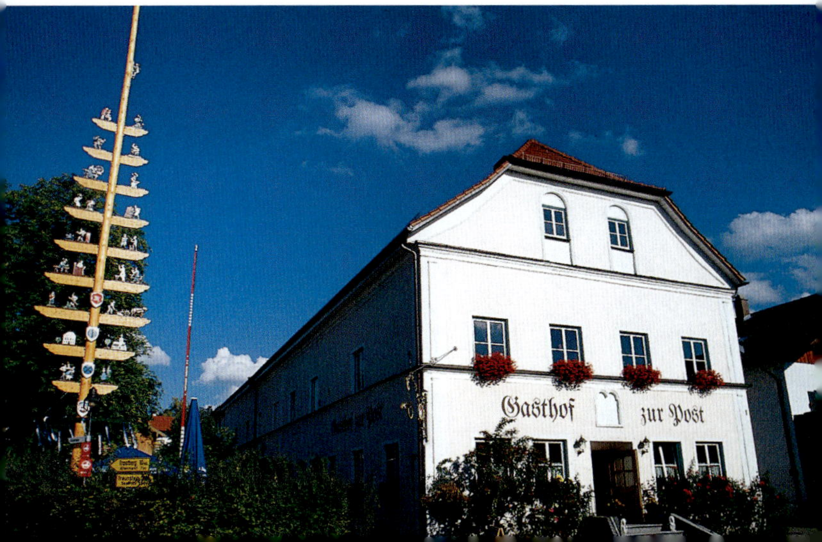

TOP 16

# Kloster Seeon und die Ischler Alzschleife

**3.45 Std.**

### *An einer Schaffensstätte Mozarts*

*Zu Füßen einer Endmoräne mit steil geböschtem Südhang, bezeichnenderweise Weinberg genannt, gründeten die Aribonen auf einer Insel (heute Halbinsel) im Seeoner See im Jahr 994 das Benediktinerkloster Seeon. Es war ein bedeutendes kulturelles Zentrum, ein Hort der Buchmalerei, der Wissenschaft und der Musik. Auch Wolfgang Amadeus Mozart kam gern nach Seeon und hat hier auch komponiert. Heute dienen die Gebäude als Kultur- und Bildungszentrum.*

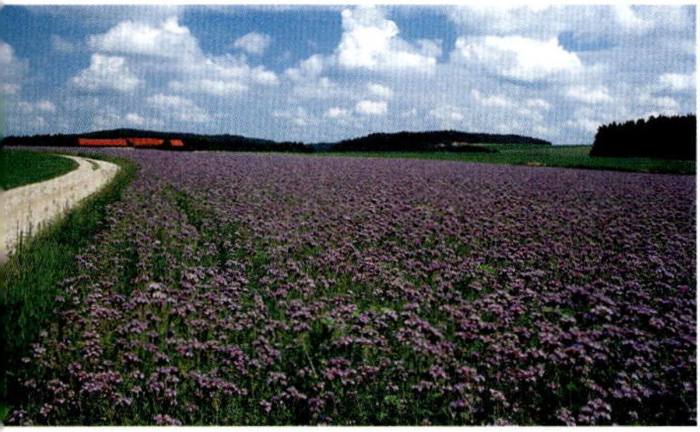

*Zwischen Seeon und der Alz.*

**Ausgangspunkt:** Parkplatz beim ehemaligen Kloster Seeon (538 m, Navi: 83370 Seeon-Seebruck, Klosterweg 15), an der Straße Seebruck – Obing. Alternativ: Parkplatz nordwestlich der Truchlachinger Alzbrücke. Haltestellen Seeon und Altenmarkt der Buslinie 9438 Trostberg – Obing.
**Höhenunterschied:** 120 m.
**Anforderungen:** Keine; leichte Wanderung, überwiegend auf Kieswegen.
**Einkehr:** Gasthäuser in Seeon und Truchtlaching.

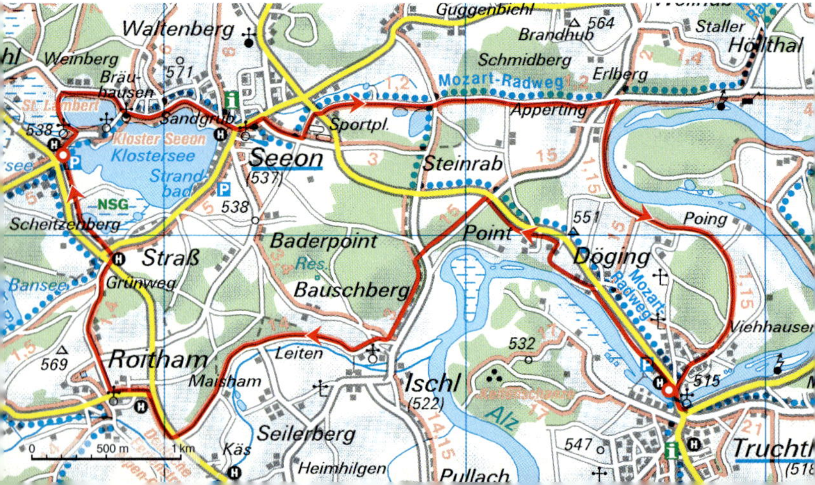

Vom Parkplatz gehen wir direkt auf das **Kloster Seeon** zu. Gleich nach der gotischen Walburgis-Kapelle (14./15. Jh.) folgen wir dem Wegweiser »Weinbergrunde« nach links. Durch eine reizvolle Schilfzone gelangen wir an den Fuß des Weinbergs, wo wir die Seerunde nach rechts fortsetzen. Bevor sich der Kreis schließen würde, halten wir uns bei der Kirche »**Zu Unserer Lieben Frau**« (von 1520) links und spazieren auf der Weinbergstraße nach **Seeon** (537 m) hinein. Beim Haus Nr. 14 rechts, bald darauf dann links in die Altenmarkter Straße und am Alten Wirt (in einem Gebäude aus dem Jahr 1616) vorbei. Gegenüber dem Gasthof Neuwirt biegen wir rechts ab in die Truchtlachinger Straße (Richtung Sportplatz). Beim Kunstwerk »Taufbecken« am Schul-/Sportgelände gehen wir nach links. Eine Landstraße wird überquert. Der gegenüber ansetzende Kiesweg passiert eine zeitweise wassergefüllte Senke (der Sickerabfluss des Wassers der Seeoner Seenplatte) und führt weiter schnurstracks geradeaus zu einer Asphaltstraße. Die wird überquert, gleich danach halten wir uns vor der **Alz** rechts. Erst nahe dem Ufer, dann zwischen Hangfuß und Schwemmebene, wandern wir alle Abzweigungen ignorierend nach **Truchtlaching**. Dort nach den ersten Häusern scharf nach links und gleich danach wieder nach rechts. Auf der Wehrländerstraße spazieren wir zur **Alzbrücke** (515 m, daneben Flussbad, südlich der Alz Gasthäuser bei der Kirche).

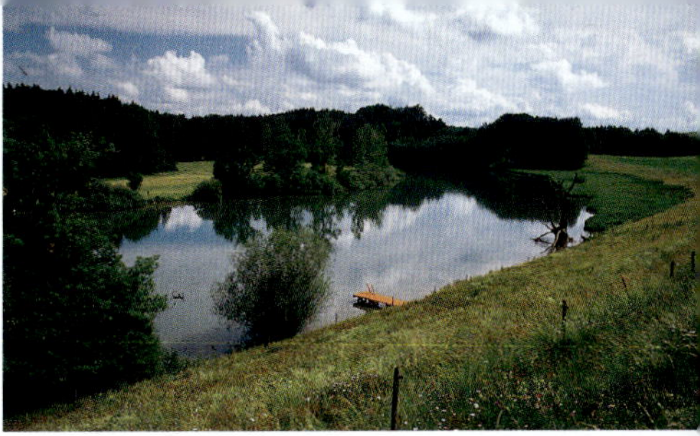

*An der Alz, oben bei der Ischler Schleife nahe Point, unten in Truchtlaching.*

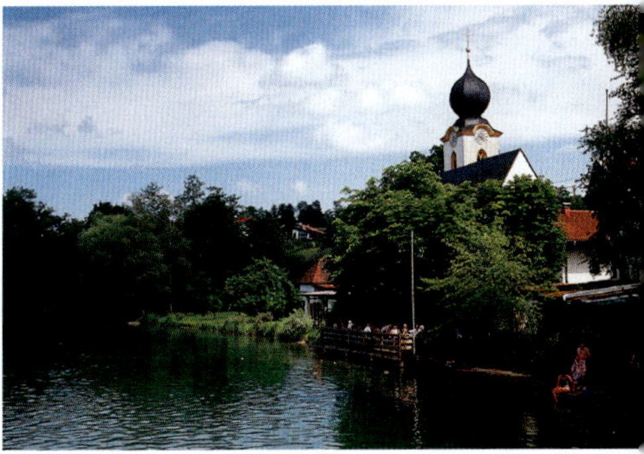

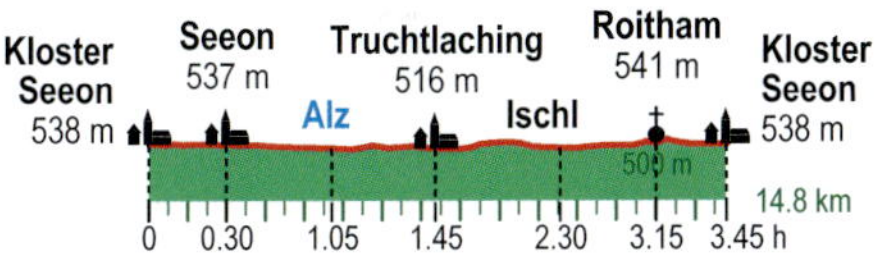


Wir verlassen den Ort auf dem Rad-/Fußweg Richtung Seeon. Mit diesem Weg lösen wir uns in **Döging** von der Hauptstraße. Der asphaltierte Weg be-

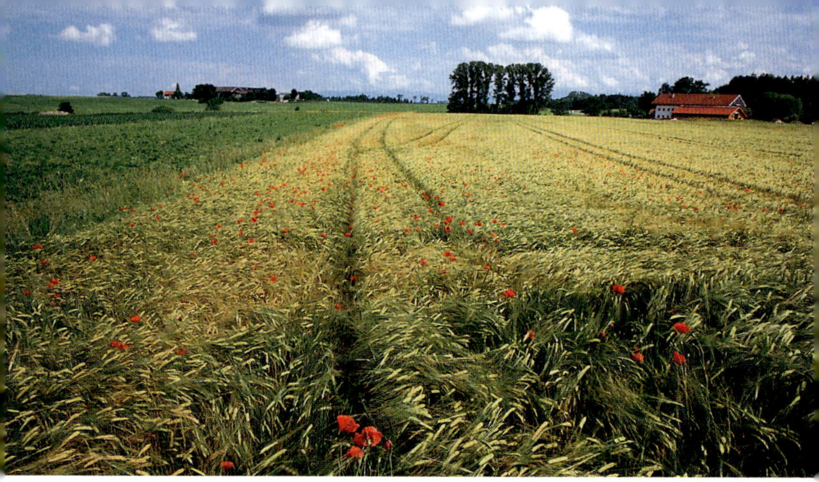

*Getreidefelder zwischen Ischl und Roitham.*

schreibt dann einen Rechtsbogen und gewinnt an Höhe. Wieder neben der Straße, folgen wir ihm bis zu einer Kreuzung am Ende eines Waldstücks. Dort zweigen wir links auf einen unbefestigten Weg ab. Sobald wir den Wald hinter uns gelassen haben, öffnet sich ein überwältigender Blick über die schönste und schilfreichste aller Alzschleifen hinweg auf die Alpen. Bald treffen wir auf eine Straße, entlang der wir auf dem Fuß-/Radweg nach links gehen. Nach einem beschilderten Abstecher zu einem an Ort und Stelle rekonstruierten, mit Glas abgedeckten **Bajuwarengrab** (Wegpunkt des Archäologischen Rundwegs) erreichen wir **Ischl** (522 m). Dort gehen wir am Ortsanfang – also noch deutlich vor der spätgotischen Kirche St. Martin (von 1432) – nach rechts auf ein Kiessträßchen. Bei der gleich folgenden Verzweigung halten wir uns links.

Ein Sägewerk passieren wir geradeaus. Am Fuße des 18.000 Jahre alten Endmoränenwalls des Truchtlachinger Stadiums der würmeiszeitlichen Vergletscherung wandern wir auf einem Sträßchen zur Staatsstraße 2094. Daran entlang gehen wir nach rechts hinauf und biegen bald danach nach links ab, um nach **Roitham** hinabzugehen.

Bei der sehenswerten, 1859 erbauten Kapelle St. Katharina (530 m) zweigen wir rechts ab verlassen auf dem Gasteig (bedeutet »gacher Steig«) den Ort nach Norden. Wir wandern an einem Hof vorbei und über eine bewaldete Geländestufe hinab. Einem befestigten Fahrweg folgen wir nach rechts und stoßen sodann auf die breite Landstraße. Dort links, benutzen wir einen Wanderweg zwischen Straße und Seeufer zur Rückkehr zum **Ausgangspunkt**.

2.40 Std.

## Seeoner Seenplatte 17

### *Von Gletschereis geschaffenes Hügel- und Seenland*

*Der maximale Gletschervorstoß der letzten Eiszeit heißt in der Chiemseeregion nicht von ungefähr »Seeoner Stadium«: In der Seeoner Seenplatte hinterließ dieser Vorstoß vor ca. 18.000 Jahren nämlich eine besonders spannende Landschaft mit Moränen, Eisrandterrassen und Toteisseen.*

**Ausgangspunkt:** Badegelände im Norden des Griessees (534 m, Navi: 47.990447, 12.441083); kostenloser Parkplatz nahe Kiosk, gebührenpflichtiger vor dem Wald. Zufahrt über Großbergham bei Obing. Wer von Seebruck kommt und nicht vorhat, einen Badenachmittag anzuhängen, parkt am besten gleich beim Kloster Seeon (auch Hst. der Buslinie 9438 Trostberg – Obing).
**Höhenunterschied:** 70 m.
**Anforderungen:** Leichte Wanderung; etwas Aufmerksamkeit an den vielen Wegverzweigungen schadet nicht.
**Einkehr:** Klostergaststätte Seeon, Kiosk am Strandbad (Ausgangspunkt).

Wir starten auf dem Weg, der links am Badegelände des **Griessees** vorbei und neben einem Liegewiesen-Streifen zu einer Wasserwachthütte führt. Bald darauf entfernt sich der Weg vom See. An einem Waldeck nicht Richtung Engering gehen, sondern mit dem Rundweg rechts abzweigen. Bei der folgenden Verzweigung gehen wir über eine kleine Geländestufe hinauf (Wegweiser »Kloster Seeon 1,6 km«). Bald gelangen wir auf einen breiteren Weg. Diesem folgen wir halb links Richtung »Weinbergaussicht 0,8 km«. Neben einem Toteisloch ansteigend, kommen wir zu einem querenden Weg. Diesem folgen wir links und ignorieren den Wegweiser nach Seeon. Bald darauf gehen wir Richtung Waltenberg nach rechts und zweigen unmittelbar danach wieder rechts ab zur **Weinbergaussicht** (585 m). Oben, bei den

*Kloster Seeon.*

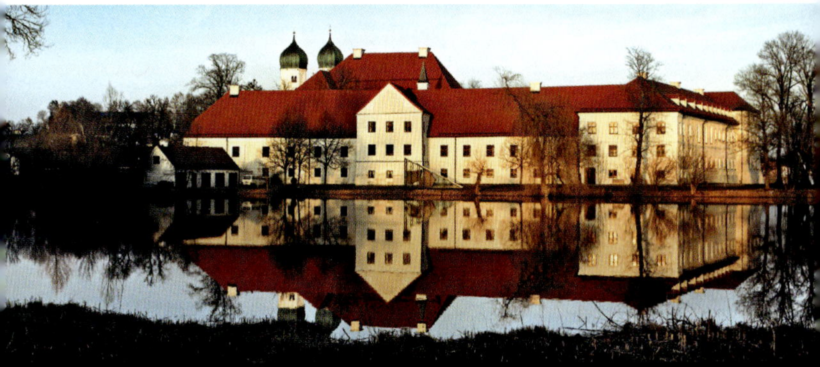

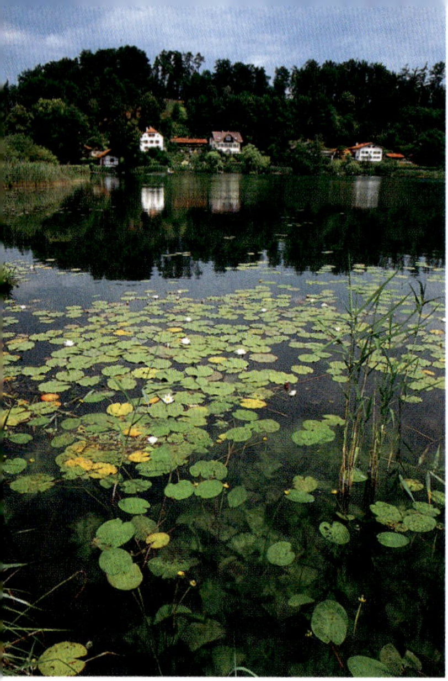

*Seeoner See und Weinberg.*

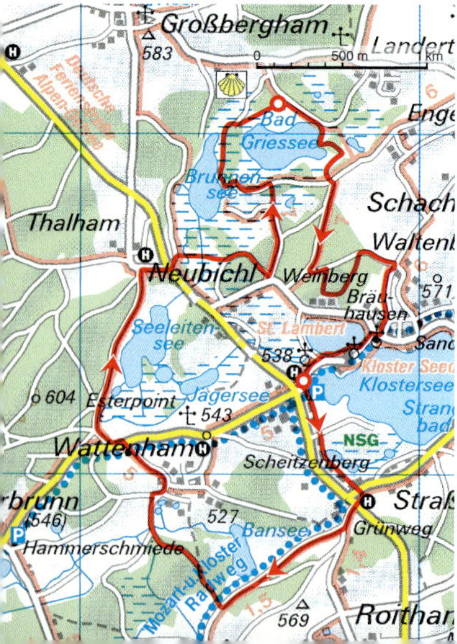


Bänken, folgen wir am Geländerücken einem anfangs undeutlichen Pfad nach links, der bald wieder nach links hinab zum Kiessträßchen führt. Darauf nach rechts, halten wir uns im Folgenden wieder rechts und gehen am Seeoner Ortsteil Bräuhausen entlang zur Kirche »Zu Unserer Lieben Frau«. Über eine Fußgängerbrücke gelangt man zum ehemaligen **Kloster** (mit Pfarrkirche St. Lambert, im Kern eine romanische Säulenbasilika mit Grundmauern aus dem 11./12. Jh.).

An der **Walburgiskapelle** gehen wir links vorbei und überqueren den Parkplatz. Dem Weg neben der Straße folgen wir nach links durch ein Naturschutzgebiet. Die Straße nach Seeon wird ignoriert; wir zweigen rechts Richtung Pavolding ab. Wo es links nach Roitham geht, halten wir uns rechts und passieren auf einer zurückgebauten ehemaligen Landstraße den **Bansee**. Bald danach zweigen wir rechts ab zu einer Brücke neben einer Furt. Immer auf dem Hauptweg schlängeln wir uns durch einen Wald. An dessen Rand, bei einer Bank, geht es halb rechts hinab und über einen Bach (528 m). Gleich danach gehen wir rechts in den Ort **Wattenham** (545 m). Dort halten wir uns dann immer links. Der Landstraße, auf die wir dann treffen, folgen wir kurz links, um sie gleich darauf wieder nach rechts zu

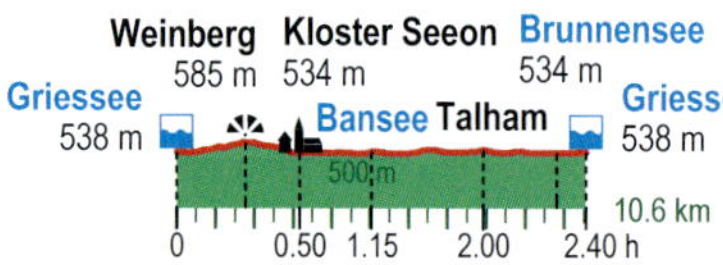

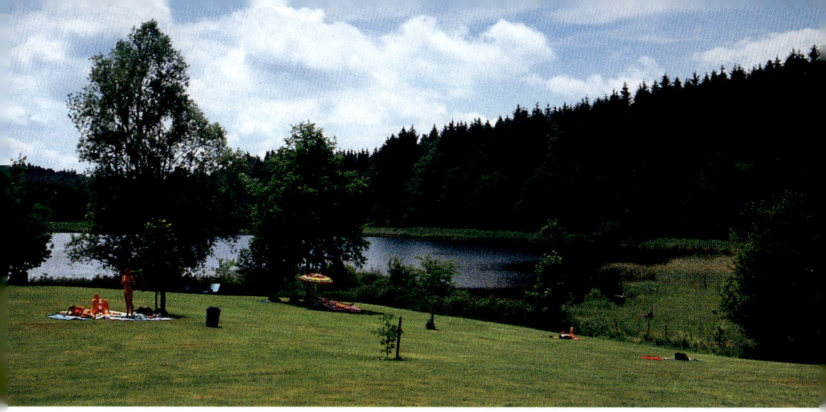

*Em Ende der Tour lockt das Badegelände am Griessee.*

verlassen. Auch bei den folgenden Forststraßenverzweigungen – am Waldrand und im Wald – halten wir uns jeweils rechts. So bleiben wir immer nah genug am verlandenden **Seeleitensee**, um ihn zwischen den Bäumen immer wieder erspähen zu können. Schließlich ignorieren wir einen links hinaufführenden Kiesweg und verlassen den Wald auf einem alten Karrenweg. Der trifft beim Weiler **Thalham** (550 m) auf ein Teersträßchen, auf dem es nach rechts zu einer Hauptstraße geht. Von deren anderen Seite leitet ein Feldweg über die Böschung hinab zu einer Verzweigung. Hier könnten wir auf dem Weg 12 nach links abkürzen und entlang dem Brunnensee-Westufer zum Ausgangspunkt am Griessee gelangen.
Wer noch etwas länger wandern will, geht geradeaus am Waldrand entlang auf schwachen Trittspuren auf eine Lichtung hinaus. Dabei hält man auf ein weithin sichtbares Brückengeländer zu, überschreitet dort einen Bach und trifft am Waldrand gegenüber wieder auf einen Karrenweg. Darauf überwinden wir – die Grundrichtung zunächst beibehaltend – eine sanfte Geländeschwelle. Nach einem Rechtsbogen treffen wir bei einem Parkplatz auf ein Asphaltsträßchen, dem wir nach links folgen. Mit der Wegweisung zum Griessee biegen wir gleich darauf scharf nach links ab und folgen einem breiten Forstweg. Ein nach links zu einer Lichtung führender Weg wird ignoriert, stattdessen geht es halb rechts leicht bergab. Nach einem Rechtsbogen hilft ein Bretterweg über eine Feuchtzone. Ein schmaler Waldpfad führt dann hinauf zu einem breiteren Weg, dem wir nach links folgen. Nach einem Holzbrückerl folgen wir dem Wegweiser »Brunnensee« rechtwinklig nach links. In einem Rechtsbogen kommt man ans Ostufer des **Brunnensees**.
Nach einem Wegstück am Waldrand überquert man geradewegs eine Lichtung. Beim nächsten Wald geht man rechts am Waldrand entlang direkt zum zum Parkplatz am Badegelände **Griessee**.

# 18 Rund um den Obinger See

1.00 Std.

## Rundwanderung durch sanftes Moränenland

*Rund um den 14 m tiefen Obinger See führt ein Skulpturenweg mit über 20 Objekten zeitgenössischer Bildhauer der Region. Wer zügig unterwegs ist, braucht dafür keine Stunde – wer sich aber mit den originellen Kunstwerken und den Informationstafeln am Weg genauer beschäftigt und Pausen zur äußeren und inneren Erfrischung einlegt, kann am Obinger See auch locker mehrere gemütliche Stunden ohne Langeweile verbringen. Der See liegt außerhalb des lebhaften Reliefs der würmeiszeitlichen Jungmoränen, die den Chiemsee, die Eggstätter und Seeoner Seen umranken; er liegt im Übergangsbereich zu einer Landschaft mit sanften Hügeln – diese sind ebenfalls Moränen, aber solche, die die weiterreichenden Gletscher vorangegangener Eiszeiten, vor allem jene der Mindel- (vor rund 700.000 Jahren) und Risseiszeit (vor rund 300.000 Jahren) abgelagert haben. Aufgrund ihres höheren Alters sind sie schon stärker abgetragen und die Landschaft ist dementsprechend flacher. Diese Tour führt durch eine Gegend, die die würmeiszeitliche Vergletscherung gerade eben nicht mehr erreicht hat. Der Blick auf die ganz nahen Eisfronten des Chiemseegletschers im Süden und des Chiemseegletschers im Westen wäre uns aber vor 18.000 Jahren sicher gewesen ...*

**Ausgangspunkt:** Parkplatz (543 m) beim Minigolfplatz (Navi: 83119 Obing, Altenmarkter Str. 25). In Obing Hst. der Buslinien 9438 (von Seeon) und 9441 (Trostberg – Wasserburg); an Sommerwochenenden Bahnverbindung mit Prien (»LEO«).
**Höhenunterschied:** 10 m.

**Anforderungen:** Keine.
**Einkehr:** s'kleine Wirtshaus am Ausgangspunkt, Kiosk des Strandbades, Gasthof Oberwirt in Obing.
**Tipps:** 1) Am Ausgangspunkt Nostalgie-Minigolf.
2) Im Nordosten des Sees Abstecher zum Badegelände.

*Die spätgotische Kirche St. Laurentius in Obing, erbaut Ende des 15. Jahrhunderts.*

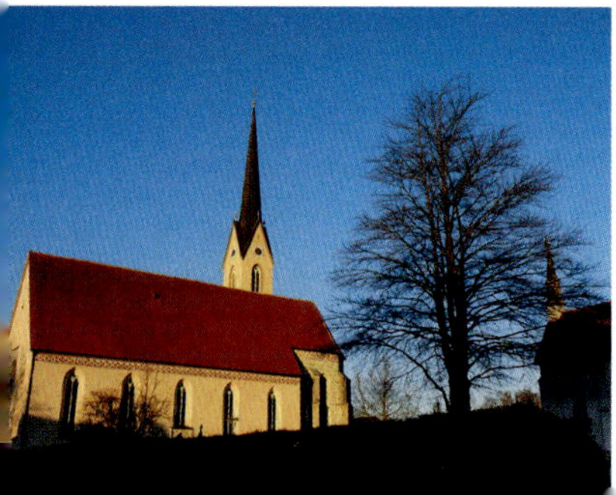

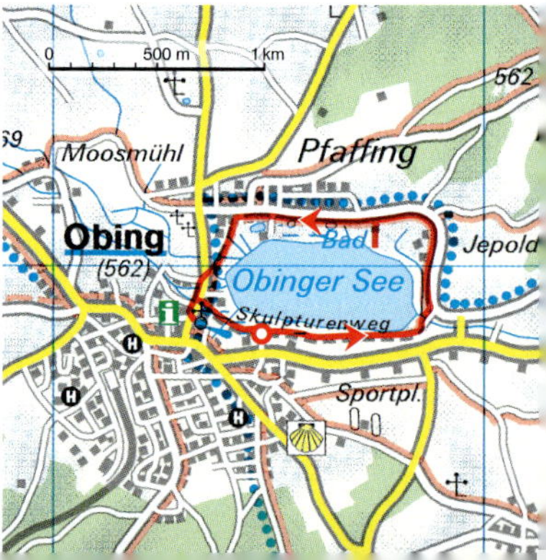

Wir starten vom Minigolfplatz auf dem **Skulpturenweg** nach Osten. Dabei kann man über die Bedeutung einiger Installationen nachdenken oder einfach die wunderbare Schilfzone des **Obinger Sees** bewundern. Bei einer Verzweigung im Südosten des Sees halten wir uns links und passieren dann den Weiler **Jepolding**. Anschließend beschreiben wir einen weiteren Linksbogen und kommen zum Parkplatz des **Strandbads**. Bei entsprechendem Wetter sollte man von Anfang an einplanen, es sich dort eine Zeit lang gut gehen zu lassen. Es locken ein Beach-Volleyball-Platz, ein Kiesstrand mit Steg sowie ein Wassertrampolin und ein Floß im See. Für kleine Kinder gibt es einen Nichtschwimmerbereich und einen Spielplatz mit Sandkasten.

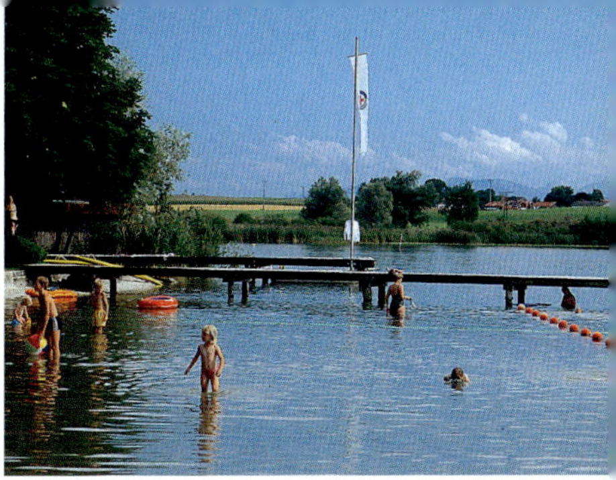

*Das Strandbad bei Jepolding.*

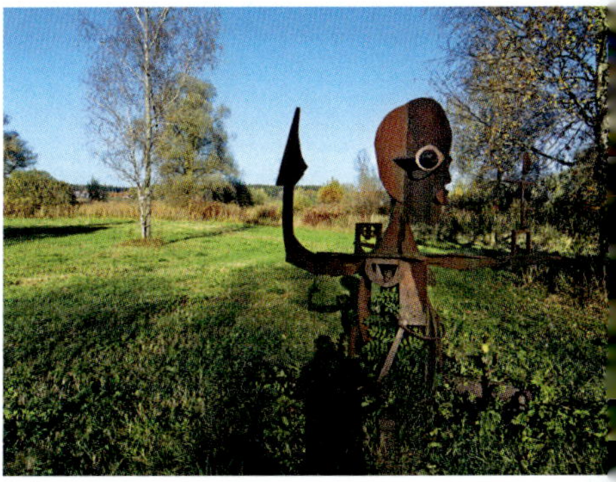

*Am Skulpturenweg.*

Der Weiterweg nach Westen verläuft durch **Pfaffing** über den Fußweg zwischen der Seestraße und der breiten Uferzone des Obinger Sees. Nachdem wir die Richtung beibehaltend in die Kienberger Straße gekommen sind, zweigt der Seerundweg bald nach links ab. Als Fußweg führt er mit etwas Abstand zum Ufer Richtung **Obinger Ortskern**. Wieder auf der Kienberger Straße, gehen wir zur sehenswerten spätgotischen Kirche **St. Laurentius** (1480–91). Der Altar des Gotteshauses ist geschmückt mit drei der schönsten Figuren des Meisters von Rabenden, einem der bedeutendsten süddeutschen Bildhauer des frühen 16. Jahrhunderts. Von der Kirche gehen wir ein kurzes Stück zurück und nach dem Oberwirt nach Osten. Auf dem Seerundweg gelangt man zum Ausgangspunkt zurück. Nachdem die Wanderung konditionell nicht übermäßig fordernd war, bleibt meist noch Luft für eine lustige Runde auf dem Nostalgie-Minigolfplatz beim kleinen Wirtshaus ...

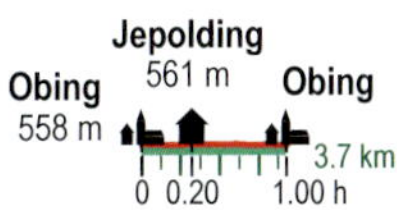

# 19 Über Kloster Baumburg zur Alzfähre

**2.15 Std.**

## *Stille Rundtour an der Alz*

*Im Zwickel zwischen Alz und Traun ragt ein steil geböschter Hügel auf. Von oben hat man einen guten Blick übers Land; daher wundert es nicht, dass dort schon früh Wichtiges gebaut wurde, so im 12. Jahrhundert ein Kloster, das von großer Bedeutung für die Entwicklung der Region werden sollte. Die barocke Klosterkirche Baumburg, die in der heutigen Form von 1755 stammt, sollte man sich auf jeden Fall auch von innen anschauen – genauso wie die nahe Klostergaststätte, die sich für eine gediegene Einkehr anbietet. Ein einfacheres, dafür aber familiäres und natürliches Ambiente genießt man im Garten vom Gasthaus Roiter. Dorthin kommt man mit einer kleinen Holzfähre; die schaukelige Fahrt mit dem seilgeführten Gefährt erleben vor allem Kinder als richtiges Abenteuer.*

**Ausgangspunkt:** Parkplatz (520 m) am Zufahrtssträßchen, das von Altenmarkt (Bhf., Hst. Busse 9438, 9441, 9442) zum Kloster Baumburg hinaufführt (Navi: 83352 Altenmarkt an der Alz, Baumburger Str. 7).
**Höhenunterschied:** 120 m.
**Anforderungen:** Wege ohne Schwierigkeiten, die zahlreichen Wegverzweigungen erfordern Aufmerksamkeit.
**Einkehr:** Klostergaststätte Baumburg, Gasthaus Roiter bei der Alzfähre.
**Hinweis:** Fährbetrieb nur zu den Betriebszeiten beim Roiter (Tel. +49 8621 7387): Do bis Mo 12–22 Uhr, Mi bei Sonne 12–20 Uhr.

Zuerst steuern wir **Kloster Baumburg** mit der sehenswerten Rokokokirche St. Margareth an. Der Wegweisung zur Fähre folgen wir dann nach Süden – anfangs auf Asphalt, bald auf Schotter. Der Wegweiser »Alzfähre« schickt uns dann nach rechts über einen bewaldeten Hang hinab. Wieder auf einem Asphaltsträßchen, folgen wir diesem zunächst geradeaus, dann nach links (hier nicht geradeaus auf Kiesweg). An einem Hof links vorbei, geht man kurz darauf steil hinab zur Alz und zieht am Seil (»klingeln«), um den Fährmann zu bestellen. Der freut sich, wenn man auf der anderen Seite bei ihm im Gasthaus **Roiter** einkehrt. Weiter geht es kurz auf dem geteerten Zufahrtssträßchen, bald darauf dann links ab. Am Bauernhof vorbei und auf einem Kiesweg geradewegs durch einen Waldstreifen, wandern wir sodann in weitem Bogen durch Getreidefelder, am **Brandlhof** geradeaus vorbei. Bei der nächsten Kreuzung biegen wir scharf

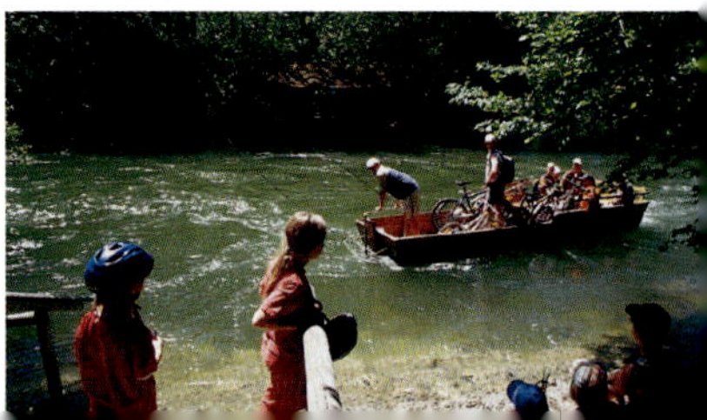

*Spannendes Abenteuer für Kinder: die Alzüberquerung per Holzfähre.*

nach rechts ab. Mit etwas Abstand unter einem Hof vorbei, gehen wir zum Ende der Felder; dort biegen wir auf einen kleineren, nach links abzweigenden Weg ab. Dieser schlängelt sich durch den Wald zu einer Schottergrube. Daran rechts vorbei, gelangt man zu einem Kiesweg, der geradewegs zu einer Straßenkreuzung führt. Auf der Hauptstraße nach rechts, bleiben wir auf einer Anhöhe (Wegweiser »Altenmarkt 3 km«). Knapp 150 m nach den letzten Häusern von **Massing** (538 m) zweigen wir auf einen Feldweg ab, der nach rechts zum Waldrand hinab und geradewegs in den Wald hineinführt; im Talgrund geradeaus flussabwärts weiter.

An einer kurzen Steigung nehmen wir bei einer Verzweigung den deutlicheren linken Weg. Bald geht es oben an der Hangkante entlang. Wo wir auf eine Asphaltstraße stoßen, gehen wir 15 m bergab. Dem Weg Richtung Altenmarkt folgen wir auf schmalem Fußpfad nach links hinab. Ein Kiessträßchen leitet sodann flussab am Kraftwerk samt rauschendem Katarakt vorbei. Nach rechts über zwei **Fußgängerbrücken** und geradeaus über eine Wiese, gelangt man zu einem nach oben führenden Waldweg. Darauf in den Friedhof, nach links an der Hangkante entlang, vor der Aussegnungshalle kurz rechts, über die Laufener Straße und gegenüber durch den Soldatenfriedhof unter einer Kapelle vorbei schräg hinauf zu einem Sträßchen. Das verlassen wir nach 20 m wieder nach links zum **Parkplatz**.

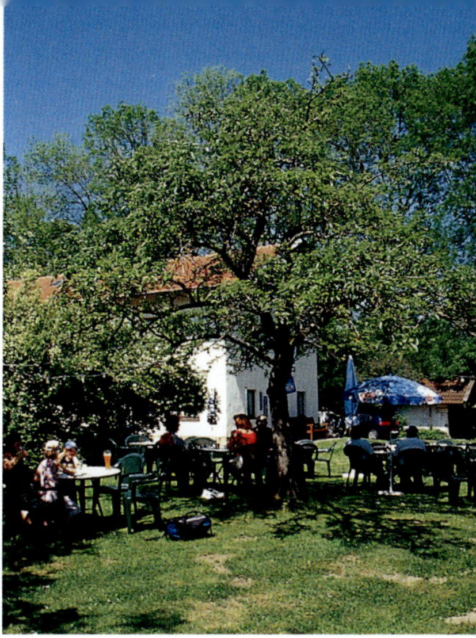

Im Biergarten beim Gasthaus Roiter.

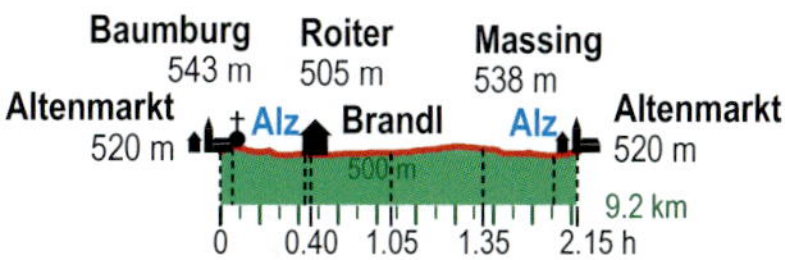


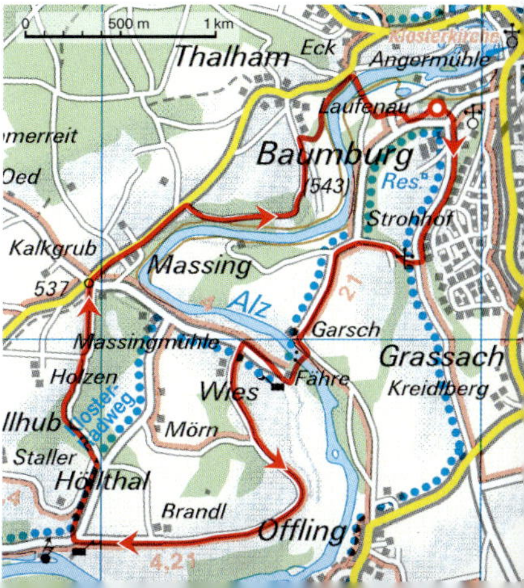

# 20 Altenmarkt und Stein an der Traun

**3.20 Std.**

## *Zur Höhlenburg des wilden Ritters Heinz vom Stein*

*Über einer senkrechten Nagelfluhwand nahe der Traun thront eine der geheimnisvollsten Burgen weit und breit: die Burg Stein mit ihren schaurigen Katakomben und unterirdischen Geheimgängen. Hier soll einst der (historisch nicht wirklich belegte) wilde Raubritter Heinz vom Stein geherrscht haben, über den man im Rahmen einer Führung durch die Felsenburg wilde Geschichten hören kann.*

*Auf der hier vorgestellten Wanderung lernt man die reizvolle Umgebung mit Altenmarkt, dem Trauntal und dem Kloster Baumburg kennen.*

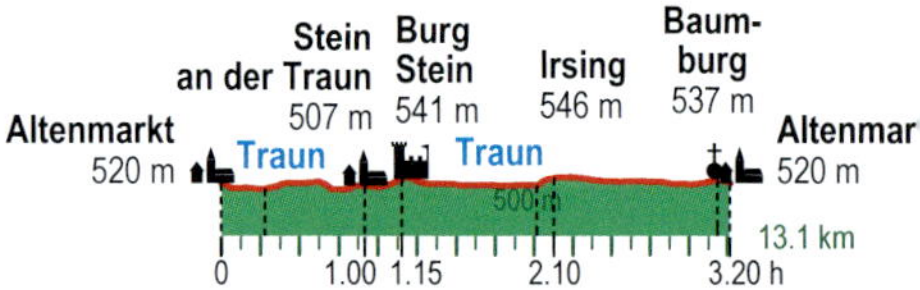


*Das Felsmassiv unter der Burg ist von Gängen durchzogen, die im Rahmen von Führungen teilweise begehbar sind.*

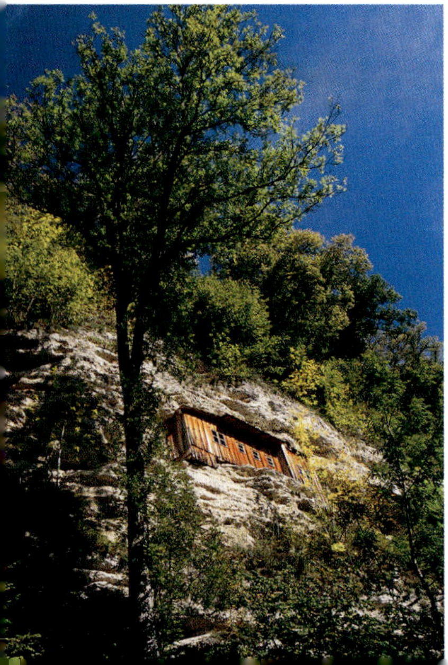

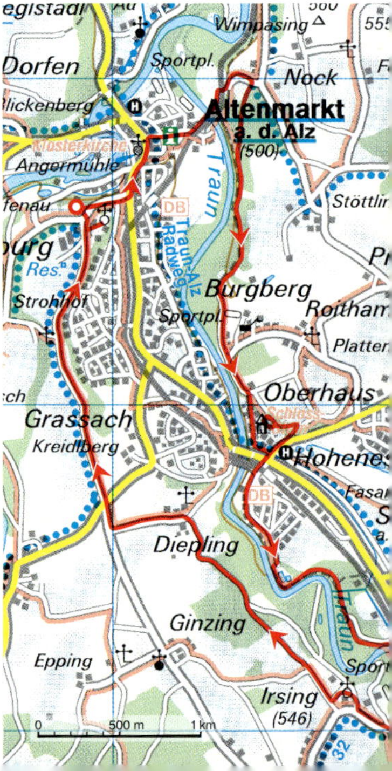

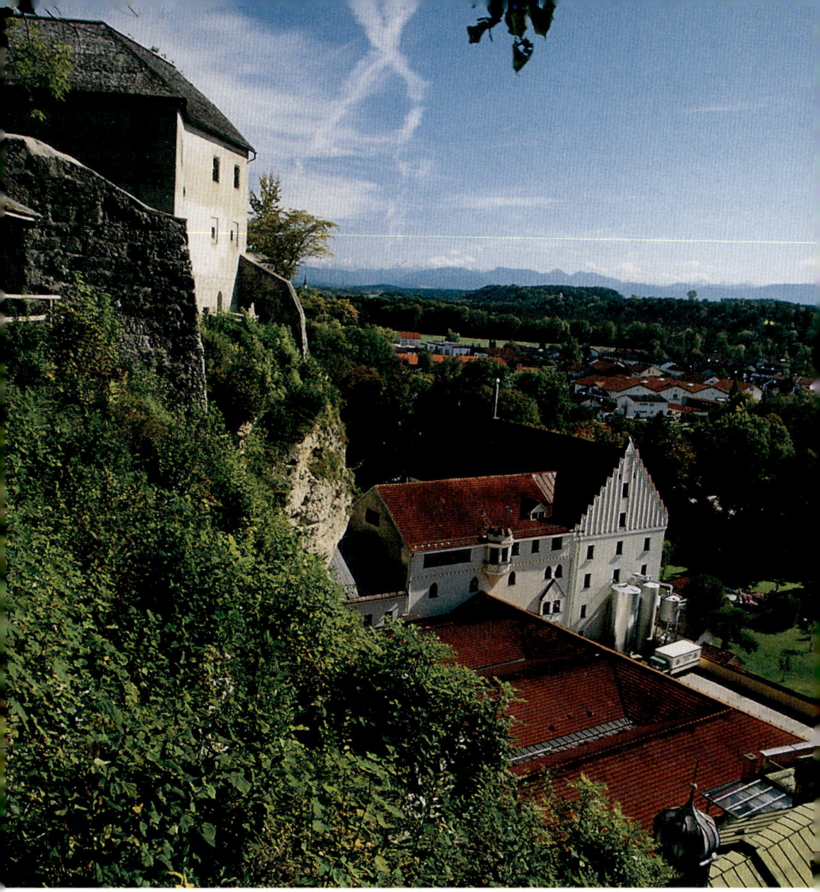

*Die exponiert gelegene Burg Stein, rechts darunter die Steiner Brauerei.*

**Ausgangspunkt:** Parkplatz (520 m) am Zufahrtssträßchen, das von Altenmarkt zum Kloster Baumburg hinaufführt (Navi: 83352 Altenmarkt an der Alz, Baumburger Str. 7); Bhf. Altenmarkt (Hst. Buslinie 9441 Trostberg – Wasserburg) oder Bhf. Stein an der Strecke Traunstein – Trostberg.
**Höhenunterschied:** 150 m.
**Anforderungen:** Problemlose Rundwanderung, überwiegend auf guten Wegen; an der Burg stellenweise schmal und etwas exponiert.
**Einkehr:** Gaststätten in Altenmarkt, Gasthof Martini in Stein, Klostergaststätte Baumburg.
**Tipp:** Führungen durch die Höhlenburg und/oder die Brauerei: www.steiner-bier.de/fuehrungen, Tel. +49 8621 9832-16.

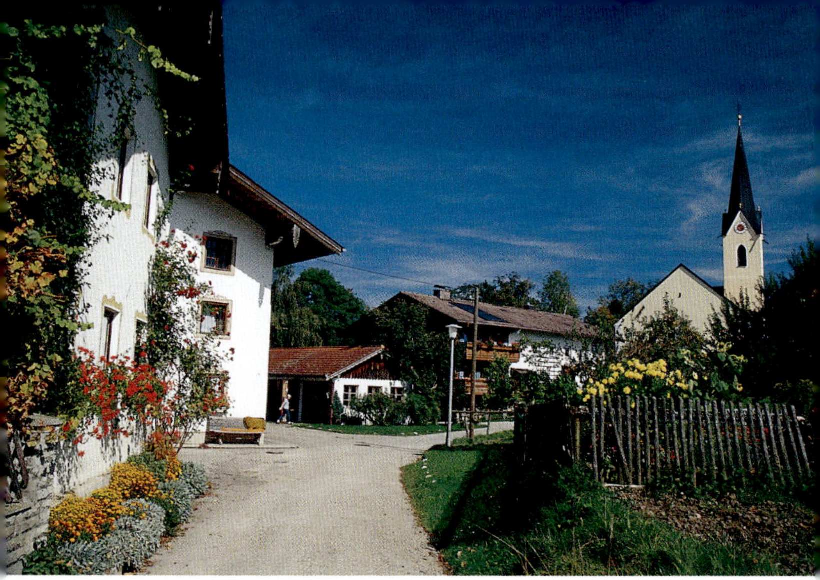

*Blumenreich – Dorfidylle in Irsing.*

Entlang dem Zufahrtssträßchen gehen wir hinab nach **Altenmarkt** (500 m) und dort an der Hauptstraße nach links bis zum rechts abzweigenden Traunweg – diesem folgen wir. Vor dem Bahnübergang nach links, geht es neben der Bahn über die **Traun**. Gleich darauf rechts über die Gleise und auf einem Teersträßchen bergauf, bis wir dem **Malefizweg** Richtung Stein nach rechts folgen. Immer auf dem Hauptweg wandern wir nun oberhalb des bewaldeten Steilufers nach Süden. Wo der breitere Weg halb links weiterführt, steigen wir – die Grundrichtung beibehaltend – auf einem schmalen Weg schräg hinab. Über eine Wiese gelangen wir zu einer Häusergruppe von Burgberg. Dort bleiben wir im Tal und folgen dem Uferweg nach **Stein an der Traun** (507 m). Dort kann man meist quer durch die als Internat genutzte Schlossanlage gehen; ansonsten geht man vor den ersten Gebäuden rechts über eine Brücke und um ein Sägewerk herum. So oder so steuern wir anschließend linkshaltend den Brauereigasthof Martini an. Anschließend gehen wir wiederum links entlang der Pallinger Straße zum Ortsrand. Von dort führt ein Fußpfad hinauf zur **Burg Stein** (541 m). Das wuchtige Gemäuer kann man umrunden: Zunächst hoch über Brauerei und Internat auf einer spektakulären, aber gesicherten Passage zwischen Abgrund und Burgmauer entlang, dann nach rechts über einen Wall neben dem Burggraben. Wieder am kleinen Vorplatz, kehren wir auf bekanntem Weg zurück in den Ort Stein.

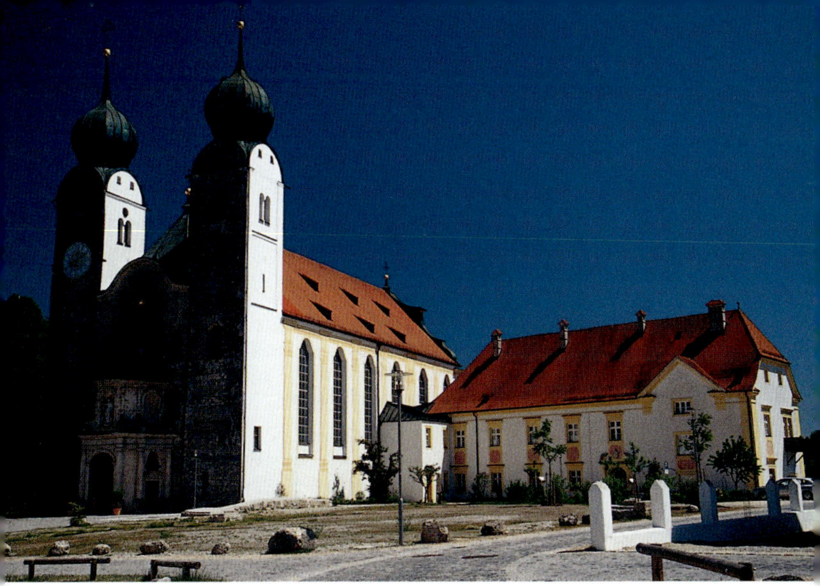

*Die barocke Klosterkirche von Baumburg, ein Wahrzeichen der Region.*

Am Gasthof vorbei gehen wir geradewegs über eine Kanalbrücke, die Bundesstraße und die Eisenbahn hinweg, gehen wir mit der Wegweisung »Traunrundweg« durch die Bahnfeldstraße. Bei einem Containerplatz geht es nach rechts in den Wald und zur **Traun** (Flusskilometer 3,6). Bald nach einem ersten Abstecher zu einer Kiesbank ignorieren wir bei einer Verzweigung den breiten nach links führenden Weg und folgen der schmäleren flussnahen Variante. Weiterhin ignorieren wir Abzweigungen und bleiben im Talgrund. Eine Brücke wird unterquert, unmittelbar dahinter steigt man hinauf und überquert die **Traun**. Auf der anderen Seite folgen wir dem Sträßchen unter einer Nagelfluh-Wand steil bergan. Oben in **Irsing** (546 m) zweigen wir rechts ab und gehen an der Kirche vorbei in einem Linksbogen durchs Dorf.
Nach dem letzten Haus geht es nach rechts auf einen Schotterweg. Bei einer spitzwinkligen Verzweigung gehen wir halb rechts. Im Wald wandern wir bald darauf neben der Hangkante des steilen Traunufers. Am Waldrand kurz links, dann nach **Diepling** (535 m). Dort auf dem linken Sträßchen weiter. Bei der folgenden T-Kreuzung halten wir uns rechts. Gleich darauf überqueren wir geradewegs eine Landstraße und folgen einer Kiesstraße in ein Wasserschutzgebiet (Wegweiser »Klosterweg«). So gelangt man geradewegs zum **Kloster Baumburg** (543 m) und gleich danach zum Parkplatz.

# 21 Von Nußdorf zum Eglsee

2.10 Std.

### *Um die Keltenschanze Sondermoning*

*Auch wenn die Uferwege des Chiemsees an schönen Sommerwochenenden bevölkert sind wie eine Fußgängerzone im Advent, findet man nur wenige Kilometer östlich davon seine Ruhe. Zugegeben, die bewaldeten Moränen, das Moorgebiet und die Schotterplatten ergeben eine eher unspektakuläre Landschaft und der Eglsee ist um Welten kleiner als der Chiemsee; er ist aber trotzdem zum Schwimmen geeignet. Und wenn man die Ebene passiert, die Archäologen als Keltenschanze identifizierten, kann man sich vorstellen, welch ein Betrieb hier vor 2200 Jahren herrschte.*

**Ausgangspunkt:** Nußdorf im Chiemgau (603 m), Parkplatz hinter der Kirche (Navi: 83365 Nußdorf, Kirchenweg 2), Zufahrt auf dem Sträßchen Richtung Litzlwalchen.
**Höhenunterschied:** 100 m.
**Anforderungen:** Etwas Orientierungssinn; problemlose Fahr- und Feldwege.
**Einkehr:** Keine.
**Variante:** Beim Rechtsbogen vor der Keltenschanze kann man nach links abzweigen und direkt zum Eglsee abkürzen (halbe Zeit).

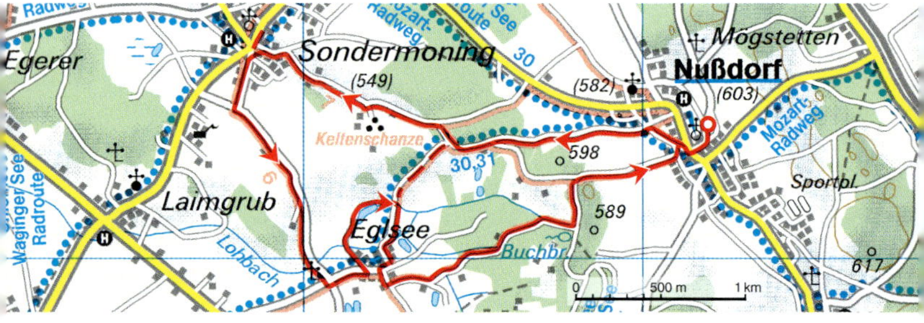


*Blick über Nußdorf und den Hochberg (rechts im Mittelgrund, Tour 24) auf das breite Watzmannmassiv und den spitzen Hochkalter (rechts am Horizont).*

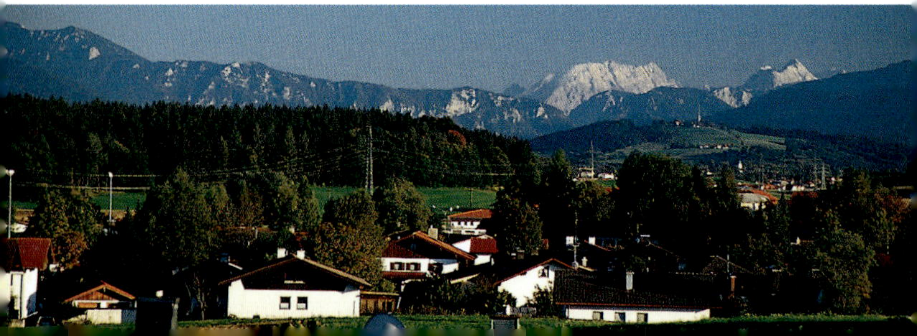

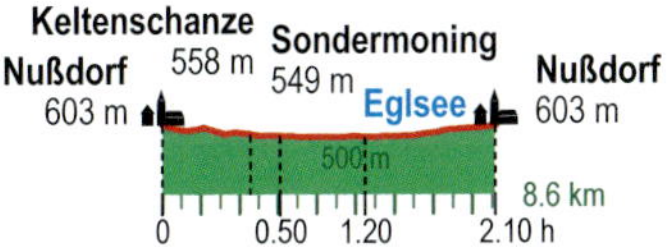


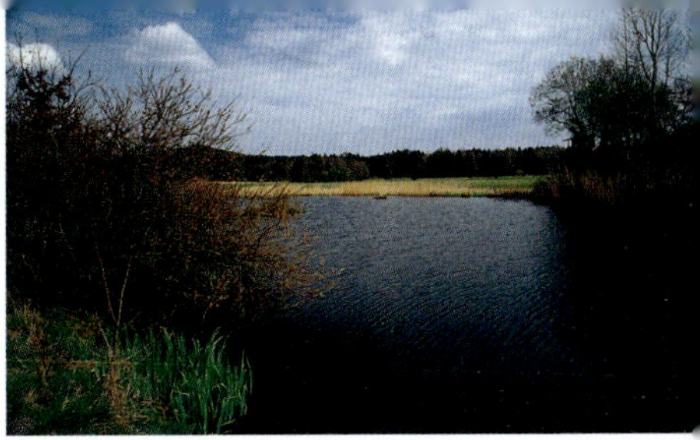

*Ein stilles Gewässer: der kleine Eglsee beim gleichnamigen Weiler.*

Neben der Kirche St. Laurentius (603 m) in **Nußdorf** gehen wir steil hinab zur Hauptstraße, überqueren sie und folgen ihr kurz nach rechts. Weiter auf dem abzweigenden, geradeaus bergabführenden Sträßchen. Darauf schnurstracks weiter, kommt man über eine Wiese zum nächsten Ortsteil. Vor den ersten Häusern zweigen wir nach links ab. Ein Feldweg führt auf einen Moränenwall (590 m). Im Wald queren wir dann an dessen steiler Innenseite bergab und halten bei einer Kreuzung die Grundrichtung bei. Wo der Weg in einem Rechtsbogen etwas ansteigt, könnte man nach links zum Eglsee abkürzen (Variante). Auf der Hauptroute geht es an einem Waldrand entlang, von dem aus linker Hand zwischen einem Waldstück und einem Hof eine Verebnung zu sehen ist – eine **Keltenschanze**. Unser Kiesweg bringt uns nach **Sondermoning** (549 m). Dort schlängelt sich die Moosstraße zur Hauptstraße – der Laimgruber Straße. Kunsthistorisch interessierte finden in der Kirche St. Nikolaus und Johannes den ältesten gotischen Flügelaltar des Chiemgaus; er stammt aus der Zeit um 1480. Für den direkten Weiterweg hält man sich noch vor der Hauptstraße links und verlässt den Ort gleich wieder auf der Eglseer Straße. Auf einer Kiesstraße wandern wir nun nach Süden, bis wir nach links ins Sträßchen nach **Eglsee** (548 m) einbiegen. Beim Ortsrand wieder links und über den kleinen Lohbach hinweg, steuern wir das kleine Gewässer an, das dem Weiler den Namen gab. Am **See** auf undeutlichen Trittspuren vorbei und bei der nächsten Wegverzweigung rechts, kommen wir zu den Gebäuden eines Gestüts. Dieses wird rechts umgangen, um wieder in den Ort Eglsee zu gelangen. Nach einer Hecke rechts ab zu einem zentralen Platz. Dort und am Ortsrand biegen wir dann jeweils links ab. Bei der nächsten Verzweigung – beim Haus Eglsee Nr. 8 – halten wir die Grundrichtung bei und folgen dem linken Feldweg, der sich bald durch eine feuchte Waldzone schlängelt. Untergeordnete Abzweigungen ignorieren wir. Bei einer Verzweigung gleichwertiger Wege im Wald nehmen wir den rechten. Nachdem wir den geschlossenen Wald hinter uns gelassen haben, wandern wir geradewegs bergan zu einer T-Kreuzung. Dort nach links, hinauf zum Scheitel des Moränenrückens und nach rechts über Felder und Wiesen nach Nußdorf. Dort bei der Kreuzung am Martlberg halb links und gleich darauf nach rechts hinaufgehen. An der Hauptstraße kurz rechts, über den Zebrastreifen und hinauf zur Kirche von **Nußdorf** (603 m).

22

# Zwischen Chieming und Grabenstätter Moos

4.00 Std.

### Verlandungszone, Hügelland und Chiemseestrand

*Zwischen der Hirschauer Bucht und Grabenstätt führt diese Wanderung durch Verlandungszonen, die auf den Uraufnahmeblättern der bayerischen Landesvermessung 1807 – 1813 noch als Seegebiet dargestellt waren. Grabenstätt lag damals noch am Seeufer! Das Ufer kann man heute am Ausgangsort Chieming besonders schön genießen, sei es beim Schwimmen oder beim Abendessen mit Blick auf die untergehende Sonne.*

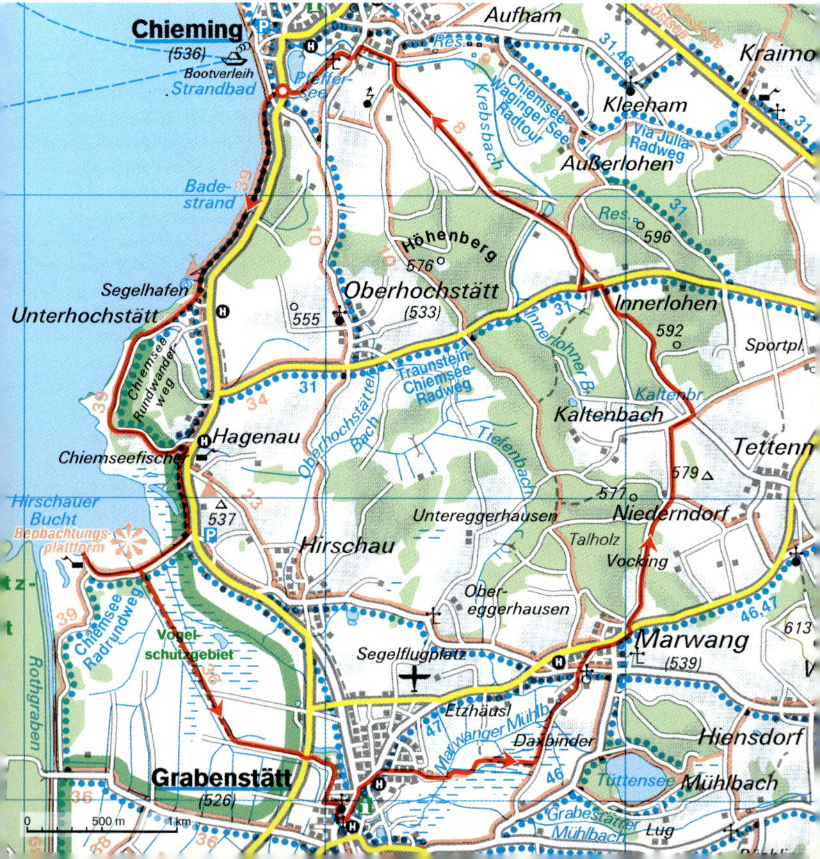

**Ausgangspunkt:** Parkplätze (525 m) im Süden von Chieming (Navi: 83339 Chieming, Grabenstätter Str. 5), Hst. der Buslinie 9520 Traunstein – Prien.
**Höhenunterschied:** 70 m.
**Anforderungen:** Keine; problemlose Wanderwege und einsame Fahrwege.

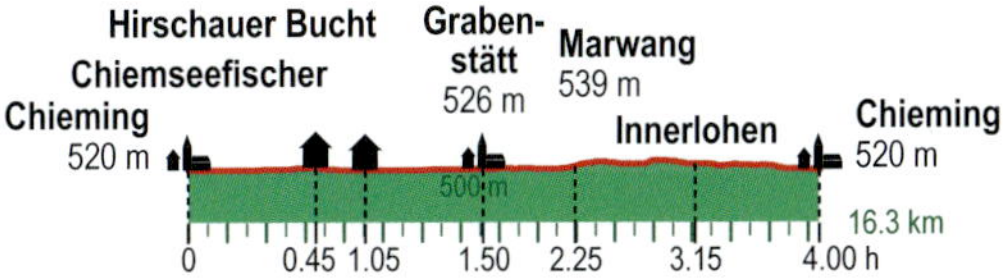


**Einkehr:** Chiemseefischer, Wirtshaus zur Hirschauer Bucht, Grabenstätter Hof, Al Dente in Chieming.

Wir starten nach Süden, bald an einem **Campingplatz** entlang. Bei der Einfahrt zu einem zweiten Campingplatz löst sich unser Weg von der Straße. Er schlängelt sich nun durch eine einsame, bewaldete Uferregion. Bei einer T-Kreuzung rechts, folgen wir dem Hauptweg und treffen nach einem Linksbogen gegenüber dem **Chiemseefischer** wieder auf die Straße. Dem Fußweg daneben folgen wir nach rechts. Eine Fußgängerunterführung nutzen wir, um auf den rechts abzweigenden, gekiesten Fahrweg zu gelangen, der zum Wirtshaus **Hirschauer Bucht** führt. Dort lockt ein kurzer Abstecher zum romantischen Seeufer.

Nach dem obligatorischen Fischessen gehen wir auf dem Kiessträßchen ein Stück zurück und folgen dann unmittelbar nach der Brücke dem Wegweiser »Grabenstätt« nach rechts. Schnurstracks geht es jetzt durch das Grabenstätter Moos. Wo der begleitende Entwässerungskanal nach rechts abknickt, macht unser Weg einen leichten Linksknick, um bald darauf die Grabenstätter Umgehungsstraße zu unterqueren. Darauf folgt ein Rechtsbogen in den »Birkenhain« (Sackgassen nach links ignorieren). Bei einer T-Kreuzung biegen wir dann nach links ab. Auf der Poststraße vor der Kirche St. Jo-

*Genuss pur – Sonnenuntergang an Chiemings Strandpromenade.*

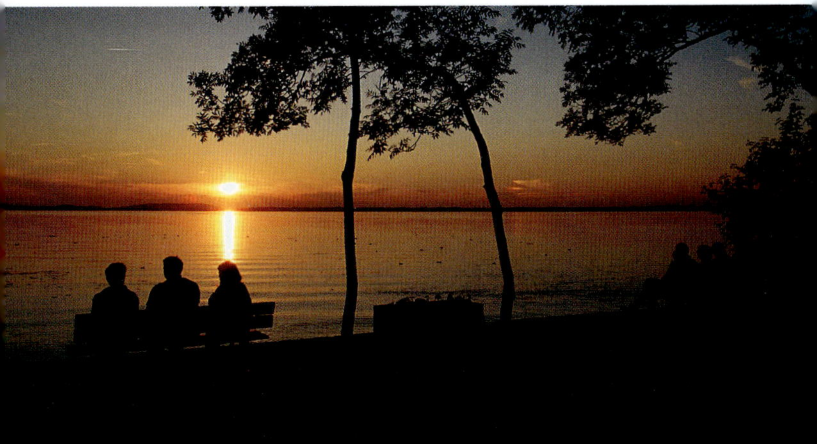

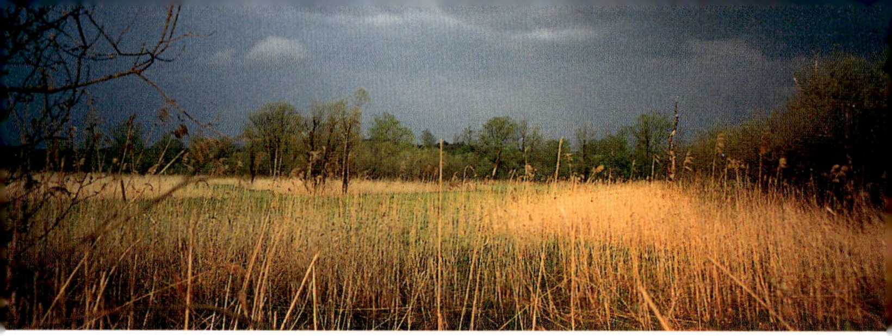

*Schilfzone in der Hirschauer Bucht.*

hann rechts, sodass wir auf den Marktplatz von **Grabenstätt** (526 m) treffen. Wir folgen nun der Hauptstraße nach links. Beim Edeka zweigen wir nach rechts in die Erlstätterstraße ab. Wiederum nach rechts geht es in die Hochfellnstraße. Wo diese sich verzweigt, gehen wir geradeaus auf einen Feldweg und über den Marwanger Mühlbach. Der Weg schlängelt sich durch feuchte Wiesen zu einer T-Kreuzung, bei der wir nach links gehen. Nun geht es geradewegs nach **Marwang**, vorbei an der Kirche Mariä Verkündigung (539 m) über die querende Dorfstraße hinweg direkt hinauf zur Kreisstraße (TS 3) und daran entlang auf einem Fuß-/Radweg nach rechts. Nach dem letzten Haus zweigen wir nach links in den Stocketweg ein und folgen dem Wegweiser nach Erlstätt auf einen Feldweg. Der führt zu einem Pferdestall, an dem wir geradeaus vorbeigehen. Durch eine eiszeitliche Schmelzwasserrinne mit breitem Talboden und steilen Uferböschungen wandern wir zu einem Asphaltsträßchen, auf dem wir nach rechts zu einem Baum mit Aussichtsbank (Blick auf Hochstaufen und Sonntagshorn) hinaufgehen. Dort zweigen wir nach links wieder auf einen Feldweg ab (Wegweiser »Innerlohen, Chiemsee«). Am Wald ignorieren wir eine Linksabzweigung, bald darauf eine Rechtsabzweigung. Wir schlängeln uns also immer auf dem Hauptweg bleibend in abwechslungsreichem Auf und Ab durch bewaldetes Moränengelände zum Weiler **Innerlohen** (552 m).
Dort gehen wir an der Straße kurz nach links, nach wenigen Metern gleich wieder nach rechts und an einer Kiesgrube leicht links haltend vorbei. Wo es gegenüber einem Schuppen bergab geht, ignorieren wir eine Rechtsabzweigung und streben geradeaus dem Krebsbach zu. Nach der Brücke und einer folgenden Steigung öffnet sich der Blick – u. a. auf den Chieminger Kirchturm; er gibt nun die Richtung vor. In einem leichten Rechtsbogen geht es wieder hinab zum Bach. Jetzt sind wir wieder in **Chieming** und gehen nach der Brücke nach links auf die Max-Kurz-Straße. Gleich nach der Feuerwehr zweigen wir links ab, überqueren den Bach und folgen dann dem Weg »**Venusberg**« nach rechts. Er führt zu den Parkplätzen am **Chiemsee**; dort einige Meter nach rechts lockt das Al Dente mit herrlichem Seeblick.

3.00 Std.

# Tüttensee und Hirschauer Bucht 23

### *Meteoritenkrater oder Toteissee?*

*Das ist – oder besser: war – hier die Frage! Die Rede ist vom Tüttensee, einem romantischen See mitten im Wald, den bis vor wenigen Jahren kaum jemand kannte – und wer dann doch mal von ihm hörte, dem entkam dabei oft ein gewisses Schmunzeln. Vor einigen Jahren diskutierten Wissenschaftler aus aller Welt über die Entstehung dieses Sees und über die Frage, ob es den in jüngerer Zeit postulierten »Chiemgau-Impact« vor rund 2500 Jahren gegeben hat – ein Ereignis, bei dem ein Schwarm von Meteoriten-Bruchstücken im nordöstlichen Chiemgau eingeschlagen und mit dem Tüttensee den markantesten Krater hinterlassen haben soll. Argumente konnten sowohl die Anhänger der traditionellen Toteis- als auch die Verfechter der neueren Impact-These ins Feld führen. Mittlerweile ist (wieder) ziemlich unbestritten, dass der Tüttensee ein Toteissee ist, also dadurch entstand, dass ein eiszeitlicher Gletscherrest zugeschottert wurde und später dann ausgetaut ist.*

**Ausgangspunkt:** Parkplätze am Tüttensee (530 m, Navi: 83377 Vachendorf, Tüttensee Seebad). Beschilderte Zufahrt von Grabenstätt: nach Osten in die Tüttenseestraße, dann zweimal links abbiegen; am Waldrand nach rechts geht es zu den Parkplätzen beim Strandbad (vorteilhaft, wenn man nach der Tour gleich schwimmen will); ansonsten kann man sich am Waldrand auch links halten und sein Fahrzeug auch am folgenden Parkplatz am Nordwesteck des Sees parken.
**Höhenunterschied:** 20 m.
**Anforderungen:** Keine. Wanderwege und kaum befahrene Sträßchen.
**Einkehr:** Wirtshaus zur Hirschauer Bucht (im Winter geschlossen), Seebad Tüttensee (Sommerbewirtschaftung).

*Ein Sommerparadies: die Seewirtschaft und das Badegelände am Tüttensee.*

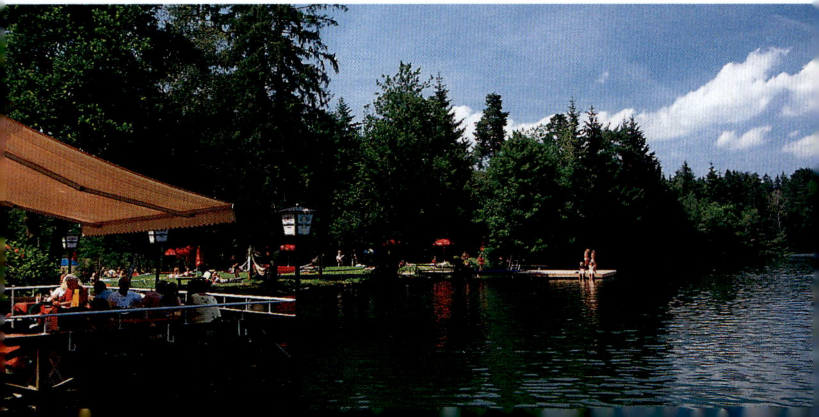

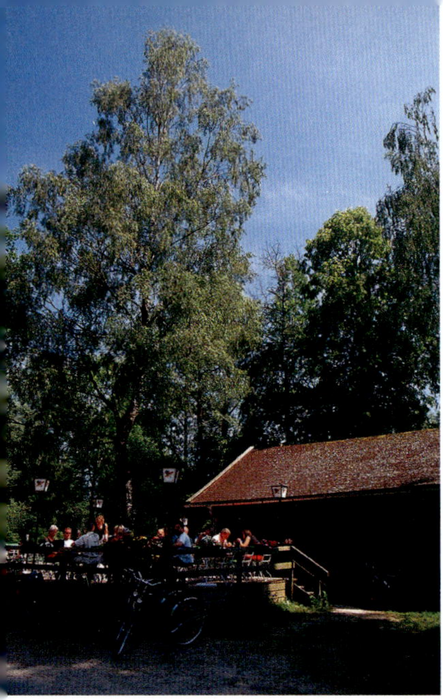

Wir gehen zur **Seewirtschaft** und umrunden den **Tüttensee** (526 m) gegen den Uhrzeigersinn bis zum Parkplatz am Nordosteck. Dort überqueren wir die Straße und folgen dem Wegweiser »Grabenstätt/ Wiesenwanderweg« auf einen unscheinbaren Pfad. Bei einem Strommasten nach rechts, geht es nach **Marwang**, dort auf der Alten Dorfstraße nach links.

Der rechts abzweigende Hochfeldweg wird ignoriert, bei der folgenden spitzwinkligen Verzweigung nehmen wir den rechten Weg, überqueren die Landstraße und folgen der Hirschauer Straße, zunächst Richtung Unter-/Obereggerhausen. Die Abzweigungen zu diesen Weilern lassen wir dann aber rechts zu-

*Bekannt für guten Chiemseefisch: das Wirtshaus zur Hirschauer Bucht.*

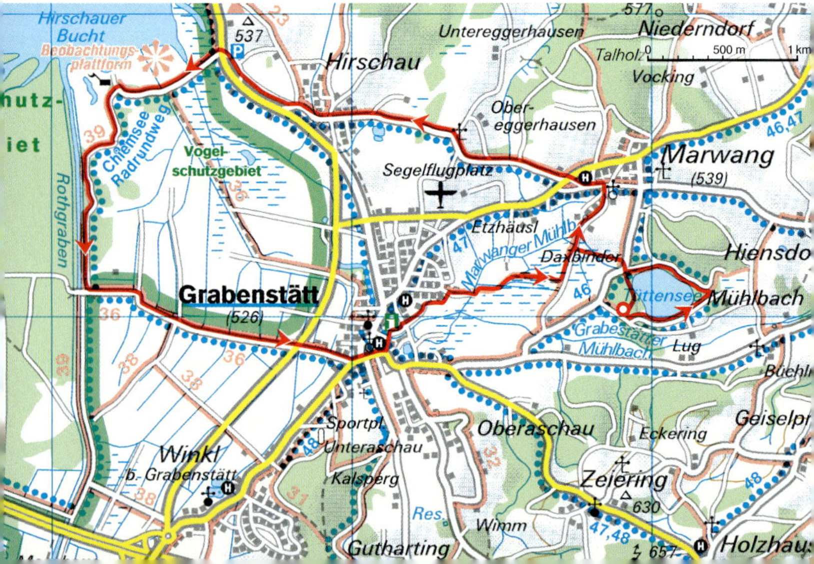

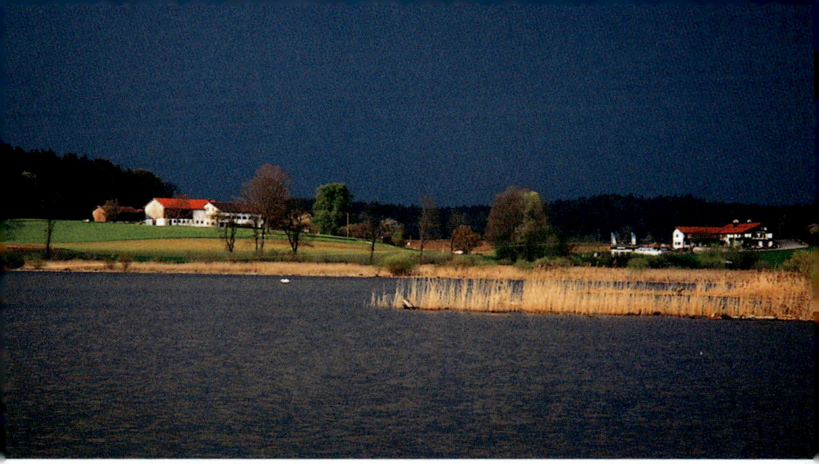

*Blick über die Hirschauer Bucht kurz vor einem Gewitter.*

rück. Der Weg schlängelt sich am kleinen Sportflugplatz vorbei nach **Hirschau** (530 m), das unter Beibehaltung der Grundrichtung durchquert wird. An der Landstraße gehen wir nach rechts auf separatem Weg ein Stück entlang, nach einem Parkplatz unterqueren wir die Straße und gehen auf einen Kiessträßchen zur **Hirschauer Bucht**, wo man sich in oder vor dem hölzernen Wirtshaus frischen Fisch servieren lassen sollte.

Die Wegfortsetzung nach Süden schlängelt sich durch Wald und über Streuwiesen zu einem Kanal. An dem geht es ein Stück entlang, bis ein beschilderter Fahrweg nach links abzweigt. Dem folgen wir – alle Abzweigungen ignorierend – nach **Grabenstätt** (526 m). Dort folgen wir der Überseestraße kurz nach links und gehen vor der Kirche halbrechts in die Tüttenseestraße. Wo diese einen Rechtsbogen beschreibt, biegen wir vor dem Rathaus (im Schloss) links ab. Auf der Schlossstraße geht es über den Mühlbach und gleich nach der Brücke dann nach rechts in die Entermühlstraße, die sich zwischen landwirtschaftlichen Gebäuden auf die feuchten Wiesen östlich des Orts schlängelt.

Dort führt ein Fußweg wieder über den Mühlbach und mit einigen Schlenkern zu einer T-Kreuzung, bei der wir nach links gehen. Beim Hochspannungsmasten biegen wir rechts ab, gehen auf bekanntem Weg zur Straße und bis knapp an den See, vor dem wir den rechten Fußweg einschlagen. Der leitet durch ein Waldstück zurück zum Parkplatz beim Strandbad am **Tüttensee**.

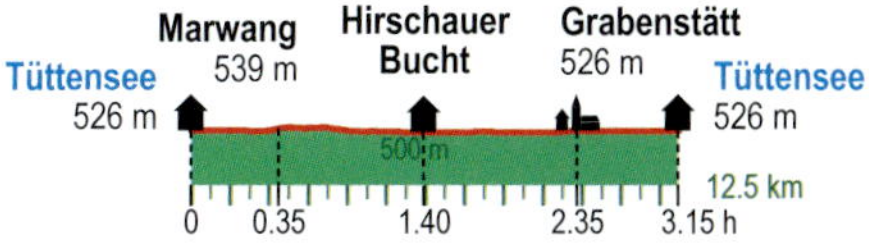

## TOP 24 Über den Hochberg, 774 m

3.10 Std.

### *Auf Traunsteins Aussichts-»Balkon«*

*Ob der Hochberg wirklich hoch ist, darüber kann man geteilter Meinung sein. Auf jeden Fall stellt er die höchste Chiemgauer Erhebung nördlich des Alpenrands dar. Und er ist auch hoch genug, um eine großartige Aussicht bieten zu können – auf das malerische Hügelland zwischen dem Chiemsee und dem Salzburgischen ebenso wie auf die Berchtesgadener und Chiemgauer Alpen. Wer will, kann den Bergblick während der Einkehr im Wirtsgarten nahe dem höchsten Punkt genießen. Zum Abschluss der Tour spazieren wir durch die sehenswerte Altstadt der ehemaligen Salzstadt Traunstein, wo Papst Benedikt XVI. – als er noch Josef Ratzinger hieß – von 1937 bis 1946 gelebt hat.*

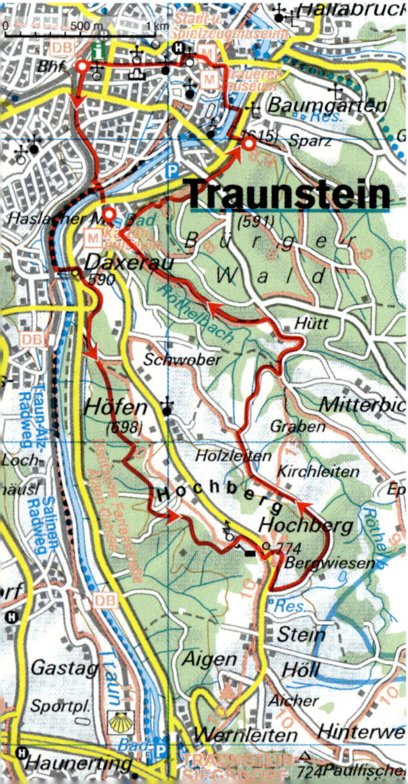


**Ausgangspunkt:** Traunstein (591 m), Bahnhof an der Strecke München – Rosenheim – Salzburg, Hst. Bus 9520 von Prien. Wer mit dem Auto anreist, parkt am besten beim Parkplatz Bürgerwald an der südöstlichen Umgehungsstraße, unterquert die Straße, überquert die Traun auf der Eisenbrücke und beginnt die beschriebene Rundtour mit dem Stadtspaziergang.

**Höhenunterschied:** 300 m.

**Anforderungen:** Problemlose Wanderwege; ein waches Auge für die Wegfindung schadet aber nicht.

**Einkehr:** Alpengasthof Hochberg (774 m), Cafés und Gaststätten im Stadtgebiet.

**Variante:** Wer auf die Stadtrunde verzichten will, parkt am Schwimmbad (Navi: 83278 Traunstein, Am Schwimmbad 13), bei Anfahrt von der Autobahn beschilderte Abzweigung nach rechts); die Wanderung beginnt dann mit der Wegweisung »Waldweg Hochberg 10« auf einer Fußgängerbrücke über Straße und Traun und mündet bei den Informationstafeln in die beschriebene Hauptroute.

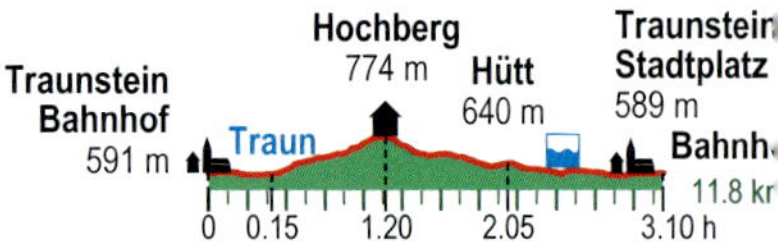

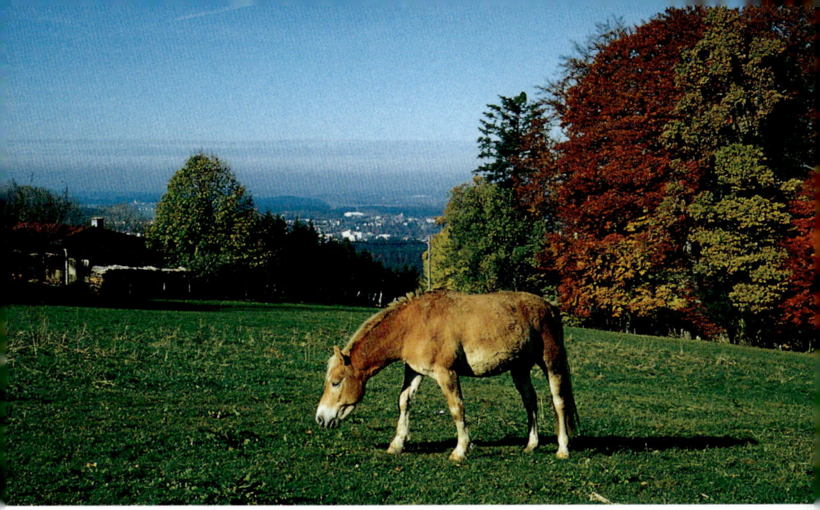

*Blick vom Hochberg nach Norden, auf die Dächer von Traunstein.*

Beim Verlassen des **Bahnhofs** starten wir nach rechts. Neben einem Bahnübergang überqueren wir eine Hauptstraße und gehen geradeaus weiter auf dem Holzhammerweg, der zunächst asphaltiert, dann als schmaler Sandpfad neben der Bahnlinie verläuft. Bei einer Grünanlage bleiben wir neben der Bahn. Über eine Geländestufe kommt man zu einigen Informationstafeln (unter dem kegelförmigen Dach auf der Wiese). Dort halten wir uns rechts und folgen dem Spazierweg zwischen der **Traun** und der Bahnlinie. Bei einer Kreuzung gehen wir links über die Traun und unter der Bundesstraße durch. Danach rechts auf einen Weg, der an einer Straßenschleife entlang zum Hangfuß des Hochbergs führt.
Eine Steilstufe wird auf **Holztreppen** überwunden, dann geht es immer nahe der Hangkante mit nur schwacher Steigung nach Süden. Einen links abzweigenden Fahrweg sowie einen geradeausführenden Pfad ignorieren wir und gehen an der Hangkante leicht bergab. Damit ist ein mehrmaliges Auf und Ab eingeleitet, das durch einen vor allem im Herbst sehr reizvollen Mischwald führt. Bei einer spitzwinkligen Verzweigung nehmen wir den halb links berganführenden Weg. Nachdem wir kurz den Waldrand tangiert haben, geht es wieder in den Wald hinein und auf einem Karrenweg nach rechts leicht bergab. Gut 100 m nach einem ausgeprägteren Graben kommen wir zu einer spitzwinkligen Verzweigung. Den geradeaus bergab führenden Weg ignorieren wir und gehen nach links auf den schmäleren, leicht ansteigenden Weg; 30 m weiter schickt uns ein Wegweiser nach links (von der unteren Verzweigung aus gesehen durch Laub leicht verdeckt). Bald treffen

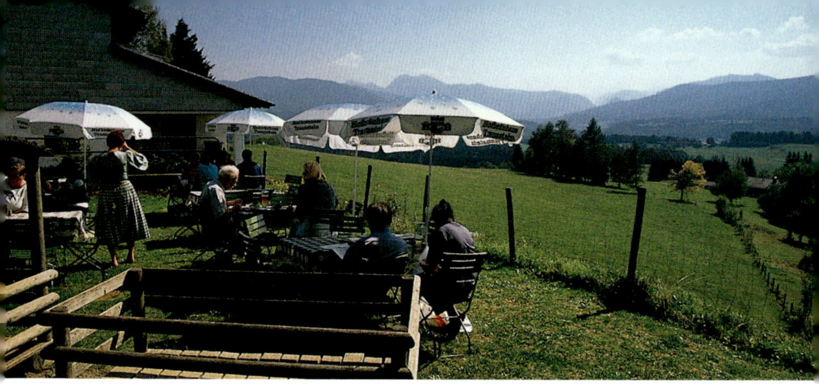

*Schauen und Genießen im Biergarten am Hochberg.*

wir auf einen Karrenweg, dem wir nach links hinauffolgen – allerdings nur für etwa 30 m, denn wir bleiben im Wald und gehen nach rechts hinauf. Bald befinden wir uns wieder auf deutlichem Weg, der nach einem steileren Abschnitt geradewegs über einen querenden Karrenweg hinwegführt. Nach leichtem Auf und Ab geht's schließlich doch nach links aus dem Wald hinaus und hinüber zur Straße, auf der die letzten Meter zum aussichtsreichen Gasthaus auf dem **Hochberg** (774 m) zurückgelegt werden.

Auf der Straße nach Süden gehen wir hinab bis zum ersten links abzweigenden Sträßchen (Wegweiser »Bergwiesen«). Darauf spazieren wir durch ein Waldstück und am Kirchleitenhof vorbei. An einer spitzwinkligen Verzweigung halten wir uns rechts Richtung Holzleiten. Unmittelbar vor dem Holzleitenhof gehen wir nach rechts und schlendern auf einem Feldweg über eine Wiese in den Wald. Dort geht es zum Röthelbach hinab, wo wir auf dem Weg Nr. 10 scharf nach links Richtung Hütt abzweigen. Gleich nach der Brücke (615 m) folgen wir dem Hauptweg in einem Rechtsbogen. Danach führt eine weite Linkskurve bergauf und zum Weiler **Hütt** (640 m). 100 m weiter zweigen wir nach links auf den Fußpfad (Nr. 10) ab, der wieder ins **Röthelbachtal** hinab und hinaus zum gleichnamigen Weiher führt.

Gleich danach, unmittelbar vor dem **Schwimmbad**, gehen wir rechts über eine Brücke. Anschließend nicht der Treppe nach unten folgen, sondern dem geradeausführenden Weg (markiert mit »Kneippanlage, Thannhäuser Weg Nr. 8«). Nach einigen Treppen ignorieren wir einen halb rechts weiterführenden Graben und wandern auf teils schmalem Pfad an einem steilen Waldhang. Auf Holztreppen geht es dann steil in einen Graben hinab. Unten kann man einen kurzen, beschilderten Abstecher zur Kneippanlage machen oder gleich auf dem Thannhäuser-Weg (Nr. 8, halbrechts) hinaufsteigen. Die Straße nach Abstreit wird geradewegs überquert. Nun hinauf zu einem Brunnen mit Bank und nach kurzem Gefälle wieder steil bergauf. Einem Flach-

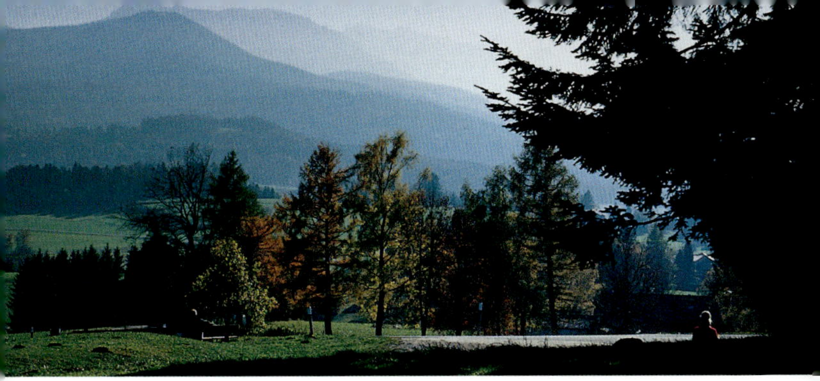

*Herbststimmung bei den Aussichtsbänken am Südhang des Hochbergs.*

stück folgt schließlich ein steiler Abstieg. Unten über eine Brücke und beim Wegweiser »Traunsteiner Trimmpfad, Sprungschanze« ganz kurz nach rechts Richtung Bürgerwald, um gleich wieder rechts unter der Straße hindurch zum **Traunufer** zu kommen. Nun kurz flussab wandern und auf einer eisernen Fußgängerbrücke den Fluss überqueren. Auf der anderen Seite führt ein Fußweg geradewegs weiter zum Kanal. Dort rechts, zunächst entlang der Straße, dann kurz links Richtung Café Festung. Unmittelbar vor dem Kanal folgen wir einem Fußweg nach rechts. Die Richtung beibehaltend kommt man zur Straße »Kniebos« und daran nach links hinauf durch das Stadttor auf den **Stadtplatz**. An der großen Kirche St. Oswald rechts vorbei, passieren wir die reich geschmückte Hausfassade über der Marienapotheke. Hinter der Kirche kurz links, dann wieder rechts und geradeaus über den Maxplatz. Auf der Bahnhofstraße über den Park hinweg und schließlich durch eine Fußgängerunterführung geradewegs zum **Bahnhof**.

*Am Stadtplatz in Traunstein.*

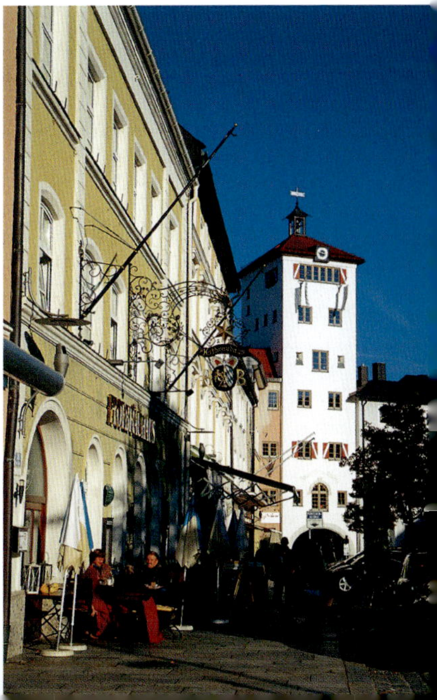

# 25 Durch die Demmelfilzen

**4.00 Std.**

## *Einsame Wanderung zu einem »vergessenen« Moor*

*Das Dreieck zwischen Traunstein, Traunreut und Waging ist touristisches »Niemandsland« – ideal für die Natur und ruhesuchende Naturliebhaber. In dieser Gegend hat sich ein schönes und richtig großes Hochmoor erhalten, die Demmelfilzen. Unser Ausgangsort Kammer wurde schon im Jahr 790 erwähnt. Der berühmteste »Sohn« des Ortes ist Balthasar Permoser (1651 – 1732), einer der bedeutendsten Barockbildhauer überhaupt.*

**Ausgangspunkt:** Kammer (616 m), Hst. der Buslinie 9439 Traunstein – Traunreut. Parkplatz, 600 m, am Sportplatz (Navi: 83278 Traunstein, Sportplatzstraße 2), beschilderte Zufahrt vom südlichen Ortsrand von Kammer. Alternativ Weibhausen, Bahnhof an der Strecke Traunstein – Waging.
**Höhenunterschied:** 90 m.
**Anforderungen:** Orientierungssinn bei den vielen Wegverzweigungen; Feld- und Waldwege, verkehrsarme Sträßchen.
**Einkehr:** Gasthof Alpenblick in Weibhausen, Gasthaus »Zur Post« in Kammer.

Am **Tennisheim** vorbei starten wir auf dem Hauptweg in den Wald (Wegweiser »Rettenbach 5, Langmoos 4, Rundweg«). Einen links abzweigenden Weg («Kammerfeld«) ignorieren wir ebenso wie eine weitere Abzweigung nach links. Wir folgen bis auf weiteres der Wegweisung 4 Richtung Langmoos. An einer größeren Kreuzung gehen wir auf dem asphaltierten Weg nach links. Wo dieser dann nach links abbiegt, wandern wir auf einem Schotterweg geradeaus. Gleich nach einem Wendeplatz treffen wir wieder auf ein Asphaltsträßchen. Darauf nun nicht nach links Richtung Langmoos, sondern wenige Meter nach rechts zu einer Straßenkreuzung – dort links (**Wegweiser »Lüfteneck 5«**) auf befestigtem Höfesträßchen über eine Wiese. Beim nächsten Waldstück wechseln wir nach links auf den gekiesten Weg, auf dem auch der Radweg »Chiemsee – Waginger See« verläuft. Links abzweigende Forstwege werden ignoriert. Bei einer Verzweigung neben einer Hütte nehmen wir den halb links weiterführenden Weg. Nun geht es auf die alte Bundesstraße zu, entlang der wir gut 150 m nach rechts gehen, um dann auf der anderen Seite scharf nach links Richtung Selberting zu wandern.

*Im Kernbereich der Demmelfilzen.*

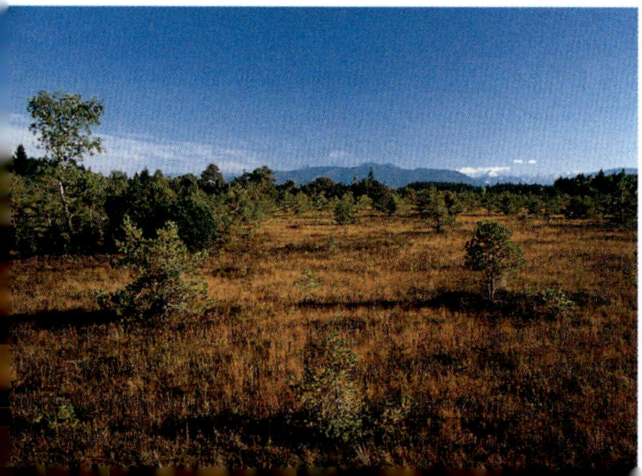

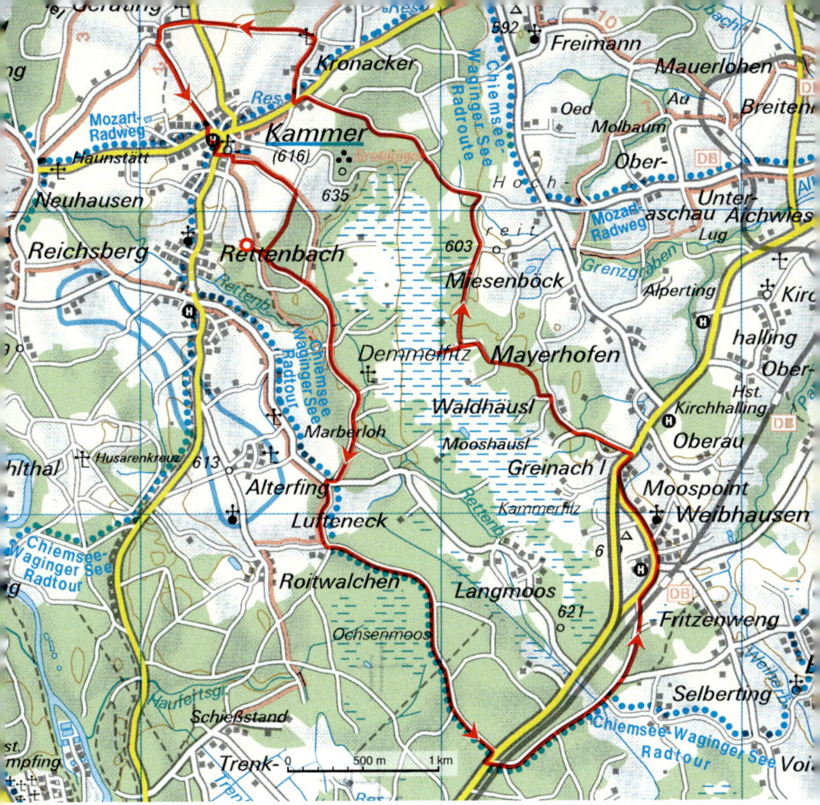


Nach dem unbeschrankten Bahnübergang mündet von rechts der Radweg von Traunstein ein; wir gehen geradeaus weiter. Die weiteren Abzweigungen werden ignoriert, auch die nach Selberting. Am Gasthof Alpenblick passieren wir geradewegs den Ortsrand von **Weibhausen** (608 m). Die Straße wird bald zum Rad-/Fußweg. Bald darauf unterqueren wir die Bundesstraße und folgen dem kleinen Wegweiser »Demmelfilz 4«; am Waldrand zweigen wir rechts ab. Bei einer Verzweigung im Wald geht es wieder rechts, nach einem Hof endet der Asphaltweg und führt wieder in den Wald. 100 m weiter biegen wir rechts ab, überqueren bald darauf eine Lichtung, gehen geradeaus ins nächste Waldstück hinein und halten uns kurz darauf links. Bald geht

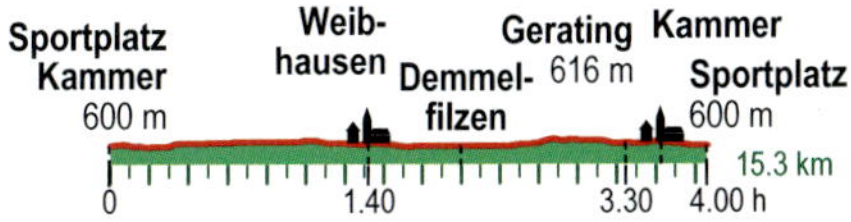

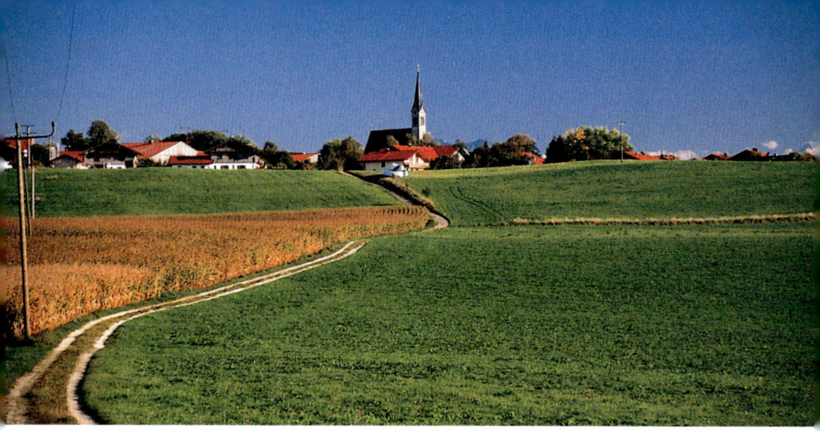

*Kurz vor dem Ende der Tour: der Weg von Gerating nach Kammer.*

es wieder rechts und auf einer meist feuchten Wiese wieder links. Vor einer Baumreihe führt unser Rundweg nach rechts. Hier lohnt es sich jedoch, für einen Abstecher geradeaus weiter zu gehen, an verfallenen Torfhütten vorbei aufs gewachsene **Hochmoor**. Ein Jägerstand dort bietet einen einmaligen Blick übers weite Demmelfilz und zu den Alpen.
Zurück an der Verzweigung bei der Baumreihe, nehmen wir den Rundweg wieder auf und gehen über eine kleine Brücke in den Wald. An einer landwirtschaftlichen Lagerhalle rechts vorbei und gleich wieder nach links zum Waldrand. Bei der folgenden Verzweigung auf dem Weg Nr. 4 Richtung Kammer (Wegweiser) nach links. Immer auf dem Hauptweg über einige würmeiszeitliche Moränenwälle hinweg (auf denen keltische Grabhügel gefunden wurden). Beim Weiler **Kronacker** treffen wir auf eine Landstraße. Daran nach links und gleich darauf auf dem Weg Nr. 3 wieder rechts ab. Bei der nächsten Hofgruppe an einem Silo vorbei geradeaus weiter. Bei einem Trafohäusl in einer Senke geht es geradeaus nach Siegelberg, wir gehen rechtswinklig nach links. Über die folgende Landstraße geradewegs hinweg kommt man nach **Gerating** (590 m). Im Linksbogen geht es durch das kleine Dorf. Dort, wo das Sträßchen in einem Rechtsbogen bergab leitet, zweigen wir links ab (Weg Nr. 2). In **Kammer** (616 m) überqueren wir die Straße und folgen dem gegenüber ansetzenden Fuß-/Radweg. So gelangen wir zur Balthasar-Permoser-Straße. Nun entweder daran entlang nach rechts zur Kirche oder geradeaus darüber in der Moosstraße weiter. So oder direkt von der Kirche auf landwirtschaftlichen Wegen Richtung Ostsüdost hinaus aufs Feld und in einem Rechtsbogen zu einem Waldeck. Dort verlassen wir den Hauptweg und gehen schnurstracks geradeaus. Mit einem etwas sumpfigen Waldweg schließt sich die Runde.

## Am Ostufer zwischen Tettenhausen und Tengling

*Ob der Tachinger See ein eigenständiger See ist oder nur ein Fortsatz des Waginger Sees (mit dem er eine ununterbrochene Wasserfläche bildet), ist Ansichtssache. Auf jeden Fall verläuft am Nordostufer des Tachinger Sees der wohl reizvollste Seeuferweg im Rupertiwinkel, angelegt zwischen einer eiszeitlichen Ufermoräne und der naturbelassenen Ufervegetation des Zungenbeckensees. Viel Schatten, lauschige Badenischen im Schilf und das schöne Tenglinger Strandbad machen die Tour zur idealen Sommerwanderung.*

**Ausgangspunkt:** Tettenhausen, Parkplatz beim Strandbad/Campingplatz (450 m, Navi: 83329 Waging am See, Hauptstraße 2) oder bei der Brücke über den Verbindungskanal zwischen Waginger und Tachinger See (444 m).
**Höhenunterschied:** 140 m.

**Anforderungen:** Keine; reizvolle Wanderwege sowie überwiegend geschotterte Nebensträßchen und Fahrwege.
**Einkehrmöglichkeiten:** Terrassencafé im Strandbad Tengling, Zum Boadwirt beim Ausgangspunkt.
**Tipp:** Badesachen mitnehmen!

*Am Ostufer des Tachinger Sees.*

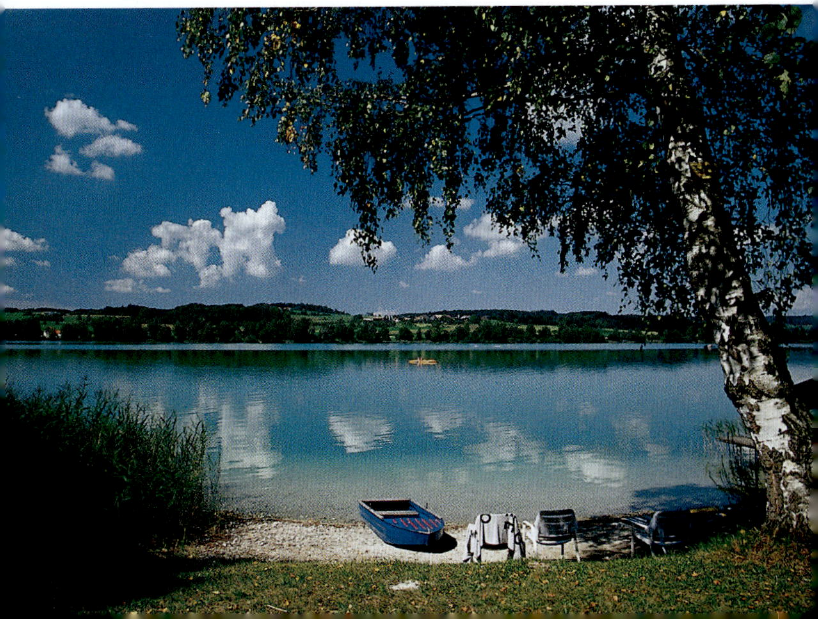

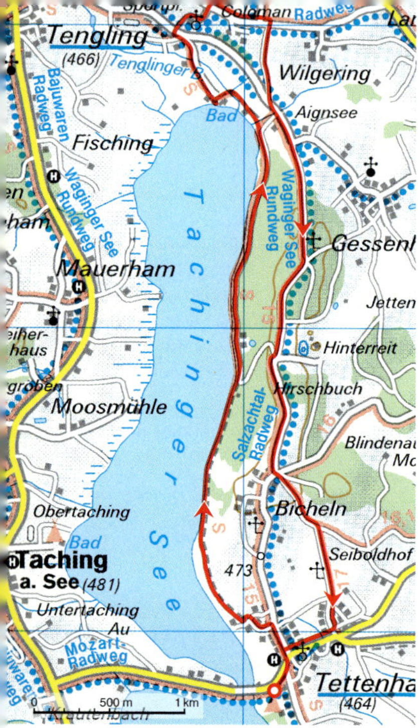


Im Strandbad Tengling.

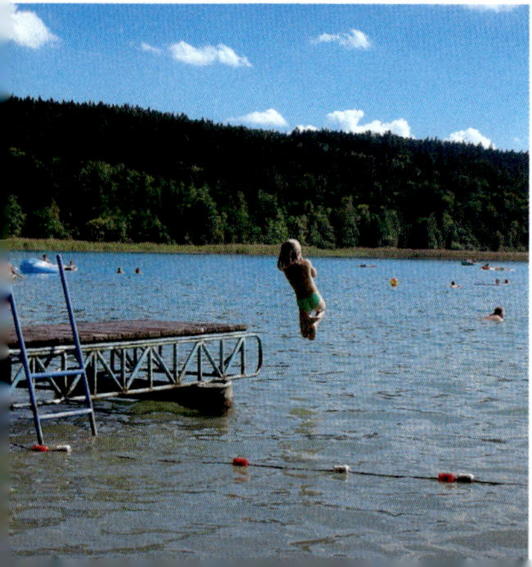

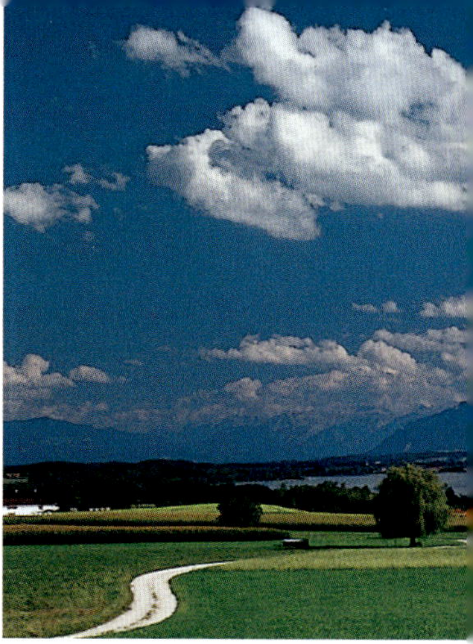

Entlang der Hauptstraße gehen wir hinauf in den Ortskern von **Tettenhausen** (464 m). Bei einem Rechtsknick der Hauptstraße folgen wir der Markierung 15 in die geradeausführende Bichelner Straße. Nach einem Geräteschuppen zweigen wir mit der Wegweisung zur Kneippanlage nach links ab. Das Sträßchen wird bald zum Wanderweg. Zum Kneipp'schen Wassertreten kann man einen kurzen Abstecher nach rechts in den Wald machen.

Im weiteren Verlauf bleiben wir immer auf dem schattigen Weg am naturbelassenen Ufer des **Tachinger Sees** (442 m). Nachdem wir den Wald hinter uns gelassen haben, kommen wir zu einer Verzweigung. Hier könnten wir nach rechts hinauf abkürzen (Weg 15). Ansonsten gehen wir geradeaus zum Terrassencafé beim **Strandbad**. Auf dessen Zufahrtsweg zu einer Straße, daran kurz nach links, dann hinauf zur Kir-

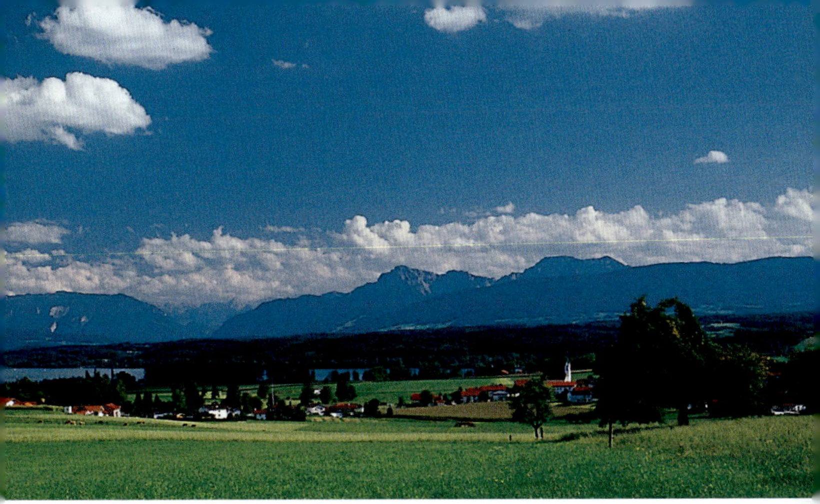

*Blick von Bicheln über den Waginger See auf den breiten Untersberg.*

che **St. Coloman** (470 m, 16. Jh.). Daran vorbei wandern wir ein Stück weiter und halten uns dann zweimal nach rechts, um zum Gehöft **Aignsee** zu gelangen. Eine stärkere Steigung legen wir noch auf der Straße zurück. Die knickt dann bald nach links ab, wir behalten die Südrichtung bei und wandern auf einem unbefestigten Forstweg – auf der Ufermoräne (bis 520 m) der Gletscherzunge, die vor 18.000 Jahren im Becken des Tachinger Sees lag. Alle Abzweigungen ignorierend kommen wir über eine Wiese zu einer Kreuzung mit Aussichtsbank. Hier, beim Weiler **Bicheln** (510 m), weist die bisher zutreffende Markierung 15 auf die Asphaltstraße nach rechts – so käme man zwar direkt zurück, wir lassen uns aber lieber von dem reizvollen Kiesweg verlocken, der halb links abzweigt und mit herrlichem Blick über den Waginger See auf den Untersberg an einer frei stehenden Weide vorbeiführt. Bei einem Walnussbaum halten wir uns nach rechts und gelangen mit der Markierung 17 an einer Kapelle mit Bank vorbei zu den ersten Häusern von **Tettenhausen**. Um das Feuerwehrgebäude herum nach rechts kommen wir am Gehweg durch den Ortskern (464 m) zurück zum **Ausgangspunkt**.

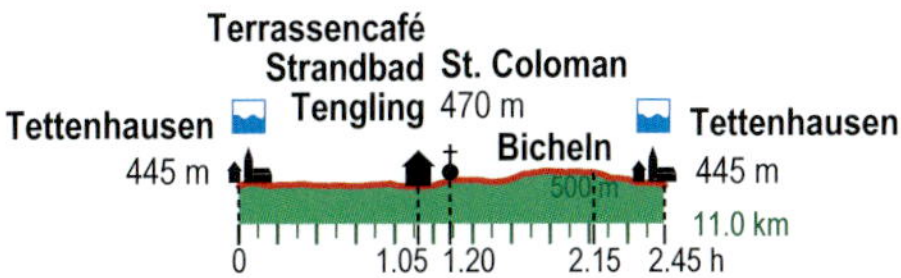

# 27 Zwischen Waging und Wonneberg

**2.30 Std.**

### *Aussichtsreiche Höhen und versteckte Täler*

*1986/87 wurde beim Waginger Friedhof ein bajuwarisches Reihengräberfeld ausgegraben und archäologisch ausgewertet. Seither weiß man mehr über die Bajuwaren. Genaueres dazu erfährt man im Waginger Bajuwarenmuseum. An der Wende zum 21. Jahrhundert stand Waging auch als Symbol dafür, dass Bajuwarisches nicht zwangsläufig mit einer einzigen Partei gleichgesetzt werden muss – das bewies von 1996 bis 2008 der allseits geschätzte (2010 verstorbene) Sepp Daxenberger von den Grünen als Bürgermeister des Orts.*

**Ausgangspunkt:** Waging am See (465 m), Bahnverbindung mit Traunstein, Parkplätze bei den Anlagen des TSV 1888 (Navi: 83329 Waging am See, Wilhelm-Scharnow-Straße 37) nahe dem Kreisverkehr gegenüber Edeka; weitere beschilderte Parkplätze im Ort.
**Höhenunterschied:** 160 m.

**Anforderungen:** Gering; im Ramgraben ist jedoch ein stabiler Tritt von Vorteil.
**Einkehr:** Unterwegs keine, zahlreiche Gasthäuser in Waging.
**Tipp:** Bajuwaren-Museum, Salzburger Str. 32, 83329 Waging, Tel. +49 8661 45870.

Von der **Wilhelm-Scharnow-Straße** starten wir auf dem Weg Nr. 4 unter der Umgehungsstraße durch. Auf der anderen Seite links, kurz darauf bei einer Feldkapelle wieder rechts. Nach einer Bachüberquerung leitet ein aufwärts führender Kreuzweg zur 1710 eingeweihten, barocken Wallfahrtskirche »Mariä Heimsuchung« am **Mühlberg** (515 m). Dort gehen wir nach rechts über den Parkplatz und rechts am Toilettenhäuschen vorbei, um auf den Trimmpfad im Hang abzusteigen und ihm nach links zu folgen. Wo er leicht bergauf Richtung Straße führt, biegen wir rechts ab und gehen am Waldrand auf schmalem Fußpfad leicht bergab. Bei einer Bank kann man nach rechts eine schnelle Rückkehr nach Waging antreten. Für die ganze Runde halten wir die Grundrichtung bei. Hinab zu einem Anwesen, daran links vorbei und auf dessen Zufahrtsstraße nach Süden. So treffen wir auf eine Straße, der wir nach rechts folgen. Dann wiederum nach rechts auf dem Geh-/Radweg neben der Landstraße Richtung Waging. Bei **Feichten** (480 m) gehen wir nach

*Die Kapelle bei Untermoosen, rechts dahinter die schneebedeckten Salzburger Berge.*

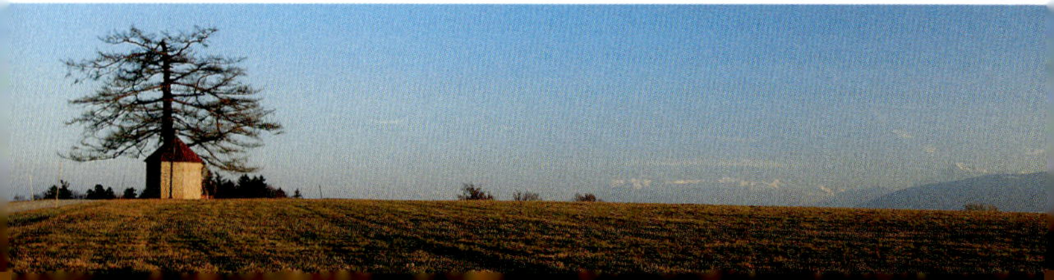

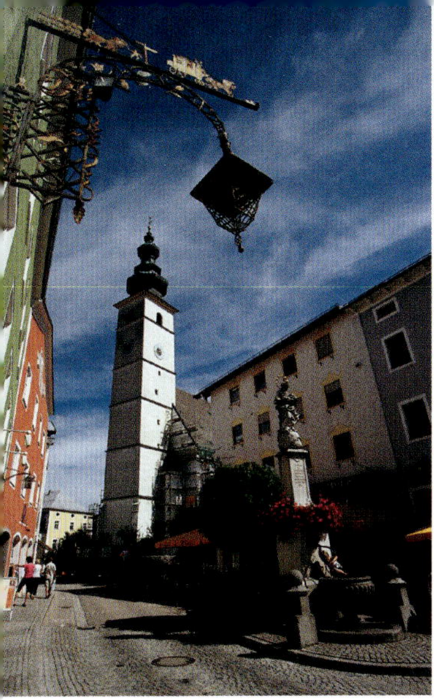

Die Pfarrkirche St. Martin in Waging.

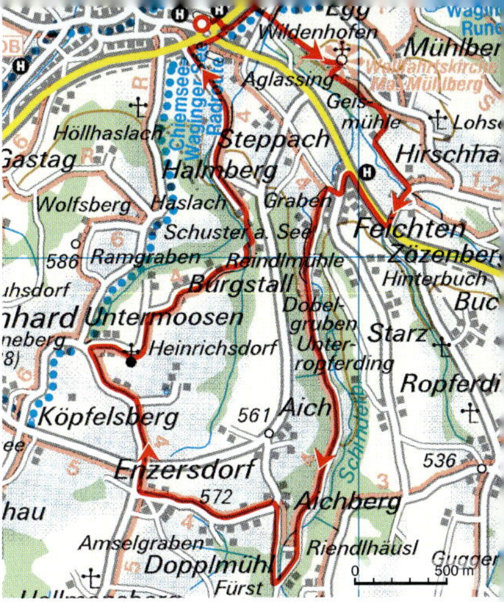


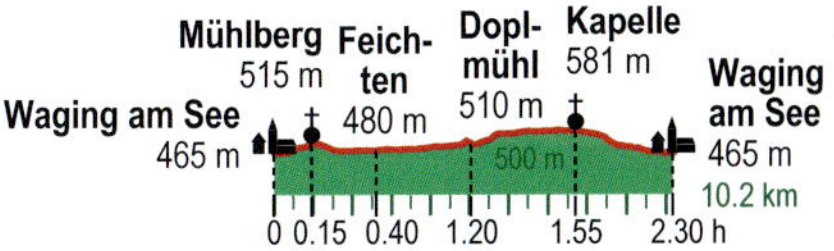


links in den Ort und folgen dann der Wegweisung in den Doblgraben nach rechts, gleich darauf neben einer Brücke halblinks. Ein verkehrsarmes Sträßchen führt nun am Schinderbach talein bis hinter **Doplmühl** (510 m). Dort nach einem Holzbetrieb und einer Brücke auf dem mit »4« ausgezeichneten Karrenweg rechts ab und über die Talflanke hinauf. Oben, bei den Häusern von Aich, gehen wir Richtung St. Leonhard nach links und durch den Weiler **Enzersdorf** (572 m) zu einer T-Kreuzung. Dort nach rechts und gleich darauf geradewegs über eine größere Straße hinweg. Die Abzweigung nach Heinrichsdorf wird ignoriert, beim Schild **Untermoosen** geht es dann nach rechts Richtung Burgstall. Auf einer flachen Geländekuppe (580 m) steht eine **Kapelle** mit einigen Rastbänken, die zum Genießen der grandiosen Sicht auf die Berchtesgadener und Salzburger Berge einladen.

Für die letzte Wegetappe folgen wir dem Linksknick bei der Kapelle, zweigen gleich darauf rechts ab Richtung Burgstall und passieren den Moarhof. Wo die Teerstraße endet, nicht dem rechts abknickenden Hauptweg folgen, sondern dem Feldweg, der geradeaus auf ein Haus zuführt. Direkt vor dem Haus geht es dann scharf nach rechts hinab, auf steilem Fußweg in den imposant eingeschnittenen **Ramgraben**. Unten treffen wir auf ein befestigtes Sträßchen; dem folgen wir – an einer kleinen Kneippanlage vorbei – talaus. An der Landstraße nach rechts geht es zurück zum **Ausgangspunkt**.

# 28 Surspeicher und Schönramer Filzen

**4.30 Std.**

### *Rupertiwinkler Naturparadiese zwischen Waginger See und Teisendorf*

*Ein Highlight dieser Wanderung ist die Schönramer Filzen, eines der größten Hochmoore Südostbayerns. Heute steht es großteils unter Naturschutz und bietet dem Wanderer Naturgenuss vom Feinsten. Die Wege durch die Filzen bieten nicht nur Genuss fürs Auge, dank Rindenmulch-belegter Trassen geht man darauf auch angenehm weich. Mitte des 19. bis Mitte des 20. Jahrhunderts wurde im Moor systematisch Torf abgebaut. Ein erschütternder Abschnitt dieses Kapitels trug sich in den letzten Jahren des 2. Weltkriegs zu, als viele Kriegsgefangene unter unzumutbaren Bedingungen zu dieser Arbeit gezwungen wurden – oft mit Todesfolge.*

**Ausgangspunkt:** Petting (452 m); Parkplätze beim Sportplatz im Süden des Orts (Navi: 83367 Petting, Mühlbergstraße 1). Alternativ Parkplatz »Heidewanderung« nahe der Landkreisgrenze BGL/TS, Hst. der Buslinie 9519 Waging – Laufen.
**Höhenunterschied:** 130 m.
**Anforderungen:** Keine; problemlose Wander- und Fahrwege sowie kaum befahrene Sträßchen. Aufmerksamkeit für die zahlreichen Verzweigungen.
**Einkehr:** Bräustüberl in Schönram.
**Variante:** Rundweg »Heidewanderung« vom Parkplatz an der Straße Schönram – Leobendorf (beschildert, 50 Min.).
**Tipp:** Vom Parkplatz »Heidewanderung« schräg über die Straße, kommt man zu einer Beerenobstanlage (Bio-Heidelbeeren und -Cranberrys zum Selbstpflücken, www.frutifux.de).

*Getreidefelder zwischen Petting und Weidsee, links der Bildmitte der Hochstaufen.*

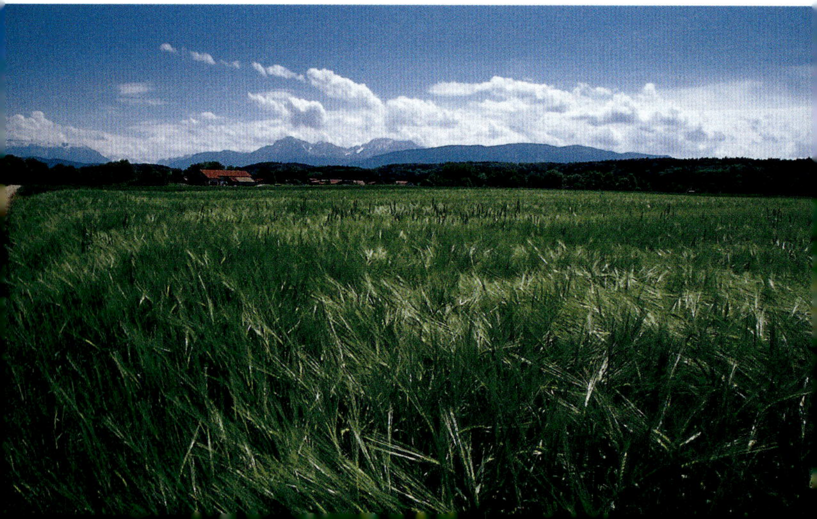

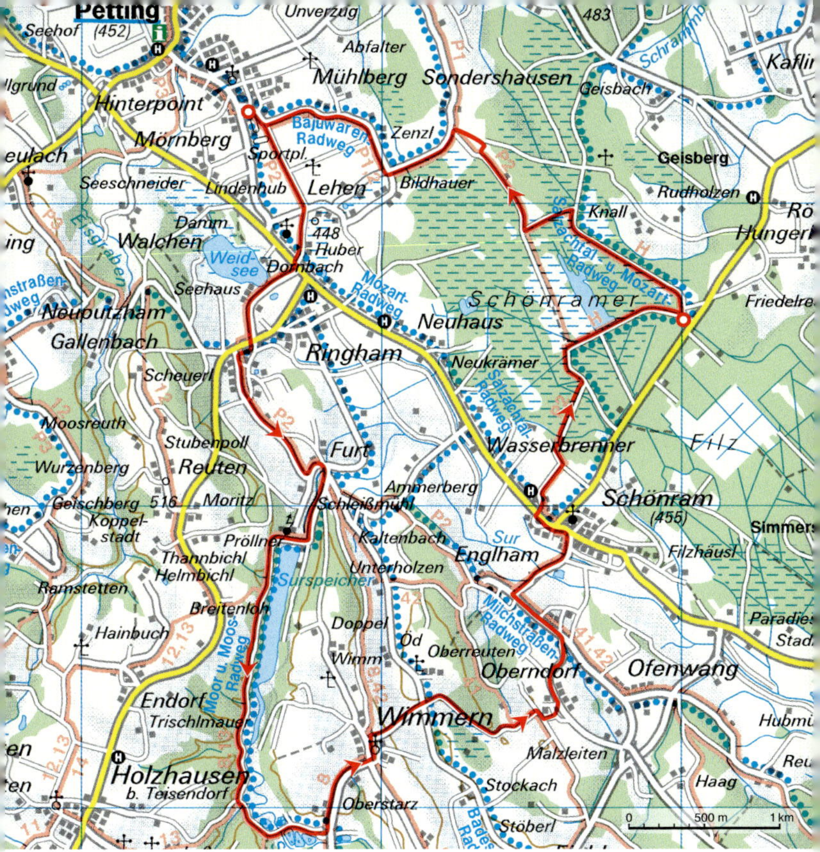


Auf der Mühlbergstraße passieren wir die Tennisplätze und gehen neben dem Tennisheim geradeaus auf den geschotterten Weg, der direkt auf den Untersberg zuführt. Eine Betonstraße wird leicht nach rechts versetzt überquert. Dann an der Landstraße 50 m nach links und gleich wieder rechts ab (Richtung Seehaus). Ein kurzer Abstecher in den Wald ermöglicht einen Blick über den **Weidsee** (450 m) und aufs Schloss. Am ehemaligen Gasthof Seehaus vorbei kommt man zu einer Hauptstraße, die geradeaus über-

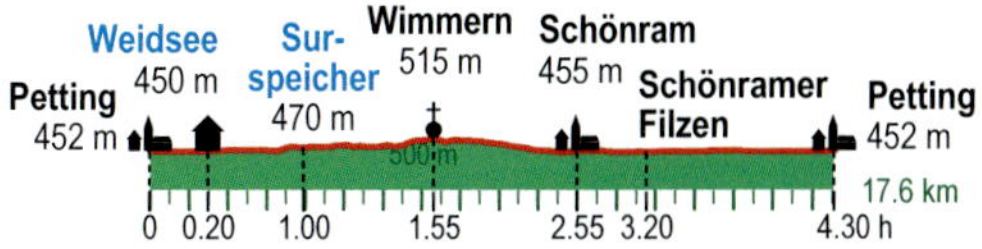

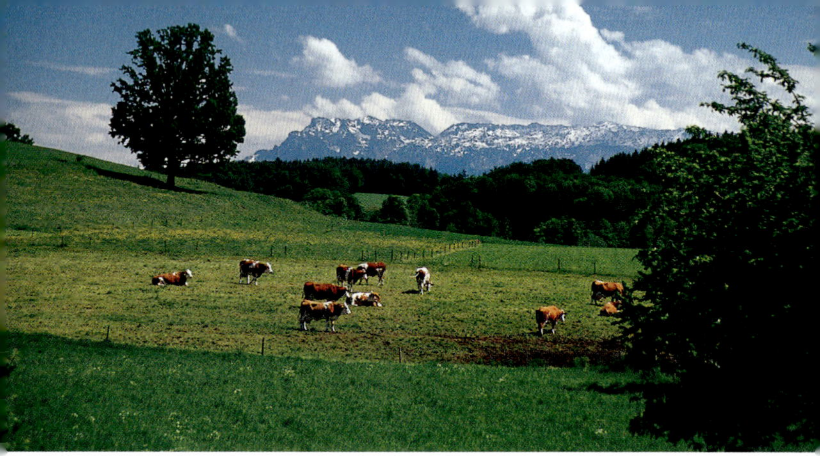

*Kuhweide südlich von Ringham – Blick auf den Untersberg.*

quert wird. Den Angerweg in **Ringham** (450 m) verlassen wir gleich wieder nach rechts auf einen Feldweg. Der asphaltierten Oberdorfstraße folgen wir nach links, bei der folgenden Verzweigung halten wir uns halb rechts auf ein Sträßchen, das über Wiesen zu einer T-Kreuzung führt. Dort schickt uns das Schild »Surspeicher-Rundweg« nach links.
Beim Weiler **Furt** (452 m) nach rechts über den Bach, gleich darauf wieder rechts, dann über die Staudammkrone hinweg und nach links weiter auf unbefestigtem Naturweg. Erst geht's entlang dem **Surspeicher**, dann wandern wir am Bach zu einigen Altwässern, zwischen denen die Talseite gewechselt wird, um dann steil zu einer Straßenbrücke hinaufzugelangen. Oben nach links, wandert man nach **Wimmern** (515 m) hinauf. Nach links in den Weiler hinein, verlässt man ihn kurz nach der Kirche Richtung Ringham und Petting. Nach einer Senke gehen wir geradeaus über eine Kreuzung auf einen unbefestigten Fahrweg, der sich bald am Wald entlangschlängelt. Immer am Hauptweg bleibend, gelangt man zu einem herrlichen Ausblick über **Oberndorf** hinweg ins Salzkammergut (auffallend die steile Rampe des Schafbergs). Bei der Verzweigung daneben gehen wir erst rechts, auf dem zweiten Sträßchen nach links hinunter und bei der folgenden T-Kreuzung wieder

*Handtorfstich in den Schönramer Filzen.*

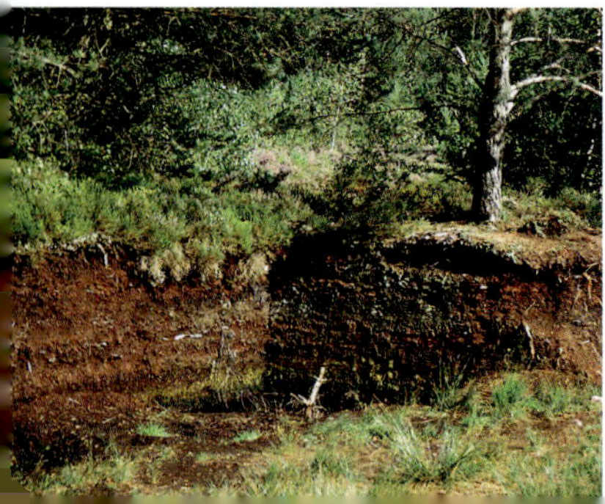

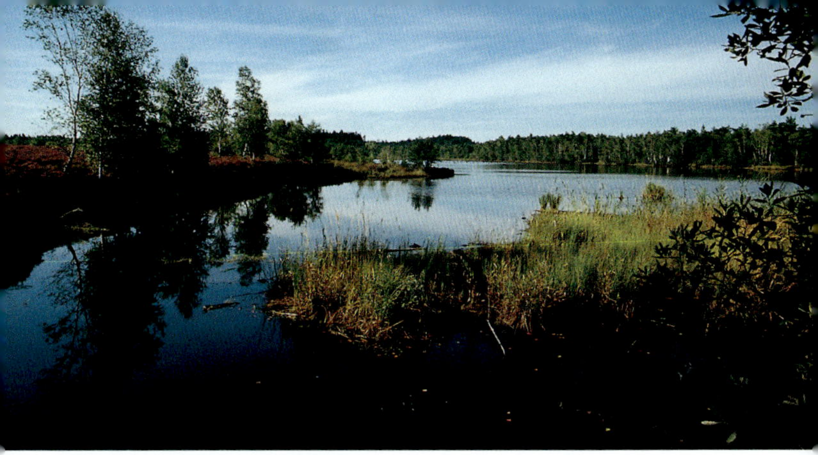

*Der große Moossee in den Schönramer Filzen.*

links. Wir verlassen Oberndorf auf einem Teersträßchen, das sich in eine Talsenke schlängelt; dort links und an einem Kieswerk entlang. Bald zweigt das Sträßchen rechts ab, das nach **Schönram** (455 m) hinaufführt. Dort an der Hauptstraße links und am Bräustüberl vorbei Richtung Waging. Kurz vor dem Ortsausgang von Schönram zweigen wir rechts in den Heideweg ab. Am Waldrand links, 150 m weiter nach rechts in den Wald hinein, gleich darauf mit der Wegweisung P2 wieder links, ebenso bei der folgenden T-Kreuzung. Bald nach einer Hütte hält man sich bei einer Verzweigung rechts und passiert den **Moossee** sowie einen Handtorfstich.

Am **Parkplatz** machen wir einen Linksbogen und folgen dem anderen Kiesweg, auf dem die Heidewanderung ansetzt. Nach einem langen geraden Wegstück und einer leichten Rechtskurve zweigen wir auf einen schmalen Weg (»Heidewanderung«) nach links ab, bei der folgenden T-Kreuzung gehen wir nach rechts. Am Waldrand kurz rechts, bei einer Bank nach links zu einer Feldkapelle und dort wieder links. Wo es links zum Bildhauer geht, wenden wir uns nach rechts und wandern auf befestigtem Höfeweg zurück nach **Petting**.

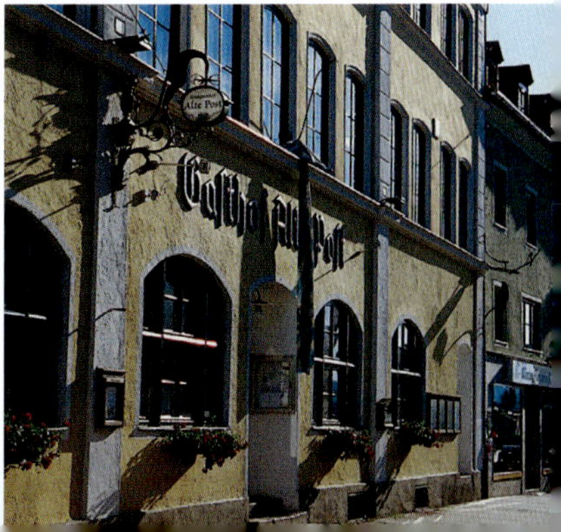


*Einen Besuch wert: Teisendorf, südlich vom Surspeicher gelegen.*

# 29 Um den Höglwörther See

1.30 Std.

## Spaziergang zu einem versteckten Natur- und Kultur-Kleinod

*Wer auf der A 8 westlich von Salzburg unterwegs ist, dem fällt nördlich des Asphaltbands ein hoher Kirchturm auf, der auch noch auf einem Hügel thront und damit umso markanter in den Himmel ragt. Auch für Durchreisende (mit nicht zu engem Reiseplan) lohnt sich ein Abstecher dorthin, nicht nur wegen der Kirche Mariä Himmelfahrt und dem ungewöhnlichen Dorfanger im Dorf Anger sondern auch wegen des nahen, gut versteckten Höglwörther Sees (einem Toteissee). Die hier vorgestellte Wanderung ist kurz genug für »Eilige«, lässt sich mit einem genussvollen Badeaufenthalt und einer gediegenen Einkehr aber auch zu einem vollwertigen Tagesausflug ausbauen.*

**Ausgangspunkt:** Anger (560 m); Parkplatz am Dorfplatz (Navi: 83454 Anger, Dorfplatz), alternativ am Südwestfuß des Hügels an der Scheiterstraße. Wer mit etwas »Ausrüstung« Schwimmen gehen will, kann auch in Höglwörth parken. Haltestellen Anger und Höglwörth der Buslinie 829 Bad Reichenhall – Teisendorf. **Anforderungen:** Keine; bequeme Spazierwege und verkehrsarme Sträßchen. **Höhenunterschied:** 80 m. **Einkehr:** Gasthof Klosterwirt in Höglwörth, Imbiss im Badegelände, Gaststätten am Dorfplatz Anger.

*Blick über den Höglwörther See auf das Strandbad (links) und das Kloster.*

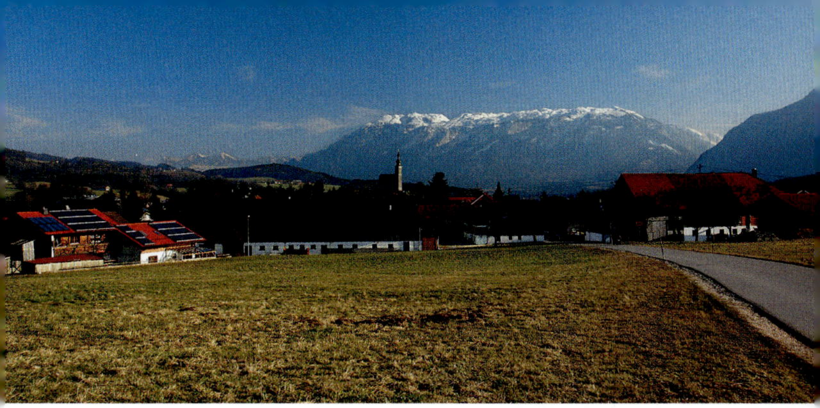

*Am Rückweg: Blick über Anger auf den Untersberg.*

Vom **Dorfplatz** (560 m) gehen wir nach Westen und an der Raiffeisenbank rechts vorbei in den Klosterweg. Der leitet direkt nach **Höglwörth**. Dort geht es zwischen dem ehemaligen Kloster und dem lauschigen Biergarten durch, dann nach links auf den Rundweg. Dieser überquert gleich den Ramsaubach, der den Höglwörther See entwässert. Eine Abzweigung nach rechts ignorieren wir und gehen zum Badegelände, das zwar kostenpflichtig ist, dafür aber gepflegte Liegewiesen bietet. Immer nahe dem naturbelassenen Ufer geht es nun rund um den **Höglwörther See** (532 m) – mit faszinierenden Ausblicken zum ehemaligen, 1125 gegründeten **Kloster** der Augustiner Chorherren.

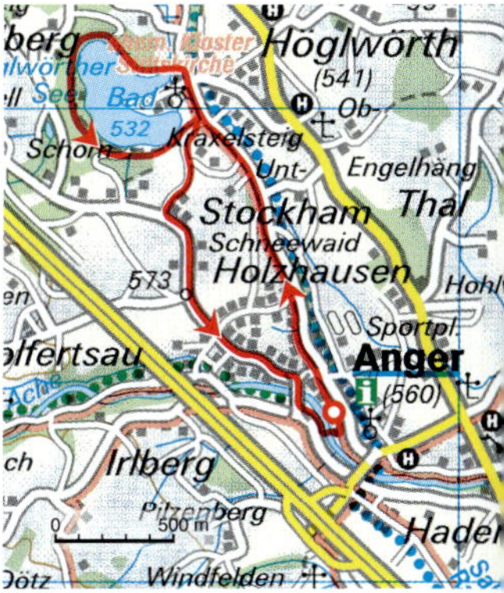


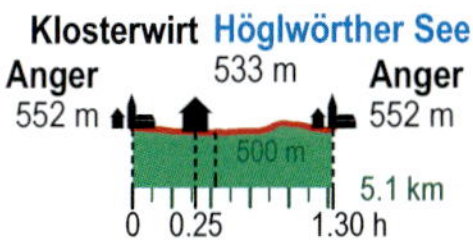


Wir treffen wieder auf den Herweg, benutzen ihn aber nicht; stattdessen gehen wir an dieser Stelle scharf nach rechts und steigen auf einem Feldweg über eine Geländestufe hinauf. Nach dem Weiler **Stockham** (580 m) halten wir uns links, ebenso bei der nächsten Straßenverzeigung. Leicht bergab spazieren wir schließlich zurück nach Anger. Dort folgen wir bei einer T-Kreuzung der Scheiterstraße nach rechts über eine Brücke. Entlang der Stoißer Ache kommt man an den Hangfuß (535 m) des Anger Hügels. Eine Fußgängerbrücke vermittelt schließlich den Zugang zum steilen Schlussanstieg zum **Dorfplatz** (560 m) hinauf.

# 30 Große Schleifen am Högl, bis 760 m

3.50 Std.

## Großartige Aussichtswarten über Salzburg

*Eine der besten Ausblicke auf Salzburg hat man vom Högl. Das ist ein höherer Hügel (827 m) aus einem Sandstein der Flysch-Formation, die als schmales Band den Nördlichen Kalkalpen vorgelagert ist. Die hier besonders schroffen Kalkalpen bilden eine spektakuläre Kulisse fürs »Fern-Sehen« von den aussichtsreichen Wirtsterrassen, die am Högl zur Einkehr locken. Wer z. B. von der Neubichler Alm rechts an Salzburg und links am Untersberg vorbeiblickt, kann bei klarer Sicht sogar gleißende Gletscherflächen in der östlichen Dachsteingruppe erspähen. Am Untersberg rechts vorbei kann man das Wahrzeichen Berchtesgadens studieren: den Watzmann. Kinder werden sich eher für die Westafrikanischen Zwergziegen oder die Pferde der Neubichler Alm interessieren.*

**Ausgangspunkt:** Parkplatz (470 m, 83451 Piding, Högler Str. 15; 47.775480, 12.905313), am Südfuß des Högl. Zufahrt: von der Autobahnausfahrt Bad Reichenhall kurz Richtung Freilassing, bei Piding mit der Wegweisung zum Högl links abzweigen. Am Hangfuß (Waldrand) links.
**Höhenunterschied:** 480 m.
**Anforderungen:** Leichte Wanderung mit Mittelgebirgscharakter.
**Einkehr:** Berggasthof Johannishögl (695 m), Stroblalm (755 m).
**Varianten:** 1) Beschilderter Rundweg zwischen Johanneshögl und Neubichler Alm, der an Gehegen mit Damwild und Hochlandrindern vorbeiführt. 2) Für kürzere Spaziergänge können alle genannten Einkehrmöglichkeiten auch mit dem Auto angesteuert werden.

*Blick auf Steinernes Meer (links) und Watzmann (Mitte), davor die »Schlafende Hexe«.*

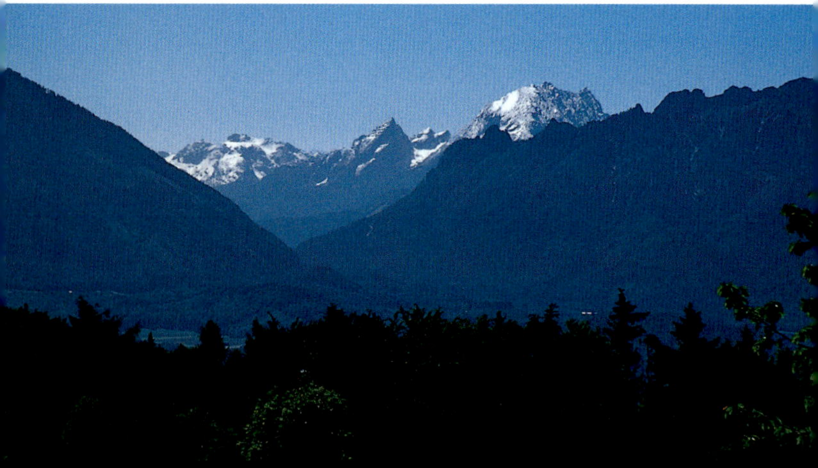

Vom **Parkplatz** kehren wir zur Straße zurück, überqueren sie und folgen dem Panoramaweg. Bei der ersten Verzweigung nehmen wir den rechten Weg, also den Fußweg zum Johannishögl (Nr. 1 und 2). Der führt unter einem modernen Holzhaus geradeaus vorbei. Am Ende des Waldrands, nach einer Bank mit Christuskreuz, zweigen wir links ab und passieren gleich einen Stadel. Bei der folgenden Verzweigung halten wir uns rechts und gehen über ein kleines Brückerl. Eine kreuzende Forststraße wird geradewegs überquert. Nun geht es auf reizvollem Waldweg hinauf zu einer Asphaltstraße, die zum Gasthof **Johannishögl** (695 m) führt. Dort leitet der weitere Weg zwischen dem Gasthaus und der Kirche (705 m) nach links. Zunächst wieder bergab und Abzweigungen ignorierend, wandern wir bald steil bergan. Nach einer Linkskurve zweigt rechts ein Weg ab, der direkt zur **Neubichler Alm** (720 m, keine Einkehr!) führt.

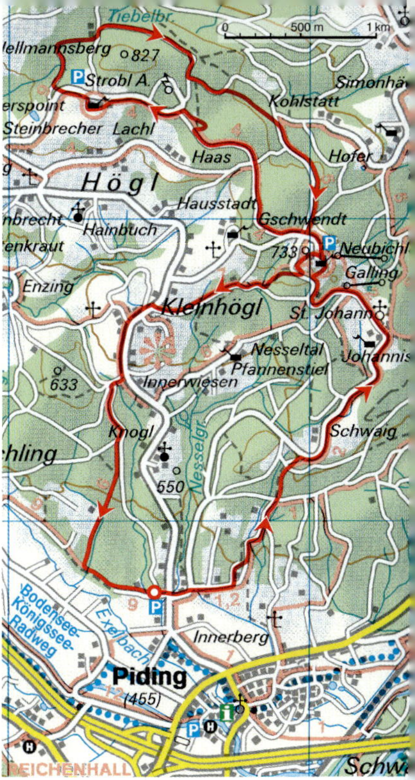


Am Parkplatz vorbei, halten wir sodann auf den Wald zu. Bei einer Straßenkurve mit Wanderkarte starten wir bei der Bank auf den Wanderweg 4 (Wegweiser »Stroblalm«). Nach wenigen Minuten können wir einen kurzen Schlenker nach links zu einem alten Sandsteinbruch einlegen. Bei einem Kreuz ignorieren wir eine Abzweigung nach links. Wir gehen geradeaus und kommen zu einem Schuppen; dort geht es nach rechts hinauf. Nach einem Linksbogen ignorieren wir die Rechtsabzweigung nach Ainring. Gleich darauf stoßen wir auf eine schmale Asphaltstraße; darauf nach links

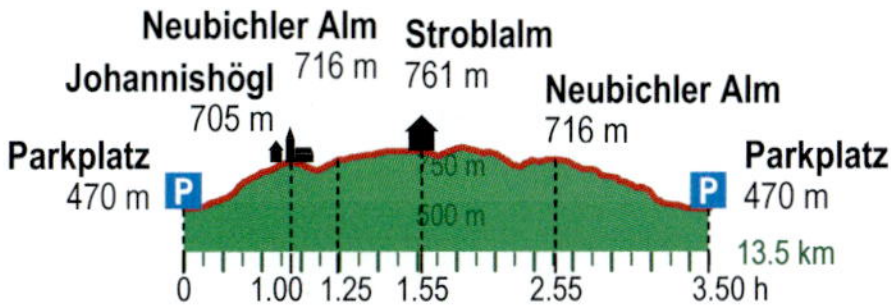

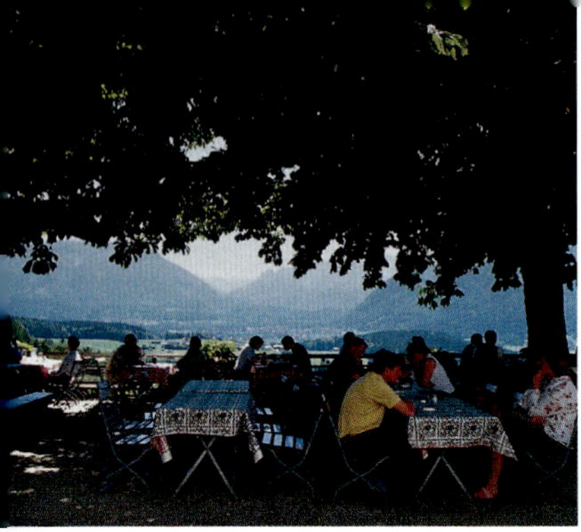

*Der lauschige und aussichtsreiche Biergarten der Stroblalm.*

zur **Stroblalm** (755 m). Entlang der Zufahrtsstraße gut 150 m hinab. Wo diese eine Linkskurve beschreibt, biegen wir der Wegweisung »Rundweg« folgend spitzwinklig nach rechts ab. Nach zehn Minuten zweigt links der Weg nach Steinhögl und Vachenlueg ab. Wir gehen geradeaus weiter. Bei einer spitzwinkligen Verzweigung ohne Wegweiser ignorieren wir das rechts bergaufführende Wegerl, wir bleiben vorerst auf dem weitgehend ebenen Hangweg. Bei einem Wegweiserbaum ignorieren wir die Abzweigung nach Thundorf. Knapp 100 m weiter zweigen wir dann dem Wegweiser nach Ainring folgend nach links ab. Bei einem kreuzenden Weg (links hinab geht es nach Ainring, rechts hinauf auf den uns schon bekannten Weg) gehen wir geradeaus auf dem hier noch wenig gepflegten Waldweg weiter. Der wird bald zu einem Forstweg und verliert an Höhe. Wo er auf einen anderen Forstweg trifft, geht es nach rechts und wieder bergauf. Am Waldrand schließt sich der Kreis und wir gehen auf dem schon bekannten Sträßchen Richtung **Neubichler Alm** (720 m).
Vor den Gebäuden gehen wir nach rechts am Zaun entlang hinauf zu einem aussichtsreichen **Hügel** (733 m). Zwischen Pferdekoppeln geht es dann hinab zu einer Reitanlage. Vor den Stallungen kurz links, unmittelbar dahinter

*Blick von der Neubichler Alm übers Salzburger Becken auf Gaisberg und Nockstein.*

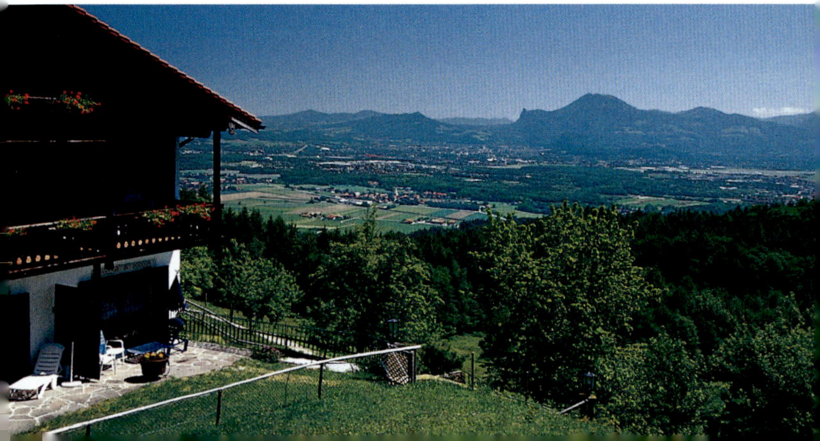

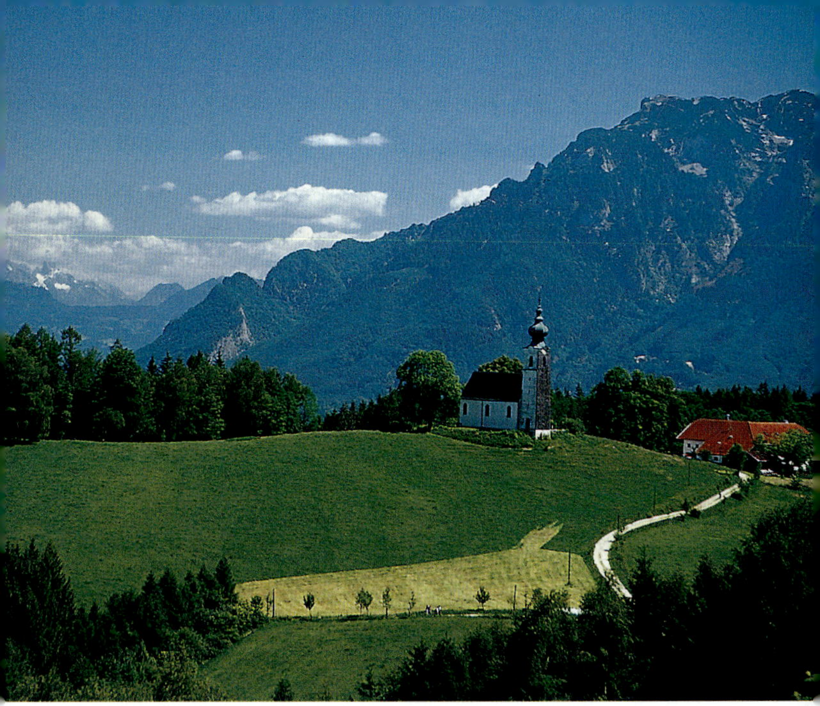

*Blick von der Neubichler Alm über die Kirche am Johannishögl auf den Untersberg (rechts). Links im Hintergrund leuchten die Gletscher im Dachsteinmassiv.*

auf gepflastertem Untergrund scharf nach rechts (Wegweiser »Anger, Aufham«) zur Geländekante. Über einen bewaldeten Rücken führt nun ein etwas steilerer Pfad hinab. Einem querenden Weg folgen wir nach rechts. Vor einer Wiese halten wir uns links. Gleich danach nicht dem breiten Weg zu einem Schuppen, sondern den Waldweg Richtung Aufham folgen! Auch gleich darauf ignorieren wir den breiteren Fahrweg und bleiben stattdessen auf dem Wanderweg 7, der noch etwas länger im Wald bleibt, bevor er schließlich über eine Wiese nach **Kleinhögl** (625 m) führt.
Durch den Weiler am Straßenrand bergab. Ein Stück darunter verlassen wir die Straße wieder und folgen dem Wegweiser »Piding« nach rechts. Gleich darauf zweigen wir links ab und wandern durch den Wald bergab – kleinere Abzweigungen ignorierend. Bei einem Wegweiserbaum folgen wir dem Wegweiser Piding nach links (geradeaus ginge es zum Café Sonnenhang). Am Hangfuß nach links, geht es zum **Ausgangspunkt** zurück.

TOP

# 31 Über die Stoanern Jager auf den Hochstaufen, 1771 m

6.50 Std.

## *Eine der spektakulärsten Felsbastion am Alpenrand*

*Der hoch aufragende Hochstaufen mit seiner imposanten Nordwand stellt die Stirn des kalkalpinen Deckenstapels dar, den tektonische Kräfte langsam nach Norden schieben. Manchmal verhaken sich aber die Gesteinspakete – und wenn dann nach starken Regenfällen viel Wasser in die Tiefe sickert, wird der Widerstand reduziert und der aufgestaute Bewegungsdruck löst sich plötzlich. So kommt es in der Reichenhaller Gegend immer wieder zu Erdbeben, die dem unruhigen Staufen zugeschrieben werden. Ein Produkt geologischer Prozesse sind auch die Felszinnen des Ostgrates, die der hier beschriebene Anstieg passiert. Der Sage nach sind es aber Jäger, die ein feuerspeiender Gamsbock versteinert hat, nachdem die Waidmänner über das sonntägliche Läuten der Kirchenglocken im Tal gelästert hatten. Heutige Bergsteiger locken griffige Felsen und zwei besonders einladende Einkehrmöglichkeiten am Weg: Das Reichenhaller Haus knapp unter dem Gipfel – mit der luftigsten Terrasse der Chiemgauer Alpen – und die »Stoaner Alm«, wo man es sich in einer noch wirklich urigen Stube oder im Biergarten unter einer 300-jährigen Linde gemütlich machen kann.*

**Ausgangspunkt:** Parkplatz Pidinger Klettersteig (495 m, Navi: 83451 Piding; 47.769351, 12.883615), westlich von Urwies. Von der Autobahnausfahrt Bad Reichenhall zunächst Richtung Reichenhall, gleich bei Mauthausen rechts ab Richtung Anger, dann Urwies passieren und mit der Parkplatz-Beschilderung nach links in den Wald abzweigen. Hst. Urwies der Buslinie 829 Bad Reichenhall – Teisendorf.

**Höhenunterschied:** 1320 m.

**Anforderungen:** Gute Kondition, Trittsicherheit, Felsgewandtheit (stellenweise Schwierigkeitsgrad I) und ein bisschen Schwindelfreiheit. Ganz wichtig ist hier vor allem ein wacher Blick für die nicht immer deutlichen Markierungen im unübersichtlichen Schrofengelände; bei Nebeleinfall sehr große Aufmerksamkeit erforderlich – eine Tour für stabiles Schönwetter!

**Einkehr:** Reichenhaller Haus (1750 m), Steiner Alm (1027 m).

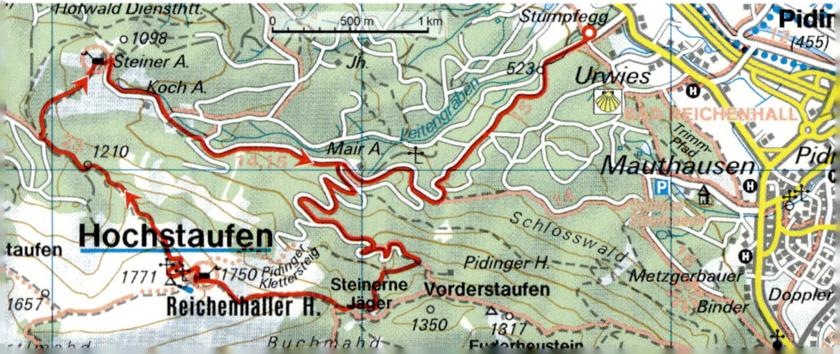

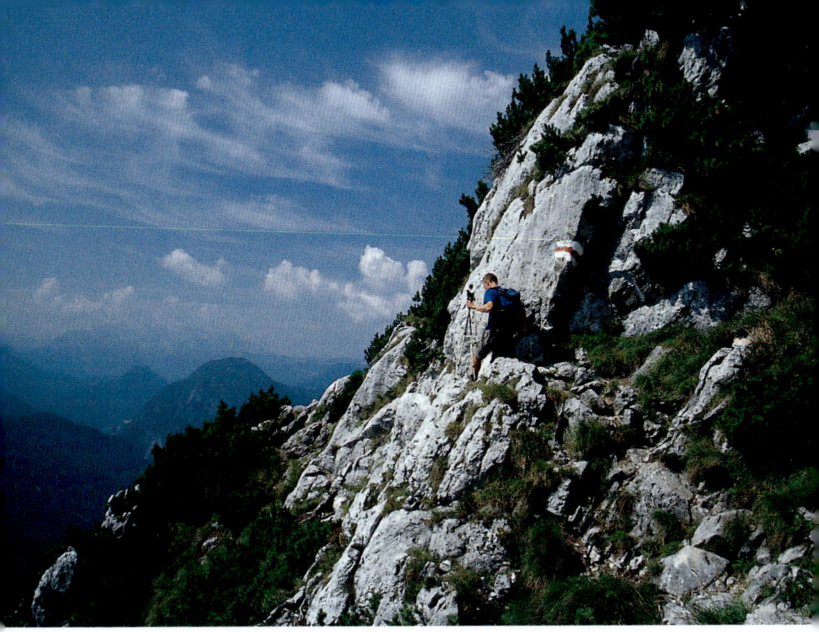

*Typisches Schrofengelände an der Anstiegsroute über die Stoanern Jager.*

Vom **Parkplatz** (495 m) folgen wir der breiten, sanft ansteigenden Forststraße durch den Wald; Abzweigungen kleinerer Wege bleiben unberücksichtigt. Kurz nach der **Moaralm** (817 m) zweigen wir nach links auf einen schmäleren Fahrweg ab. Gleich darauf kann man über eine Lichtung nach rechts hinauf abkürzen, danach muss man aber wieder auf dem flach ansteigenden Weg einige Kehren ausgehen. Der Beschilderung folgend verlassen wir den breiteren Fahrweg auf eine etwas zugewachsene Trasse, die erst ein längeres Stück nach Osten quert, dann wieder nach Westen. Erst spät, auf 1100 m Höhe, betritt man einen zügig ansteigenden Bergpfad, und zwar bei einem Schild, das scharf nach links hinaufweist. So gelangt man bald auf den Rücken zwischen Vorder- und Hochstaufen, wo von links der Weg von Piding dazustößt. Bald mündet

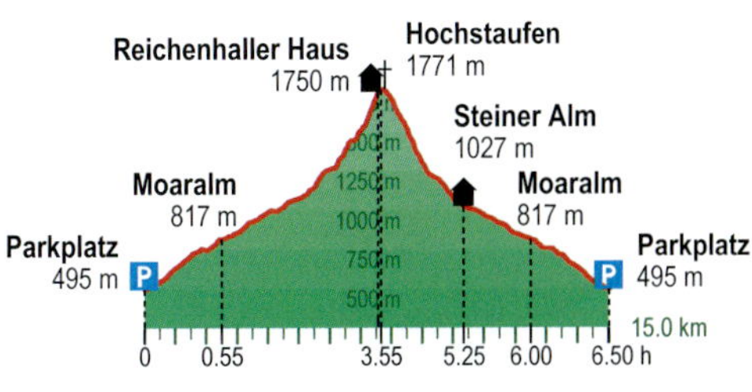

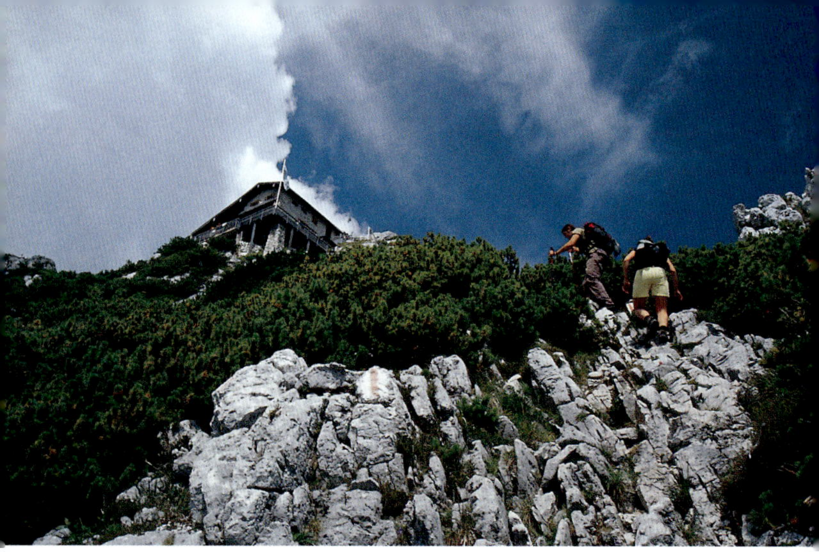

*Die letzten steilen Meter – droben thront das Reichenhaller Haus.*

auch der Weg von Reichenhall ein. Nach einem wurzeligen Waldrücken kommen wir zu einem Aussichtspunkt, der erstmalig den Blick nach Bad Reichenhall freigibt. Rechts darüber hilft eine Leiter über eine Steilstufe. Danach verläuft der markierte Steig durch das immer felsigere Gelände links (südlich) des Felskamms der **Stoanern Jager**.

Nach einem kurzen Zwischenabstieg geht es wieder ansteigend durch etwas steileres Gelände um einen Felsbug herum und danach hinauf zur Kammlinie, wo sich durch eine Scharte ein erster Tiefblick ins Alpenvorland auftut. Zwei steilere Felsrinnen verlangen noch mal etwas überlegtere Kraxelei, dann ist es nicht mehr weit zum exponiert stehenden **Reichenhaller Haus** (1750 m) – auf dessen weit in die Luft hinausragender Terrasse lässt es sich besonders aussichtsreich Brotzeit machen. Hinter dem Haus wenden wir uns vor der Kapelle nach rechts und steigen in einem Linksbogen zum nahen Gipfelkreuz des **Hochstaufen** (1771 m).

Beim Abstieg folgen wir dem deutlichen Weg, der sich anfangs flach nach Norden windet, um dann über einige Felsstufen nach Nordwesten hinabzuführen. Dabei braucht man stellenweise die Hände, muss aber kaum wirklich klettern. Kurz nachdem der Weg in der Waldzone zum Karrenweg mutiert ist, zweigen wir rechts Richtung Steiner Alm ab. Bei der folgenden, nicht beschilderten Verzweigung halten wir uns links und erreichen gleich darauf den idealen Platz für eine abschließende Einkehr: den lauschigen Gastgar-

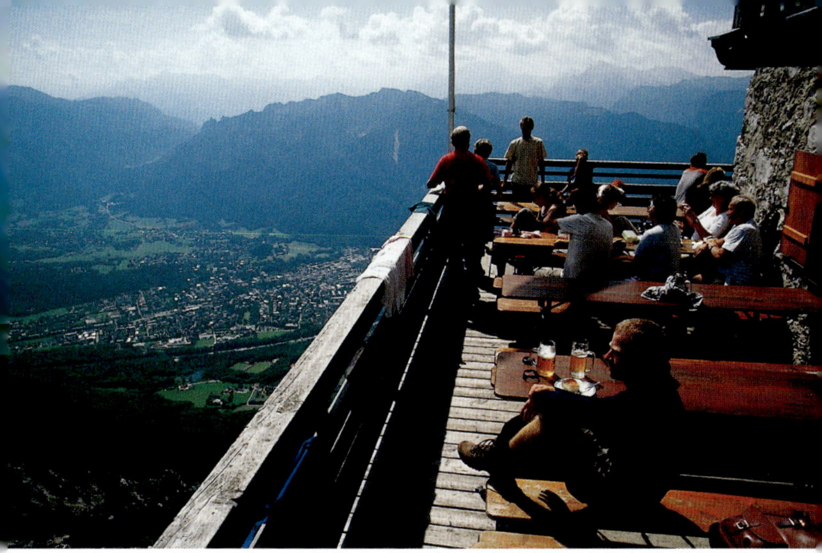

*Am Reichenhaller Haus – verdiente Rast auf exponiertem Balkon hoch über Reichenhall.*

ten vor der gemütlichen **Steiner Alm** (1027 m). Auf dem beschilderten Weg ins Tal bleiben wir bis kurz vor dem Parkplatz immer rechts des Baches im Leitengraben.

*Einladender Garten vor der Steiner Alm.*

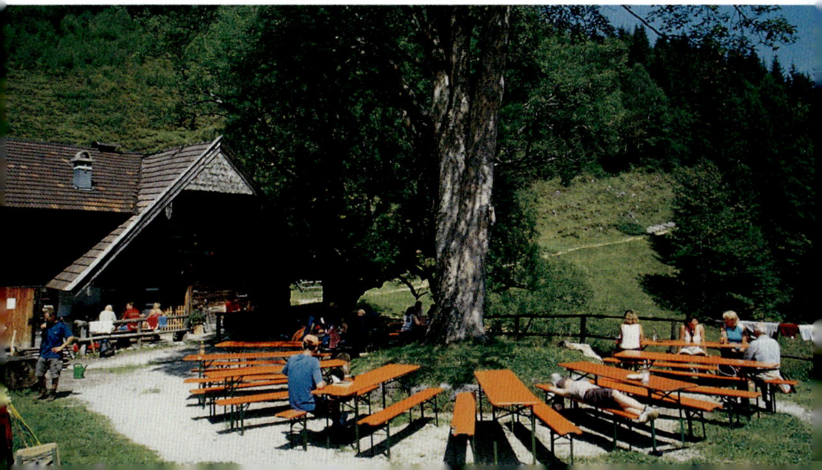

# 32 Teisenberg, 1333 m

3.20 Std.

## Auf den grünen Eisenberg

*Ortsnamen wie Eisenärzt oder Hammer lassen schon ahnen, dass am Chiemgauer Alpenrand einst Eisenerz abgebaut, verhüttet und verarbeitet (daher Hammer) worden ist. Das meiste Erz holte man aus dem Kressenberg am Fuße des Teisenbergs. Dessen Flanken sind untenherum daher in manchen Bereichen von Spuren des historischen Bergbaus förmlich durchlöchert. Diese im teils einsturzgefährdeten Gelände auf eigene Faust zu suchen, wäre gefährlich; daher halten wir uns lieber an die Wege. Die verlaufen im Fall der hier vorgestellten Runde fast durchgehend durch schattigen Bergwald. Die Tour ist also ideal für einen warmen Sommertag, zumal man oben auf der freien Gipfelwiese die Sonne dann durchaus nach Belieben genießen kann.*

**Ausgangspunkt:** Feilenreit (845 m, Navi: 83313 Siegsdorf, Feilenreit; 47.818348, 12.734402); Anfahrt: Von der Autobahnausfahrt Neukirchen kurz Richtung Teisendorf, vor einer Tankstelle rechts, nach einer Brücke rechts ab Richtung Loch, direkt unter der Autobahnbrücke nach rechts abbiegen (ausgeschildert mit »Schwarzenberg, Mitterstatt«) und hinauf zum Wasserspeicher am höchsten Punkt der Asphaltstraße. Parkmöglichkeiten gleich danach links am bzw. im Wald am Beginn eines Kiessträßchens.

**Höhenunterschied:** 510 m.

**Anforderungen:** Überwiegend schattige Wege im Bergwald – teils Forststraßen, teils schmale Pfade, an einer Stelle auch durch einen abschüssigen Waldhang.

**Einkehr:** Stoißer Alm (1272 m).

Vom **Parkplatz** starten wir zu einer spitzwinkligen Verzweigung. Dort mit der Wegweisung »Stoißer Alm« links. Wo von links ein Fahrweg einmündet, gehen wir geradeaus. Nach 20 Minuten zweigt ein Wanderweg nach rechts ab. Dem folgen wir bergan und überqueren 10 Minuten später einen Kiesweg. Zu-

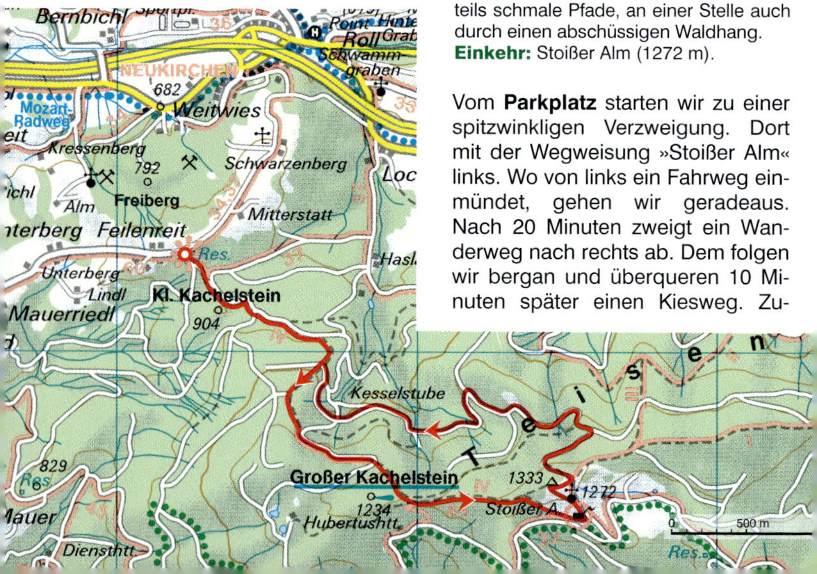

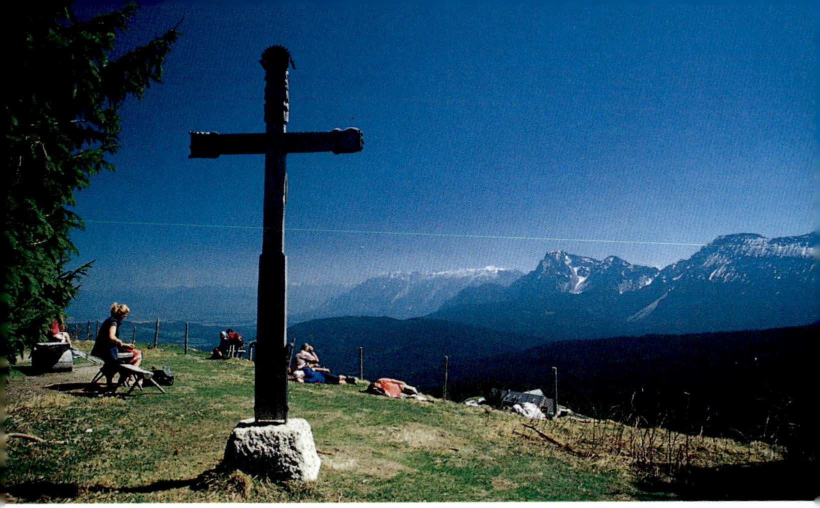

*Blick vom Teisenberg zum Hochstaufen (rechts der Bildmitte).*

nächst auf erdigem Waldweg geht es weiter bergan zu einer Forststraße; dort links. Nach insgesamt einer Stunde verlassen wir den Forstweg auf den mit »Stoißer Alm« beschilderten Wanderweg. Über eine Rippe hinweg folgt eine Querung mit einer kurzen Passage in abschüssigem Gelände. Bald darauf erreichen wir einen Geländerücken, auf dem wir nach links weitergehen. Der Weg wird bald etwas breiter; wir folgen aber einem schmäleren Weg, der bei einer Markierung nach links hinauf abzweigt. Schließlich geht es nach rechts hinab zur **Stoißer Alm** (1272 m). Von dort führt schließlich ein Weg über die Almweide hinauf zum Gipfelkreuz am **Teisenberg** (1333 m).
Über den Ostrücken steigen wir ein kurzes Stück ab und folgen einem Weg nach links in den Wald. Bald treffen wir auf einen Fahrweg und gehen auf diesem nach rechts. Wo wir auf eine weitere Forststraße treffen, halten wir uns links. Im Bereich einiger Kurven ignorieren wir untergeordnete Abzweigungen. Nach einer lang gezogenen Rechtsbiegung zweigen wir scharf nach links ab. Eine lange Flachpassage führt zu einer Rechtskehre, bei der eine andere Forststraße links abzweigt – dieser folgen wir gut 100 m (am Ende kurz bergauf), um dann auf dem kleinen Weg nach rechts in den Wald hinabzugehen. Damit sind wir wieder am Anstiegsweg. Darauf muss man kurz vor Tourenende noch mal aufpassen, um vom Fahrweg rechtzeitig halb links nach **Feilenreit** abzubiegen.

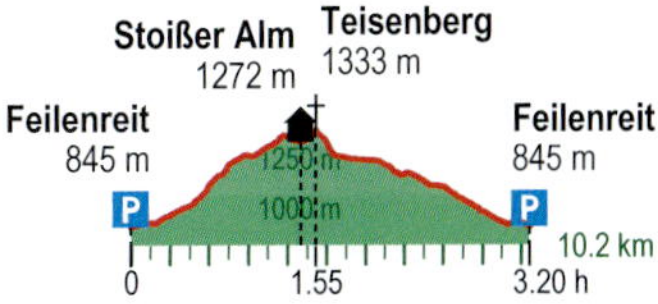

# TOP 33 Über das Sonntagshorn, 1961 m

7.30 Std.

## Durch die Kraxenbach-Gräben auf den höchsten Chiemgauer

*Das Sonntagshorn ist nicht nur der höchste Gipfel der Chiemgauer Alpen, der Berg bietet auch die spektakulärste alpine Tour in der ganzen Gebirgsgruppe: die Runde mit dem Aufstieg über den Mittleren Kraxenbachgraben und den Westgrat und dem Abstieg entlang dem Hinteren Kraxenbach.*

**Ausgangspunkt:** Laubau, Parkplatz beim Holzknechtmuseum (695 m, Navi: 83324 Ruhpolding, Laubau 12), südlich von Ruhpolding; Hst. der Buslinie 9506 Ruhpolding – Reit im Winkl. Wer mit dem Fahrrad anreist, fährt bis knapp hinter die Schwarzachenalm (755 m).
**Höhenunterschied:** 1310 m.

*Blick von der Reifelbergscharte auf die Schutthalde »Großer Sand«.*

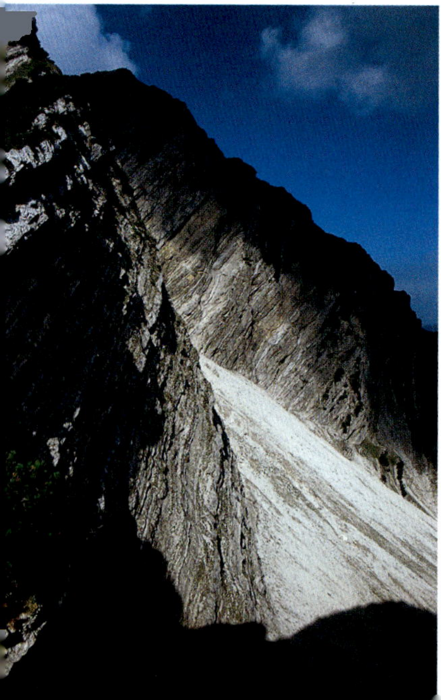

**Anforderungen:** Die schwierigste und wohl auch gefährlichste Tour in diesem Buch, nur für erfahrene, schwindelfreie und felsgewandte Bergsteiger! Der Aufstieg aus dem Mittleren Kraxenbachkar und einige Stellen am Westgrat erfordern Kletterei im Schwierigkeitsgrad I-II; auch beim Abstieg ins Hintere Kraxenbachkar kommt man nicht ohne die Hände aus; dort braucht man beim Abstieg zur Sonntagshornscharte zudem auch einen guten Riecher für den richtigen Steig.
**Einkehr:** Unterwegs keine; auf jeden Fall reichlich zum Trinken mitnehmen!
**Varianten:** 1) Wer die Kletterei beim Aufstieg aus dem Mittleren Kraxenbach scheut, benutzt den Hinteren Kraxenbach am besten auch für den Aufstieg. Damit ist die Tour deutlich leichter, aber immer noch als anspruchsvoll einzustufen (sie bleibt »schwarz«). 2) Wer ohne Schwierigkeiten aufs Sonntagshorn will, wandert von Süden auf den Gipfel (Ausgangspunkt Heutal oberhalb von Unken/A).
**Tipp:** Holzknechtmuseum Laubau, am Ausgangspunkt, Tel. +49 8663 639.

Von der **Laubau** (695 m) folgen wir einer Forststraße Richtung Süden und wechseln darauf bald die Seite des Fischbachs. Nach der **Brücke** (702 m) halten wir uns rechts, ebenso bei der folgenden Verzweigung. Der Fahrweg führt dann bald nach Osten ins Schwarzachental. Bei der Verebnung (mit Christuskreuz, 755 m) vor der **Schwarzachenalm**

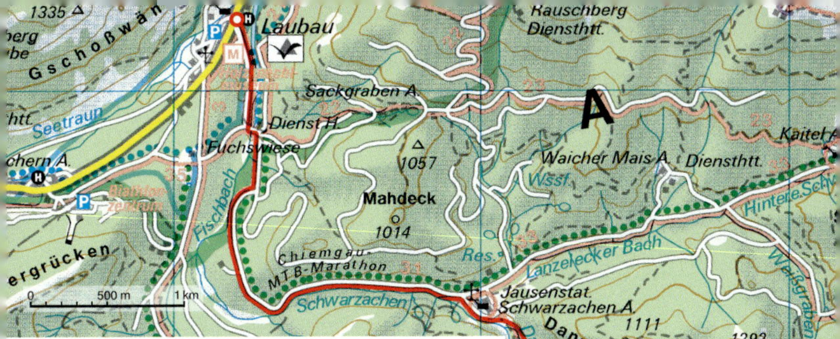


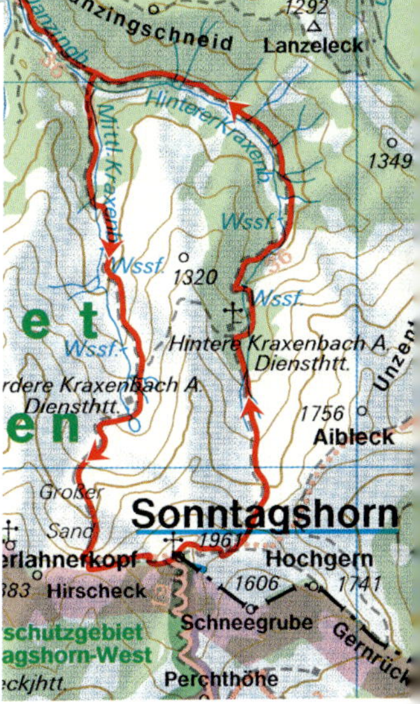

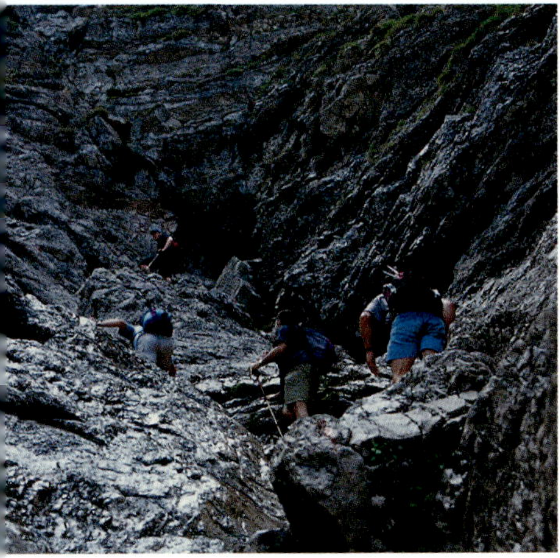

*Schlüsselstelle: die sehr steile Felspassage unter der Reifelbergscharte.*

gehen wir neben dem einmündenden Danzingbach nach rechts. Wer mit dem Radl gekommen ist, deponiert es, wo der Weg schmal wird. Bald zweigt der Steig ins Mittlere Kraxenbachtal nach rechts ab (Wegweiser) und führt über den **Danzingbach** (790 m). Durch teils steiles Gelände leitet der Pfad talein, zuerst in Gehrichtung rechts des **Mittleren Kraxenbachs**, weiter oben links davon. In einer bewaldeten Steilstufe führt ein kurzer Abstecher zu einer **Diensthütte** (1200 m) – ein guter Platz, um das mitgebrachte zweite Frühstück zu genießen. Oberhalb der Waldgrenze ziehen wir dann über die Schutthalde »**Großer Sand**« hinauf. Dabei steuern wir den Fuß der Felszone unter der Kerbe im Horizont an. Vom Einstieg im rechten Bereich klettern wir

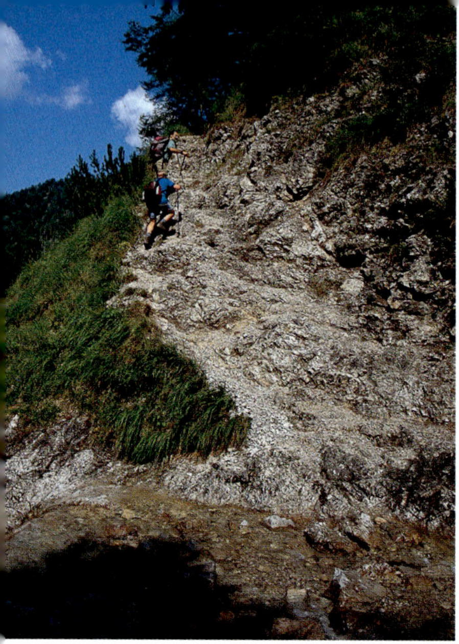

*Am Hinteren Kraxenbach.*

über einige Felsstufen und queren dann auf einem markanten Band nach links. Durch eine fast senkrechte Verschneidung steigen wir zur **Reifelbergscharte** (1709 m) hinauf.

Nun links über den **Westgrat**, an dem der Steig streckenweise auch etwas seitlich ausweicht. Dabei sollte man nicht zu weit in die Nordseite mit ihren auf den ersten Blick teils einladenden Bändern geraten. Besonders an einer Stelle könnte man in diese Falle laufen, weil auf der richtigen, scharf nach rechts hinaufführenden Route eine auf den ersten Blick Respekt einflößende Felsstufe bewältigt werden muss. Auf dem Wanderweg, der vom österreichischen Heutal heraufführt, legen wir schließlich das letzte Stück zum kleinen Eisenkreuz auf dem **Sonntagshorn** (1961 m) zurück.

Der Abstieg führt auf einem Steig über Felsstufen nach Nordosten hinab. Dann heißt es aufpassen: In der Fels-/Latschenzone oberhalb der **Sonntagshornscharte** muss man auf nicht immer deutlichen Trittspuren etwas nach rechts ausholen. Von der Sonntagshornscharte (1781 m) geht es durch das Kar zügig bergab: entweder auf dem Pfad absteigend oder links davon in grusgefüllten Rinnen abfahrend. Bei einer der folgenden Überquerungen des **Hinteren Kraxenbachs** gilt es in abschüssigem Gelände nahe einem Wasserfall noch einmal aufzupassen. Auf der rechten Talseite fordert ein Gegenanstieg noch ein paar Schweißperlen. An der Triftklause vorbei schlendern wir schließlich hinaus ins Schwarzachental und auf bekanntem Weg zurück in die **Laubau** (695 m).

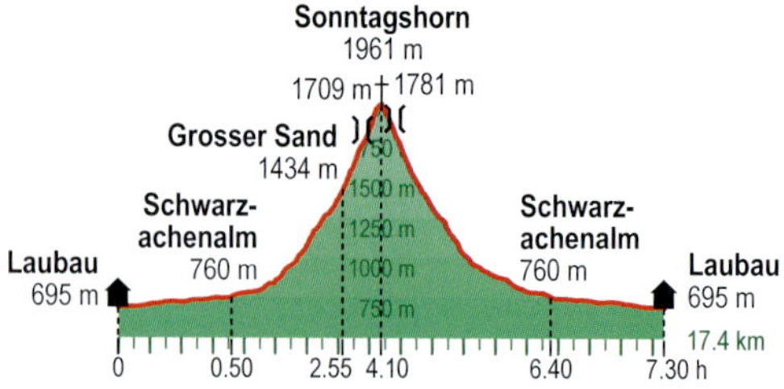

**3.15 Std.**

# Siegsdorf, Maria Eck, 822 m, und Bad Adelholzen

**34**

## Mammut, Wallfahrtskirche und Gesundbrunnen

*Siegsdorf ist bekannt für sein gutes Mineralwasser – die Siegsdorfer Petrusquelle und die Primusquelle im nahen Bad Adelholzen. Letztere wurde der Sage nach um das Jahr 286 vom später als Märtyrer heilig gesprochenen römischen Legionär Primus entdeckt. Die heilende Wirkung des Wassers führte zu einem regen Badebetrieb. Nach Bad Adelholzen kommen wir bei dieser Wanderung ebenso wie zur Wallfahrtskirche Maria Eck, wo alljährlich eine große Trachtenwallfahrt stattfindet. Im Ausgangsort selbst sollte man das Südostbayerisches Naturkunde- und Mammut-Museum besuchen. Dort erfährt man viel Interessantes zur Erdgeschichte und kann das beeindruckende Skelett eines bei Siegsdorf gefundenen Eiszeit-Mammuts bestaunen.*

**Ausgangspunkt:** Siegsdorf (615 m), Bahnhof der Strecke Traunstein – Ruhpolding bzw. öffentlicher Parkplatz südlich davon (Navi: 83313 Siegsdorf, Bahnhofstraße 2), Pkw-Zufahrt zum Parkplatz ausgeschildert für Besucher des Naturkunde- und Mammut-Museums.
**Höhenunterschied:** 290 m.
**Anforderungen:** Problemlose Wege.
**Einkehr:** Klostergasthof Maria Eck (835 m), Alte Post an der Traunsteiner Straße in Siegsdorf (615 m).

Vom **Parkplatz** starten wir auf dem Zufahrtssträßchen nach Süden. Neben dem Bahnübergang setzt ein reizvoller Uferweg entlang der Traun an. Auf einer **Straßenbrücke** wechseln wir die Flussseite, die Grundrichtung halten wir aber bei. Zwischen einem bewaldeten Hang und der Traun geht es weiter nach Süden. Auf der Zufahrt der Häuser von Grub gehen wir neben der Bahn zur querenden Straße. Darauf kurz nach rechts, dann wieder links ab auf den Wanderweg. Der leitet über den Salinenweg auf der Trasse der historischen Soleleitung sehr romantisch durch den steilen Osthang des Arztbergs oberhalb von **Eisenärzt**. Vor der Mündung des Diesselbachtals geht es der Wegweisung nach Maria Eck folgend

*Sinterkalk-Rinne im Trauntal.*

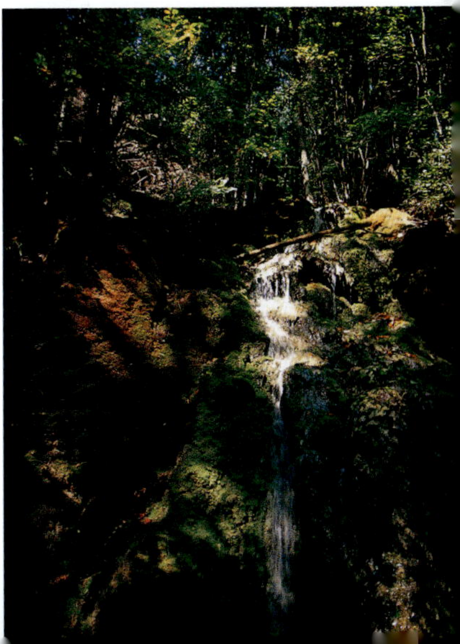

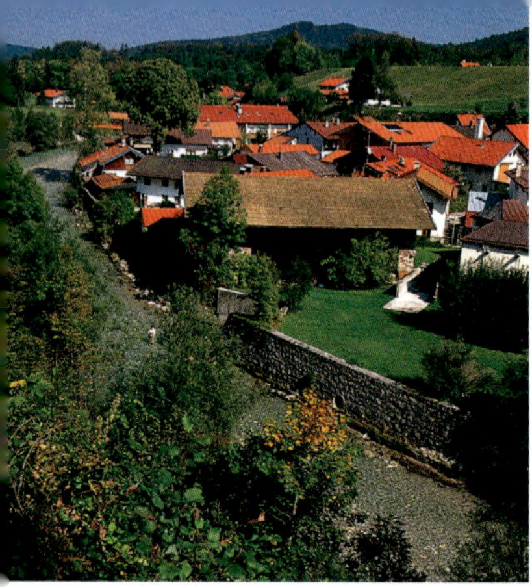

Blick über die Traun auf Eisenärzt.

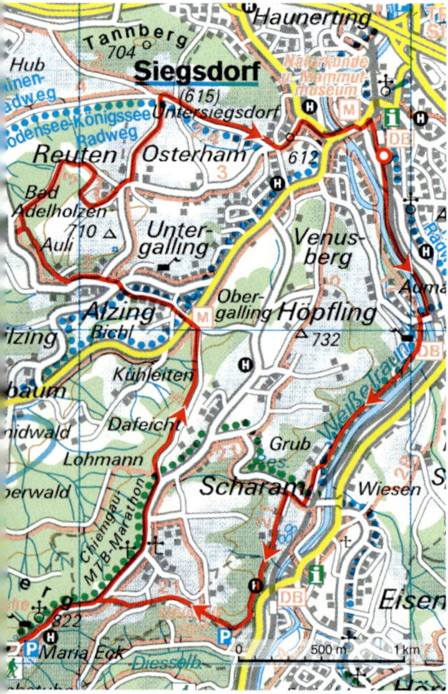


nach rechts hinauf. Im Wald halten wir uns wieder rechts, auf der folgenden Wiese dann links. So geht es noch mal durch ein Waldstück. Abzweigungen ignorierend folgen wir der Wegweisung nach Maria Eck. Der letzte Abschnitt dorthin verläuft neben der Zufahrtsstraße. Als erstes erreichen wir die **Wallfahrtskirche Maria Eck** (822 m) mit dem berühmten Gnadenbild der Santa Maria Maggiore aus Rom; die Kirche steht an Stelle der ersten, 1627 geweihten Kapelle. Etwas höher stehen der **Klostergasthof** aus dem Jahr 1636 und das **Kloster**, im dem seit 1891 Franziskaner-Minoriten leben (vor der Säkularisation waren es Benediktiner).

Beim Rückweg wandern wir auf dem Weg neben der Straße bergab, bis sich unser Wanderweg am Ende des straßenbegleitenden Waldes nach links wendet. Nach einer bewaldeten Geländestufe treffen wir auf ein Sträßchen, dem wir nach links folgen. Die kreuzende Kreisstraße überqueren wir geradewegs und gehen nach **Alzing** hinein. Die Grundrichtung beibehaltend spazieren wir durch die Dr.-Liegl-Straße und münden späternach links in die Adelholzener Straße. Diese verlassen wir nach einem Schwesternheim nach rechts in die Sedlmayrstraße, um gleich darauf dem links

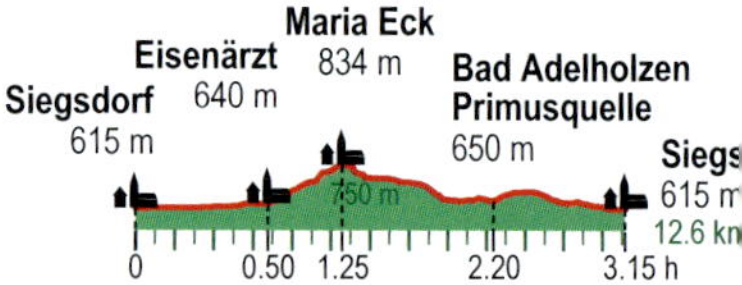

abzweigenden Wanderweg zu folgen. Nach einigen Rastbänken und einer Rechtskurve steigen wir zur gefassten **Primusquelle** (650 m) von **Bad Adelholzen** hinab.

Nach dem Kosten des Wassers (auch Abfüllen ist möglich) nehmen wir auf dem oberen Waldweg unsere alte Gehrichtung wieder auf. In einem Rechtsbogen gewinnen wir wieder an Höhe. Nach einem weiteren Rechtsbogen kommen wir auf eine Wiese, über die wir nach zwei Linkskurven nach **Reuten** gelangen. Dort zunächst garadeaus durch den Weiler, nach einem Rechtsbogen dann links abzweigen. Das Sträßchen wird zum Kiesweg und führt in ein weites Tal, durch das einst die Soleleitung Bad Reichenhall – Rosenheim verlief. Im Tal rechts, gelangt man nach **Siegsdorf**, wo wir durch die Thalhamer- in die Thannhäuser Straße kommen; gleich darauf rechts in die Gamsstraße und hinab zur Adelholzener Straße. Nach dem sehr empfehlenswerten Besuch des **Naturkunde- und Mammut-Museums** folgt man den gelben Mammut-Fußstapfen an einer Eisdiele vorbei zurück zum **Bahnhof** bzw. **Parkplatz**.

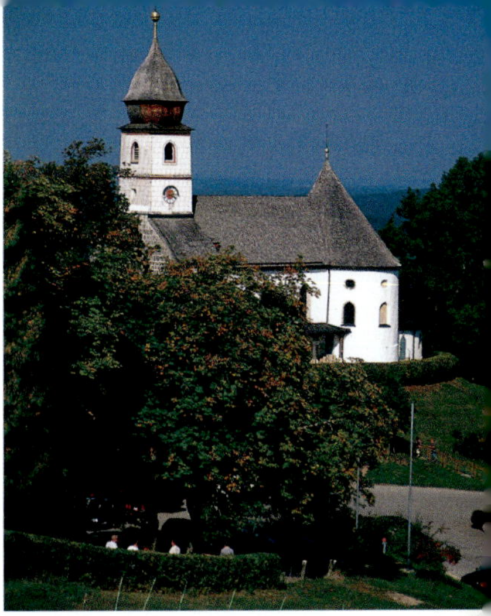

*Die Wallfahrtskirche Maria Eck.*

*Bei Reuten. Der hellere Felsgipfel im Hintergrund ist der Hochstaufen (Tour 31).*

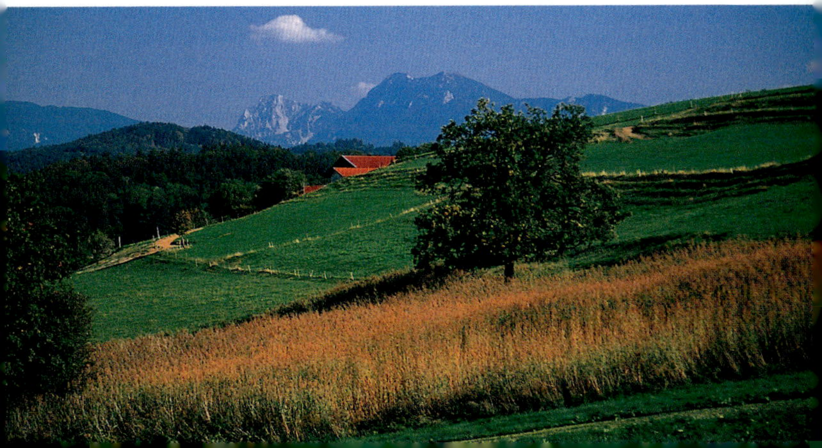

# 35 Bründlingalm, 1165 m

**3.00 Std.**

## Von der Eisenhütte zur Almhütte

*»Hütte« stand in Bergen, dem Ausgangspunkt dieser Tour, über Jahrhunderte für Eisenverhüttung. Mitte des 19. Jahrhunderts war die Bergener Maxhütte einer der wichtigsten Eisenproduzenten Bayerns. 1881 wurde der Chiemgauer Eisenabbau eingestellt, 1932 auch der in der Folge bestehende Gießereibetrieb. Heute denkt man beim Wort »Hütte« eher an die gemütliche Einkehr in einer Almhütte – genau das lockt am Ziel dieser Wanderung, die über weite Strecken durch lauschigen Bergwald führt.*

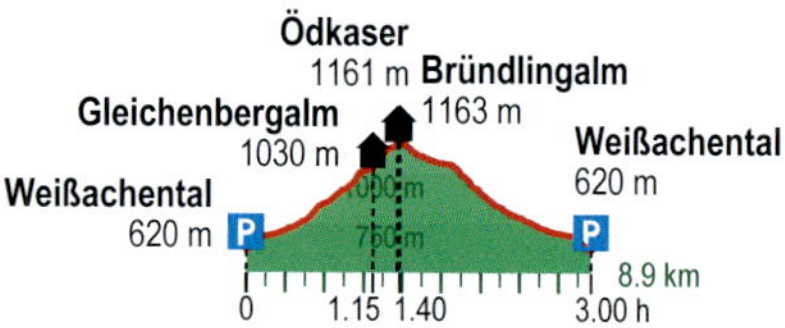


*Im lichtdurchfluteten Bergwald des Schwarzachentals.*

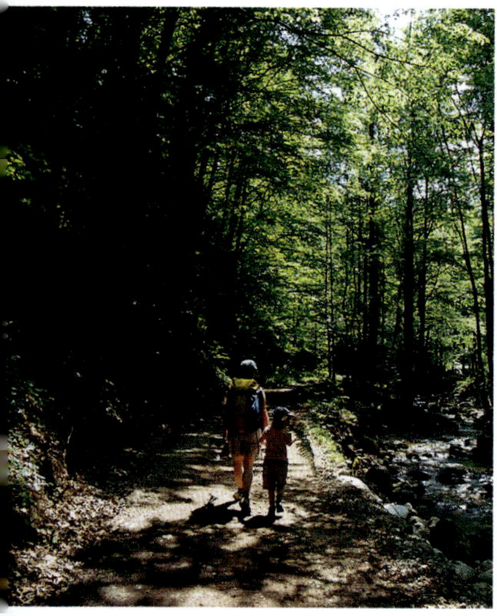

**Ausgangspunkt:** Parkplatz Kalkofen/Einfang (590 m) im Weißachental. Von Bergen (Hst. Bus 9514 von Traunstein) an der Talstation der Hochfellnbahn geradeaus vorbei ins Weißachental; nach der ehem. Maxhütte taucht links der Parkplatz auf (Navi: 83346 Bergen, Maxhüttenstraße; 47.792193, 12.583687).
**Höhenunterschied:** 580 m.
**Anforderungen:** Güterwege und Bergpfade; oberhalb der Gleichenbergalm »rotes« Steilgelände mit einfachem Geländerseil (mit Kleinkindern daher besser am Abstiegsweg aufsteigen).
**Einkehr:** Gleichenbergalm (1030 m), Öderkaser (1161 m), Bründlingalm (1165 m).
**Varianten:** 1) Von der Steinbergalm, 1006 m (Zufahrt von Ruhpolding) auf Weg 61, hin und zurück 1.30 Std. 2) Hochfelln (1671 m), rauf und runter ab Bründlingalm 2.30 Std., markierter Bergpfad.
**Tipp:** Museum Maxhütte, Mai–Okt. tägl. 10–16 Uhr (außer Mo), Tel. +49 8662 8321.

Vom **Parkplatz Kalkofen** leitet der Hochfellnweg durch eine steile Flanke schräg ansteigend hinüber ins romantische Tal der **Schwarzachen**. Dort führt der Weg schnurstracks talein und wechselt dabei fast unbemerkt die Talseite. Nach einer etwas steileren Bergaufpassage folgen wir dem Schild »steiler Weg«

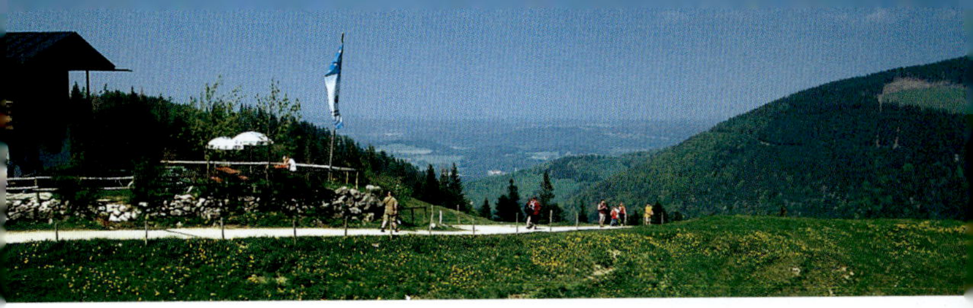

*Blick von der Bründlingalm aufs Alpenvorland. Unten: Die Gleichenbergalm.*

nach rechts und überqueren gleich darauf eine Forststraße geradewegs. Wir wandern nun auf einem Waldpfad am Hang entlang weiter talein. Wieder auf einer Forststraße, folgen wir dieser einige Meter bergan und nehmen bei der nächsten Verzweigung den linken Fahrweg zur **Gleichenbergalm** (1030 m). Vor dem Almgebäude zweigt unser Weg nach links ab. Er führt über eine bewaldete Felsstufe zu einem weiteren Fahrweg; darauf nach rechts zum Gasthaus **Öderkaser** (1161 m) bzw. zur gegenüber gelegenen **Bründlingalm** (1165 m, Chiemseeblick einige Meter weiter!). Für den Abstieg nehmen den Fahrweg Richtung Mittelstation, lassen diese dann aber links liegen, um auf breitem Almweg in weitem Bogen durch den Geländekessel nordöstlich des Hochfelln zu schlendern. Die Abzweigung zur Steinbergalm bleibt rechts zurück. Wir folgen der Forststraße hinab zum Bach. Nach der Brücke wandern wir dann parallel zum Gewässer talaus und treffen bald wieder auf den **Anstiegsweg**.

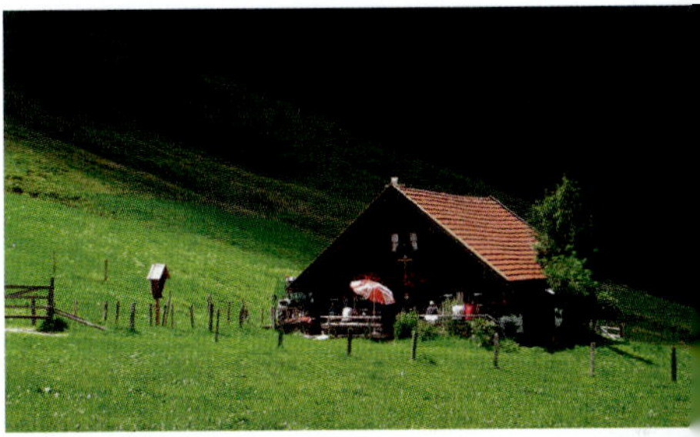

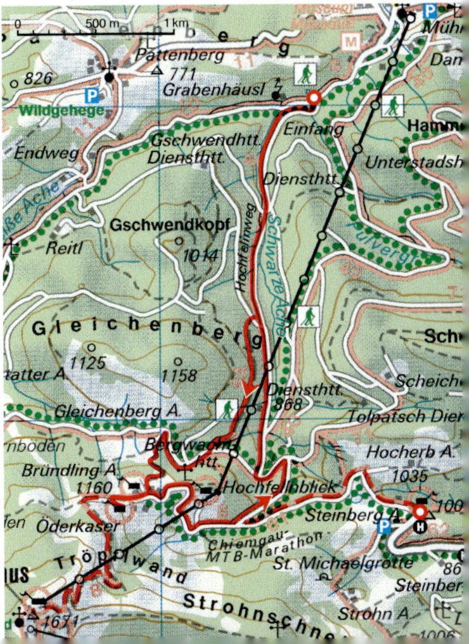

## 36 Höllloch und Engelstein-Westkamm, 930 m

**2.50 Std.**

### *Wo einst die wilden Fräulein hausten*

*»Engelstein heißt ein schöner Felsen mit zwei Spitzen, von welchen vor vier Jahren eine abgebrochen ist. In diesen Felsen sind tiefe Höhlen. Den Eingang in dieselben bildet eine tiefe abwärts gehende Höhle, welche man das Höllloch heißt. In diesen Höhlen wohnten, weiß die Sage, vor undenklichen Zeiten drei Fräulein, welche die 'wilden Frauen' genannt wurden.« So steht es in der 1848 erschienen Sagensammlung von Friedrich Panzer. Heute kann man dort Menschen antreffen, die den Engelstein als Kraftort empfinden. Abgesehen vom Abstecher zur mystischen Felsszenerie am Engelstein ist diese Tour eine problemlose Wanderung durch eine mittelgebirgsartige Landschaft am unmittelbaren Alpenrand – dank des dichten Waldkleides ideal für Sommertage.*

**Ausgangspunkt:** Kleine Parkfläche zwischen Klaus und Geißing (Hst. Bus 9508) neben holzgetäfeltem Schuppen (530 m) bei km 6,0 an der Straße TS 5 Bergen – Staudach (Navi: 83346 Bergen, Staudacher Str., 47.795768, 12.545248). Vom Bergener Ortsteil Anger (Hst. Bus 9508) führt ein alternativer Weg nach Pattenberg hinauf. Rückfahrt mit gleicher Buslinie vom Weiler Geißing.
**Höhenunterschied:** 480 m.
**Anforderungen:** Orientierungssinn, ansonsten ganz überwiegend problemlose Wege; die Schrofenzone am Westkamm erfordert jedoch Trittsicherheit und Felsgewandtheit (Tendenz zu »schwarz«).
**Einkehr:** Keine.
**Variante:** Von Bergen/Ortsteil Anger (Hst. Bus 9508) auf Weg 12 (Kirchwegerl) nach Pattenberg. Zurück mit Bus ab Geißing.

*Wer genau nach oben schaut, kann in der Durchgangshöhle Höllloch Fledermäuse entdecken.*

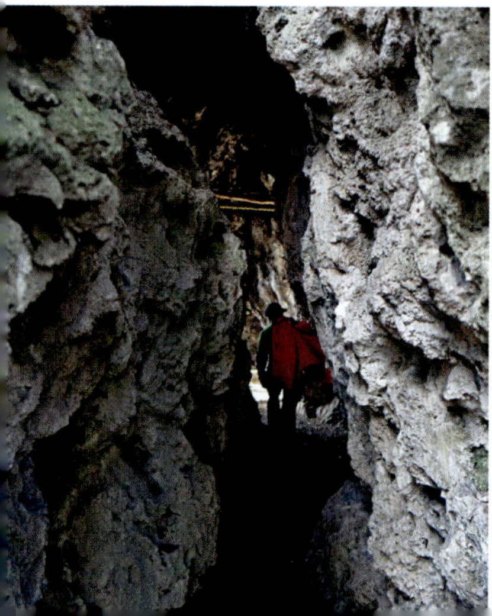

Südlich der Straße (530 m) setzt nach links ein unbeschilderter Waldweg an. Dem folgen wir schräg aufwärts. Abzweigungen ignorierend gelangen wir so zum Weiler **Pattenberg** (753 m).

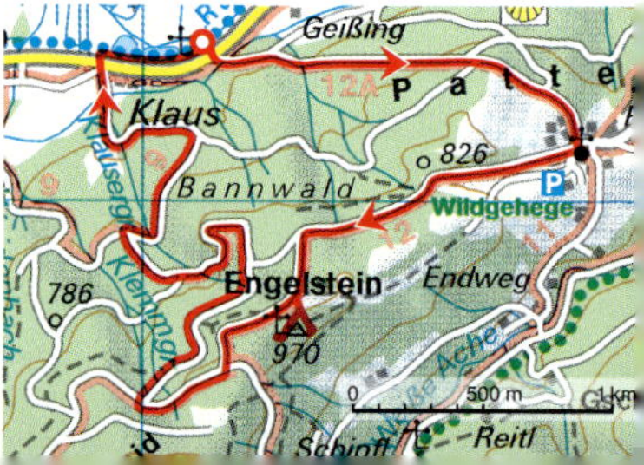

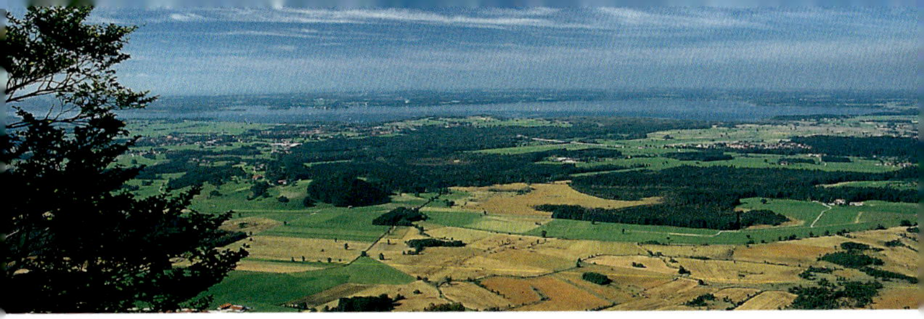

*Blick vom Engelstein-Westkamm übers Bergener Moos zum Chiemsee.*

Dort gehen wir nach rechts und passieren sanft ansteigend ein Wildgehege. Wieder im Wald, ignorieren wir mehrere Abzweigungen. Unser Forstweg schlängelt sich zu einer kleinen Lichtung. Dort verlassen wir den breiten Kiesweg auf einem beschilderten Pfad nach halb links. Unter dem steil aus dem Wald aufragenden Hauptstock des Engelsteins (dessen Besteigung gefährlich ist und hier nicht empfohlen wird) halten wir uns links und steuern die Ostseite der vorgelagerten Felsen an. Dort findet man mit etwas Gespür eine kurze, steinige Durchgangshöhle, das **Höllloch**; vom unteren Ende des Höhlengangs (910 m), einem komfortablen Platz über einem Abgrund, muss man wieder zurücksteigen und auf bekanntem Weg ein kurzes Stück bergabgehen. Will man seine Nase hier auch mal über die Baumwipfel hinausrecken, zweigt man rund 20 Meter unter dem Hauptstock links ab und steigt auf einem anfangs unscheinbaren, erdig-felsigen Steig zunehmend steil hinauf zu einer Nische westlich des hier senkrecht abfallenden Hauptgipfels. Über Gras und Schrofen kann man zu einem **Felszapfen** (ca. 930 m) im westlich anschließenden Nebenkamm kraxeln, neben dem man übers Bergener Moos auf den Chiemsee schauen kann (siehe Bild oben).
Nach vorsichtigem Abstieg zurück zum Hauptweg auf der Lichtung, folgen wir diesem nach links. Auf einem reizvollen Wanderweg geht es jetzt um den Westfuß des Engelsteins herum. Wo wir auf eine Forststraße treffen, folgen wir der nach rechts. Bei der nächsten Verzweigung gehen wir scharf rechts. Mit mäßigem Gefälle schlängelt sich die Forststraße durchs Einzugsgebiet des Klausgrabens. Nach einem ausgeprägten Linksbogen nehmen wir bei einer spitzwinkligen Verzweigung den rechten Weg. Bei der folgenden Verzweigung nehmen wir den scharf nach rechts abzweigenden Fahrweg (Wegweiser »Klaus«); er durchquert den Klausgraben und nach einer weiteren Schleife führt er neben dem Bach zum Weiler **Klaus**. Nach rechts am Rad-/Fußweg entlang der Straße in wenigen Minuten zurück zum **Ausgangspunkt** (400 m weiter in Weiler Geißing Hst. Bus 9508).

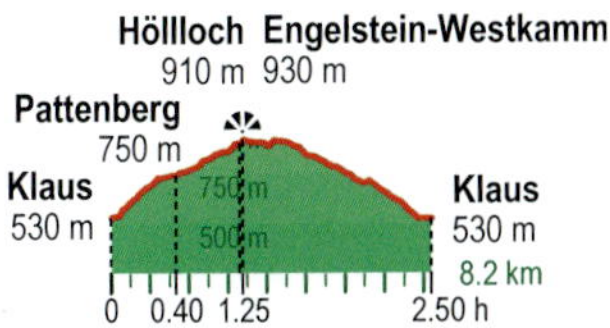

# 37 Durchs Achendelta

**1.45 Std.**

## *Das Schwemmland der Tiroler Achen – brettleben und wunderschön*

*Die Uraufnahme der bayerischen Landesvermessung 1807–1813 zeigt, dass ein Deltaarm der Tiroler Achen noch Anfang des 19. Jahrhunderts durch den heute trockenen westlichen Teil des Achendeltas floss und nahe der heutigen Nikolauskapelle mündete. Dort wandern wir durch das Wiesenbrütergebiet Lachsgang, in dem unter anderem Großer Brachvogel, Braunkehlchen, Bekassine, Wachtelkönig und Kiebitz vorkommen.*

**Ausgangspunkt:** Parkplätze beim Hafen Feldwies (520 m, Navi: 83236 Übersee, Julius-Exter-Promenade 15); Zufahrt von der Autobahnausfahrt Übersee auf die Nordseite der Autobahn, daran entlang Richtung Westen zum Hafen.
**Höhenunterschied:** Keiner.
**Anforderungen:** Flache Spazierwege.
**Einkehr:** Sonnenhof Seetal, Beach Bar Übersee, Sundowner Bar, Hotel Chiemgauhof, Parkers Café Bar, Seewirts Strandhaus.
**Tipps:** 1) Baum-Hochseilgarten Übersee (nahe Chiemgauhof), Tel. +49 8642 5955650. 2) Julius-Exter-Haus, Blumenweg 5, 83236 Übersee-Feldwies, Tel. +49 8642 895083, Di–So 17–19 Uhr, daneben das Wirtshaus d'Feldwies – ein Original!

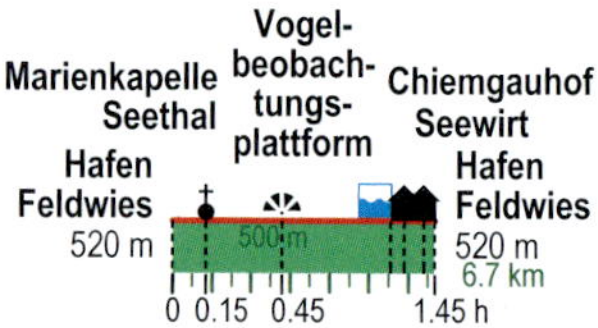


*Das Ufer nahe Seewirts Strandhaus. Blick auf Hochplatte und Kampenwand (rechts).*

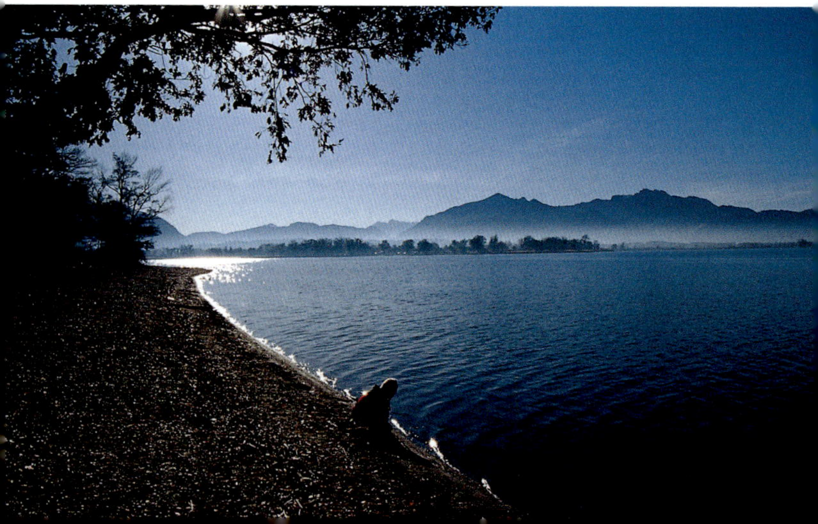

Am Nordrand des **Parkplatzes** rechts der Zufahrtsstraße folgen wir dem nach Osten führenden Weg, der uns über die Wiese leitet. Er mündet im Ort **Seethal** in eine Querstraße, der wir nach links folgen. Neben dem Haus Nr. 18 gehen rechts durchs Bett eines alten Deltaarms der Achen zu einer Marienkapelle; dort links. Beim Maibaum (von dort nach links auf Weg 01 Abstecher zum Sonnenhof möglich) halten wir uns rechts und passieren einige Bauernhöfe. Dann nicht weiter Richtung Neuwies, sondern mit der Radwegbeschilderung »Achental« nach links. Bei der nächsten Verzweigung gehen wir geradeaus nach Norden. Bald nach dem Hof Lachsgang zweigt nach rechts ein kurzer, lohnender Abstecher zur **Vogelbeobachtungsplattform Lachsgang** ab.

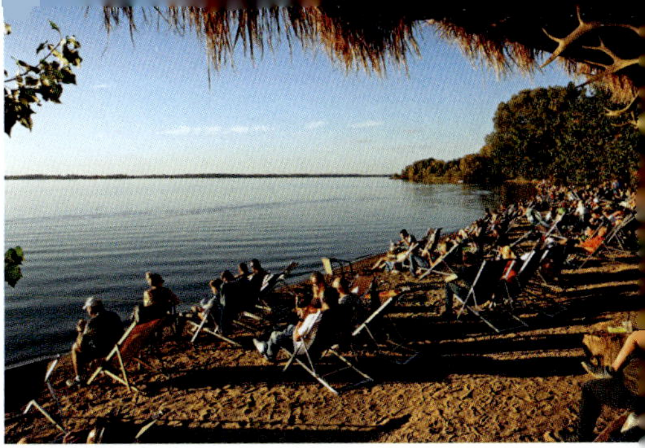

Sundowner am Chiemsee – Kult.

Dort sollte man sich Zeit nehmen, um die Infotafeln zu studieren und das Leben der Vögel zu beobachten. Blickt man nach Osten, sieht man das großteils bewaldete Achendelta – einige der wenigen Möglichkeiten es zu erleben; betreten darf man es nämlich wegen der geschützten Vogelwelt nicht. Wieder zurück auf dem Hauptweg, nehmen wir die ursprüngliche Gehrichtung wieder auf. Unser Weg wird bald schmäler und verläuft dann direkt am Ufer auf die **Landzunge** (»Nikolauszug«) hinaus, die vom früheren Deltaarm in den See geschüttet wurde. Von einem kleinen Nehrungshaken leitet ein wunderschöner seenaher Spazierweg wieder auf die Alpenkulisse zu. Zunächst am Wiesenbrütergebiet entlang, kommt man bald am Badegelände vorbei zur kultigen Sundowner-Meile (Beachbars mit groovender Musik, Sand und Liegestühlen). Der Chiemgauhof wird landseitig umgangen. Anschließend geht es erneut am Ufer weiter – wieder ein guter Platz, um den Sonnenuntergang zu genießen, bei Parkers Café Bar oder Seewirts Strandhaus auch verbunden mit einer Einkehr. Nicht weit davon wartet das Auto am **Parkplatz**.

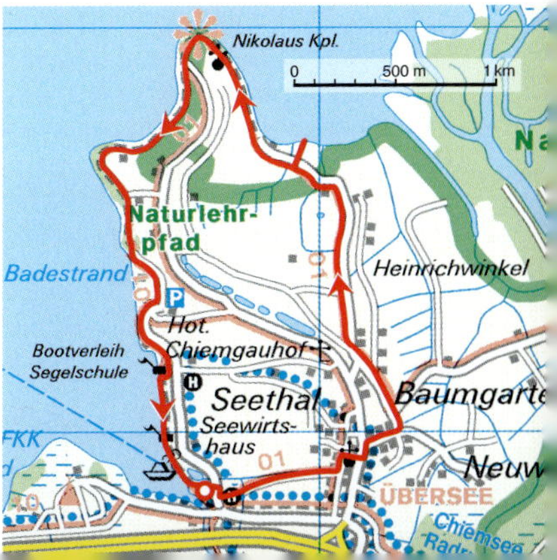

# 38 St. Peter und Paul auf dem Westerbuchberg, 604 m

**2.35 Std.**

## *Über einen aussichtsreichen »Inselberg«*

*Der Westerbuchberg ist einer der »Inselberge« im Schwemmland des Achentals (vgl. Tour 39). Oben erwartet uns eine aussichtsreiche Gaststätte und eine sehenswerte Kirche: St. Peter und Paul, ein ursprünglich mittelalterliches Gemäuer aus der Zeit um 1200. Um 1410 bekam es gotische Gewölbe sowie Fresken, die erst vor wenigen Jahrzehnten wieder freigelegt wurden.*

**Ausgangspunkt:** Übersee (527 m), Bhf. an der Strecke Rosenheim – Salzburg, Hst. der Ringlinie 9586. Parkplatz (Navi: 83236 Übersee, Bahnhofstraße 3) zwischen Kreisverkehr und VR-Bank südlich der Bahnlinie.
**Höhenunterschied:** 100 m.
**Anforderungen:** Keine.
**Einkehr:** Hinterwirt in Übersee, Alpenhof auf dem Westerbuchberg (600 m).

Parallel zu den Gleisen gehen wir nach Westen in einen kleinen Park. Bei der Eisenbahnbrücke kurz links und gleich danach auf einem Holzsteg über den Überseer Bach (Kneippanlage). Nun geradewegs zur Kirche, daran links vorbei und vor einem Trachtengeschäft rechts. Nach dem **Hinterwirt** an einer T-Kreuzung links und nach einer Gärtnerei nach rechts in die Hocherlacher Straße. Wo die Wessener Straße halb rechts abzweigt, bleiben wir auf der Hocherlacher Straße (halb links). 80 m weiter folgen wir der Hadergasse geradeaus bergauf. Gegenüber des Anwesens Hadergasse 35 führt ein Pfad an einer Hecke entlang aufwärts zu einem Zufahrtsweg. Dem folgen wir nach links. So treffen wir auf eine Straße, entlang der wir nach rechts zum **Alpenhof** spazieren (der mit seiner aussichtsreichen Gastterrasse zur Einkehr lockt). Ein Stück weiter steht die äußerlich unscheinbare, aber sehr sehenswerte Kirche **St. Peter und Paul** (604 m).
Auf dem Asphaltsträßchen unter der Kirche wandern wir weiter nach Westen. Ein Weg, der gegenüber einem Geräteschuppen spitzwinklig abzweigt, bleibt links liegen. Wo das bergabführende Asphaltsträßchen eine Rechtskurve beschreibt, gehen wir geradeaus auf einen Kiesweg (Nr. 21, Wegweiser »Jakobsweg«) und gelangen so zu einem Brotzeittisch. Nach einer kur-

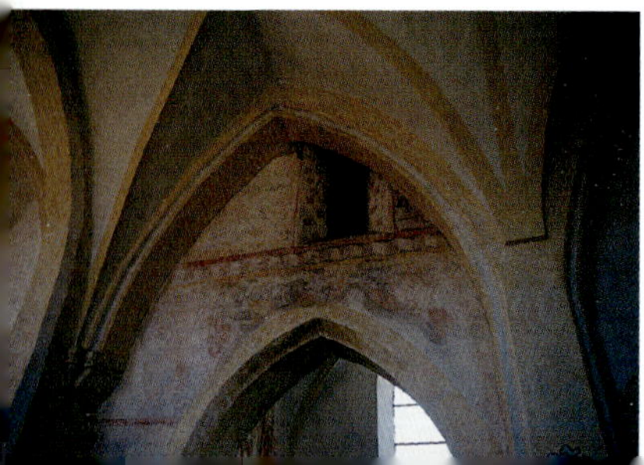

*Verschachtelt: zwei Baugenerationen in der Kirche St. Peter und Paul.*

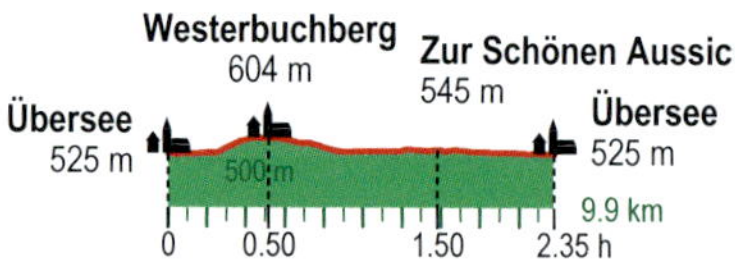

zen Steigung geht es dann im Wald leicht bergab zu einer Verzweigung, an der wir nach links hinab gehen. Auch bei der nächsten Verzweigung geht es nach links, ebenso bei der T-Verzweigung unten auf der Wiese. Nun wandern wir längere Zeit auf dem Hauptweg Richtung Übersee. Wo wir aus dem Wald herauskommen, ignorieren wir eine Abzweigung nach links. Bei einem Haus treffen wir auf einen Fahrweg, dem wir nach rechts folgen. Bald macht der Hauptweg einen Rechtsbogen; dort halten wir uns links und bleiben am Hangfuß. Schließlich geht es kurz hinauf zum **Gasthof zur Schönen Aussicht** (keine Einkehr mehr), über die Straße, auf dem gegenüber ansetzenden Fußweg hinab und wieder am Hangfuß entlang – wobei es neben einem Bauernhof kurz bergauf geht. Vor einer **Tennisanlage** folgen wir der Straße nach rechts, überqueren die Hauptstraße geradewegs (Richtung Stegen und Aumühle) und biegen dann nach links in den Alberer Weg ab. Bei einer großen Buche gehen wir links. Vor einem alten Bauernhaus mit hölzernem erstem Stock lohnt sich ein kurzer Abstecher nach links zum romantischen **Überseer Bach**. Weiter auf dem Alberer Weg und links in die Wolferstraße, kommen wir zurück zum **Parkplatz** bzw. zum **Bahnhof** östlich davon.

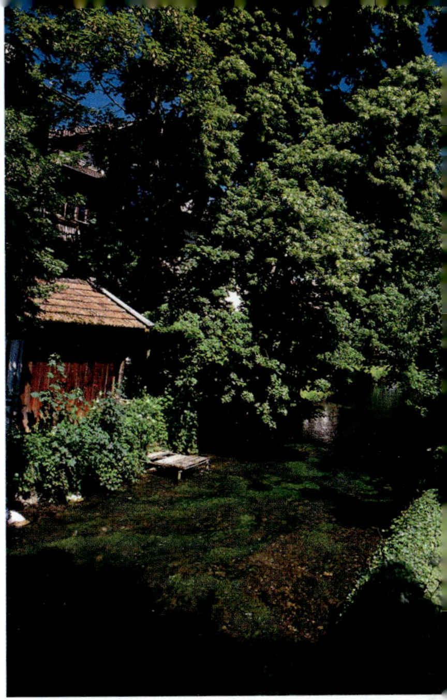

*Idyllische »Fleckerl« mitten im Ort: am Überseer Bach.*

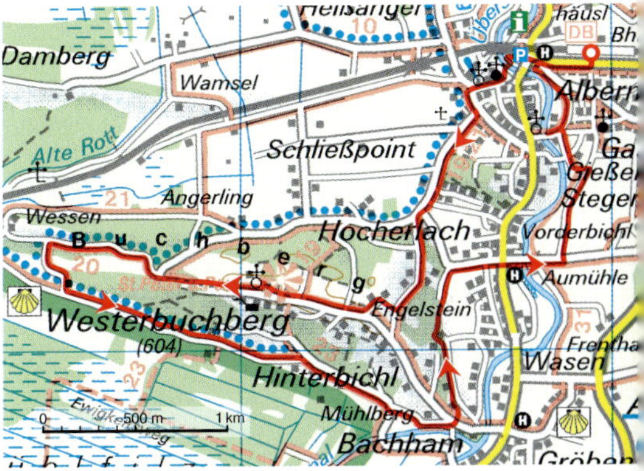

# 39 Egerndacher Filzen und Osterbuchberg, 590 m

**2.45 Std.**

### *Naturerleben in einem kaum bekannten Moor*

*Nachdem am Ende der letzten Eiszeit der Chiemseegletscher abgeschmolzen war, füllte sich sein Zungenbecken mit Wasser – das Südufer dieses neuen Sees lag direkt am Alpenrand. Davor ragten aus den Fluten noch zwei Sandsteininseln, die der Erosionskraft des Gletschers widerstanden – heute bekannt als Wester- und Osterbuchberg. Der Seebereich um diese Inseln herum ist mittlerweile verlandet, zum einen durch die Sedimentmassen der Tiroler Achen, zum anderen durch die Moorbildung. Welch urtümliche Natur dabei entstand, kann man besonders schön in den Egerndacher Filzen erleben.*

**Ausgangspunkt:** Staudach-Egerndach, Hst. Bus 9508, Parkplatz in Egerndach (535 m) beim Gasthof »Zum Ott« (Navi: 83224 Staudach-Egerndach, Egerndach 4); Zufahrt: Am östlichen Ortsrand von Staudach nach Norden abbiegen, in Egerndach zwischen Wirt (Schnappenkeller) und Metzgerei durchfahren.
**Höhenunterschied:** 70 m.
**Anforderungen:** Keine.
**Einkehr:** Unterwegs keine, am Ausgangspunkt Gasthof »Zum Ott«.

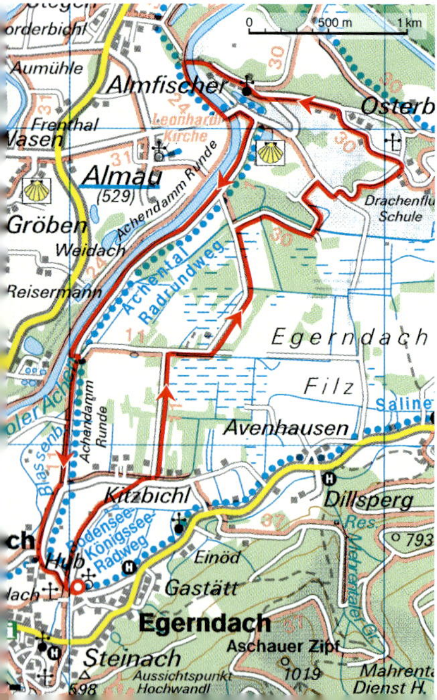


Neben der Westseite des **Parkplatzes** folgen wir dem kleineren Sträßchen, das mit »Moorrundweg 11« beschildert ist. Nach einem Schafstall treffen wir auf einen Kiesweg mit begleitendem Kanal. Darauf gehen wir wenige Meter nach rechts, um dann auf dem gegenüber ansetzenden Moorrundweg 11 geradewegs in die Filzen vorzudringen. Nach einem Brückerl und einem oft nassen Wegstück folgen wir einem querenden Kiesweg nach rechts (Wegweiser »Großer Moorrundweg«) und halten uns bei der nächsten Verzweigung links. Bald taucht links – bei der **Erlebnispfad-Sta-**

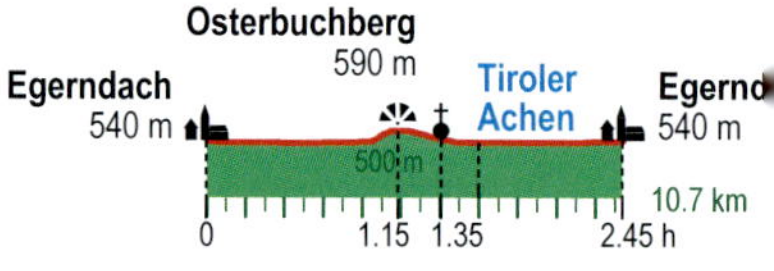

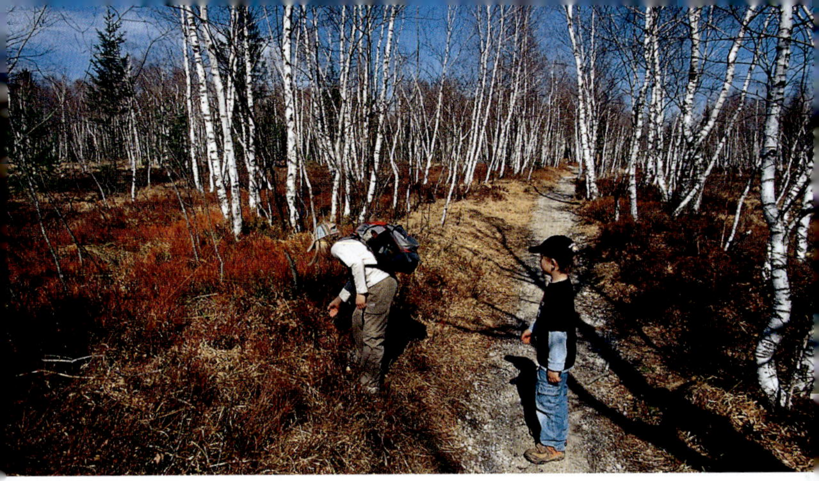

*Da gibt es viel zu entdecken – Moorwanderung in den Egerndacher Filzen.*

**tion 5** – etwas abseits eine kleine Hütte auf, hinter der ein kleines Moorbad für die Füße angelegt ist. Zurück auf dem Hauptweg, nehmen wir die ursprünglichen Gehrichtung wieder auf. Nach der **Station »Ameisenpfad«** trifft man auf eine Brücke, die bis max. 16 t freigegeben ist – auch wenn wir nicht so viel auf die Waage bringen, zweigen wir unmittelbar davor rechts ab und wandern an einem Kanal entlang. Nach einer Waldpassage öffnet sich links ein erster guter Blick auf den Osterbuchberg; dort gehen wir nach links über eine Brücke und folgen einem Linksbogen. Bei der nächsten Verzweigung geht es nach rechts, ebenso am Fuße des Osterbuchbergs. Gleich darauf folgen wir dem Fahrweg, der sich nach links über den Südhang des **Osterbuchbergs** hinaufschlängelt. Oben halten wir uns links und wandern auf einem Sträßchen nach Westen. Eine Linkskehre der Straße ignorieren wir und gehen geradeaus weiter. Auch bei der Kapelle halten wir die Grundrichtung bei. Am Hennenbichl passieren wir einige Häuser, steigen hinab zur **Tiroler Achen** und überqueren sie auf einer Fußgängerbrücke.
Auf der anderen Seite nach links, wandern nun am Damm Richtung Süden – wobei wir bei der folgenden Straßenbrücke die Flussseite wechseln. Eine mit »Großer Moorrundweg« ausgeschildete Linksabzweigung wird ignoriert. Erst 1,4 km weiter verlassen wir den Damm mit dem Wegweiser »Staudach« nach links; 15 m weiter gibt der Wegweiser zum Gasthof Ott den rechten Weg vor. Wo ein weiterer, mit »Moorrundweg« beschilderter Weg nach links zu unserer Anmarschroute hinüberleitet, folgen wir dem Weg 11 Richtung Egerndach geradeaus. Bald nach einer Infohütte trifft der Weg auf ein Quersträßchen, das nach links zum Ausgangpunkt beim **Gasthof Ott** zurückführt.

# 40 Staudacher Alm, 1142 m

3.15 Std.

**Schattige Rundtour über die aussichtsreiche Schnappenkirche**

*Wer an einem heißen Sommertag eine Almwanderung machen will, ist hier genau richtig. Wald, darunter viel reizvoller Laub- und Mischwald, beschattet fast die gesamte Strecke. Trotzdem hat man eine grandiose Aussicht auf den Chiemsee, wenn man sich vor dem ersten Ziel dieser Tour niederlässt – der 1637 erbauten, dem heiligen Wolfgang geweihten Schnappenkirche. Bei der Einkehr vor der kleinen Staudacher Alm kann man dann den Blick über die steilen Nordseiten von Hochgern und Zwölferspitz schweifen lassen.*

**Ausgangspunkt:** Parkplatz Mühlwinkl (580 m, Navi: 83224 Staudach-Egerndach, Hochgernstraße 31) im Süden von Staudach (548 m, Hst. Bus 9508 Marquartstein – Siegsdorf); Zufahrt von der Marquartsteiner Straße der Beschilderung zum Gasthof Mühlwinkl folgend nach Südosten in die Hochgernstraße und zum Holzplatz; in einem Rechtsbogen darüber hinweg zum Parkplatz.
**Höhenunterschied:** 630 m.
**Anforderungen:** Bergwege, durch stellenweise steiles Waldgelände – Vorsicht bei Nässe!
**Einkehr:** Staudacher Alm (1142 m), am Ausgangspunkt Gasthof Mühlwinkl.

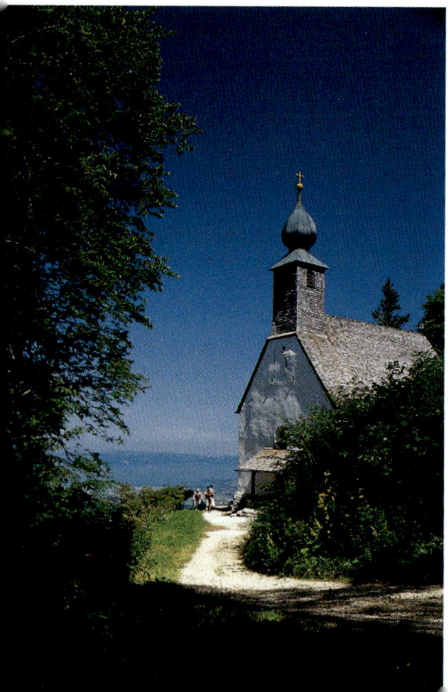

Auf dem beschilderten Kiessträßchen gehen wir bergauf zu einer ersten Verzweigung; dort links. Bei der nächsten Verzweigung folgen wir dem Wegweiser zur Schnappenkirche scharf nach rechts auf einen Fahrweg. Dieser wird im Verlauf immer schmäler und mutiert schließlich zu einem schmalen Bergpfad, der sich durch richtig steiles, an einigen Stellen sogar etwas abschüssiges Bergwaldgelände hinaufschlängelt. Bei einer Hangquerung verliert der Weg noch etwas an Höhe, bevor er direkt zur **Schnappenkirche** (1100 m) leitet. Den breiten Weg, der von der anderen Seite heraufkommt, verlassen wir nach wenigen Metern nach links. Ein Bergweg führt nun sanft ansteigend

*Die Schnappenkirche.*

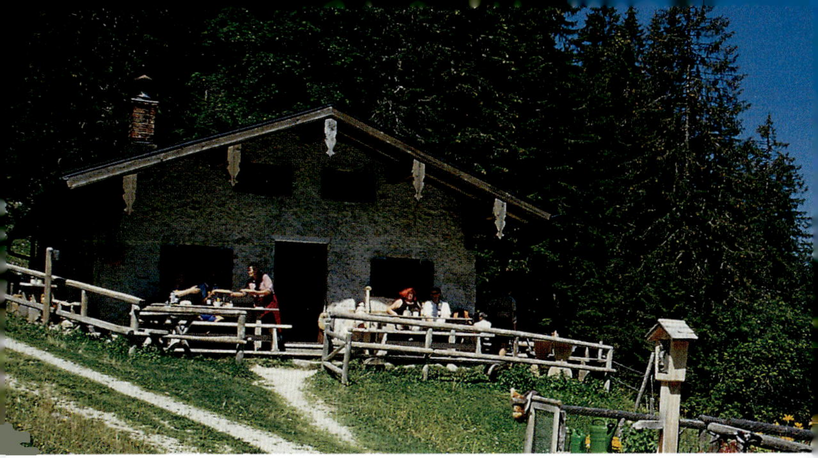

*Eine gemütliche Einkehr: die kleine Staudacher Alm.*

zu einem **Wiesensattel** (1194 m) und quert dann zu einem Kiessträßchen. Darauf nach rechts ist in wenigen Minuten die **Staudacher Alm** (1142 m) erreicht.

Beim Abstieg gehen wir von der Verzweigung vor der Hütte auf zunächst unscheinbarem Wiesenpfad geradewegs bergab. Im Wald ist der Weg dann eindeutig und trifft bald auf ein Kiessträßchen, dem wir ohne großen Höhenverlust nach rechts folgen. Nach zwei Brücken zweigt ein schmälerer Weg nach links ab. Der leitet am rauschenden **Alplbach** entlang – mit einigen Seitenwechseln – zurück zum Ausgangspunkt beim **Gasthof Mühlwinkl**.

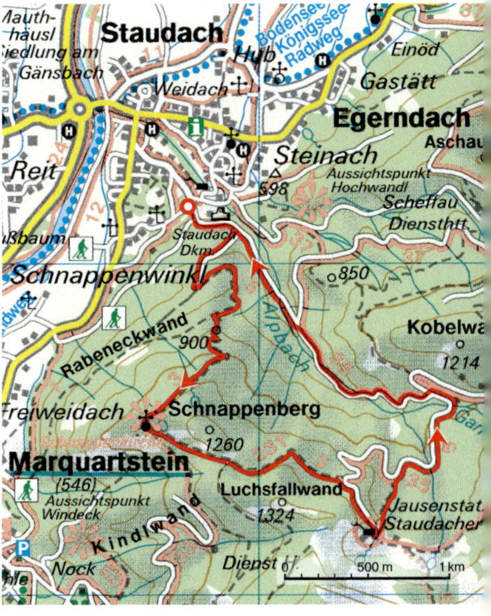


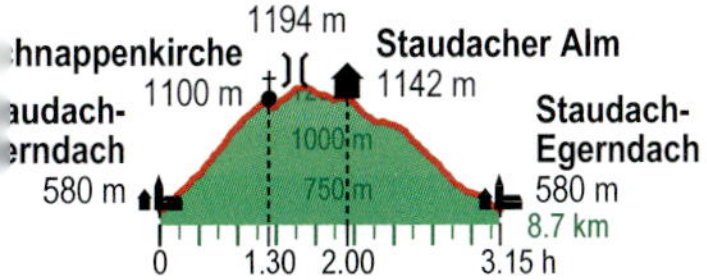

# 41 Zwölferspitz, 1633 m

5.15 Std.

***Alpines Kraxelabenteuer an schroffem Alpenrandgipfel***

*Westlich vom allseits bekannten und gern begangenen Hochgern ragt ein Nebengipfel auf, der viel spektakulärer geformt ist, dessen Namen aber kaum jemand kennt: der Zwölferspitz. Auf seinen Gipfel führt kein beschilderter Wanderweg und das ist auch gut so. Denn direkt neben dem höchsten Punkt fällt unvermittelt die senkrechte Nordwand ab und auch auf den Steigspuren dorthin muss man sich stellenweise ernstzunehmender Absturzgefahr bewusst sein – also wirklich kein Gelände für unerfahrene Wanderer, aber umso reizvoller für alpin erfahrene Bergsteiger mit gutem Gespür für einsame Pfade.*

*Dieses Felsgesicht unter dem Hochlerch schaut hinab ins Achental.*

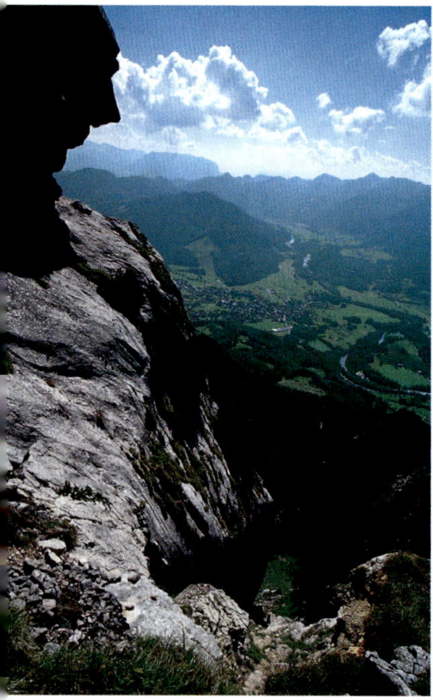

**Ausgangspunkt:** Marquartstein, Hst. der Buslinien 9505, 9508 und 9509; Wanderparkplatz (625 m, Navi: 83250 Marquartstein, Burgstraße 20) am östlichen Ortsrand. Zufahrt: Von Grassau kommend von der Durchgangsstraße gleich nach der VR-Bank links ab Richtung Alt-Marquartstein; nach der Achenbrücke rechts, bei der nächsten Verzweigung geradeaus in die Burgstraße und bergan zum Wald.
**Höhenunterschied:** 1100 m.
**Anforderungen:** Bergerfahrung, alpinistische Selbstständigkeit, Pfadfindergeist und Sicherheit in unmarkiertem, teils weglosem und abschüssigem Schrofengelände (teils Schwierigkeitsgrad I)! Nicht bei Nässe gehen!
**Einkehr:** Staudacher Alm (1142 m), Hochgernhaus (1461 m), Enzianhütte (1420 m), Moaralm (1410 m), Agergschwendtalm (1040 m).
**Variante:** Runde über den Hochgern (1744 m), ab Staudacher Alm auf beschilderten, teils steilen Bergpfaden, deutlich leichter (»rot«), knapp 1 Std. länger.

Wir starten auf dem anfangs befestigten Sträßchen, das in gerader Verlängerung der **Burgstraße** berganführt. Eine letzte Parkfläche wird geradeaus passiert, bald darauf folgen wir bei Verzweigungen jeweils den Wegweisern »Schnappen/Staudacher Alm«. Wo der Weg eine breite Forststraßenkurve tangiert, geht es geradeaus auf einem Karrenweg weiter zu einer Verzweigung; dort den beschilderten Weg zum Aussichtspunkt Windeck ignorieren. Unser Weg schlängelt sich mäßig ansteigend durch Bergwald hinauf und quert dann zur Schnappenkirche (1100 m).

Auf dem Anstiegsweg gehen wir kurz zurück und zweigen nach wenigen Metern nach oben ab. Ein Bergweg führt nun sanft ansteigend zu einem **Wiesensattel** (1194 m) und quert dann zu einem Kiessträßchen. Darauf nach rechts, kommt man zur **Staudacher Alm** (1142 m).

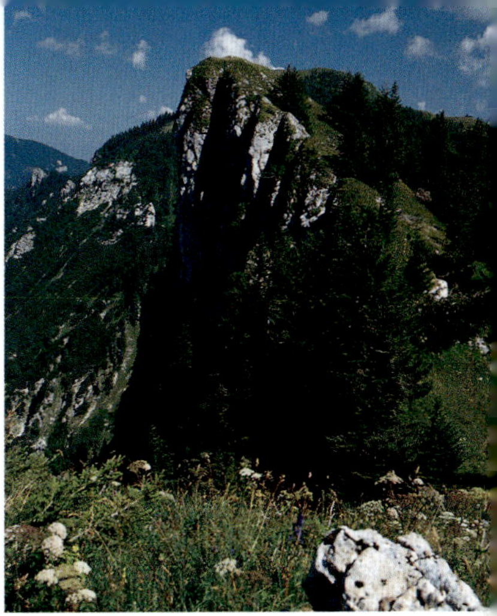

*Zwölferspitz vom westlichen Vorgipfel.*

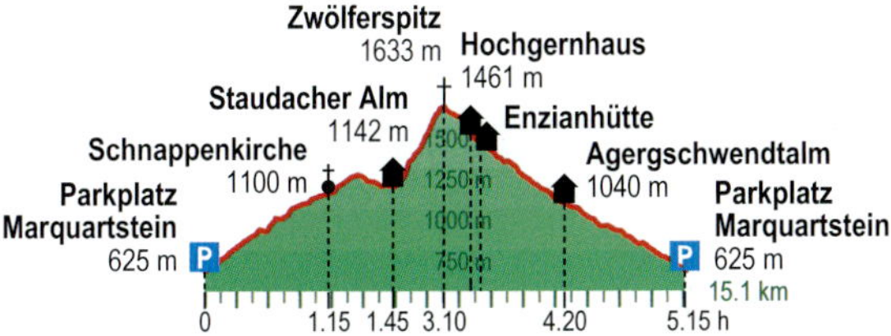


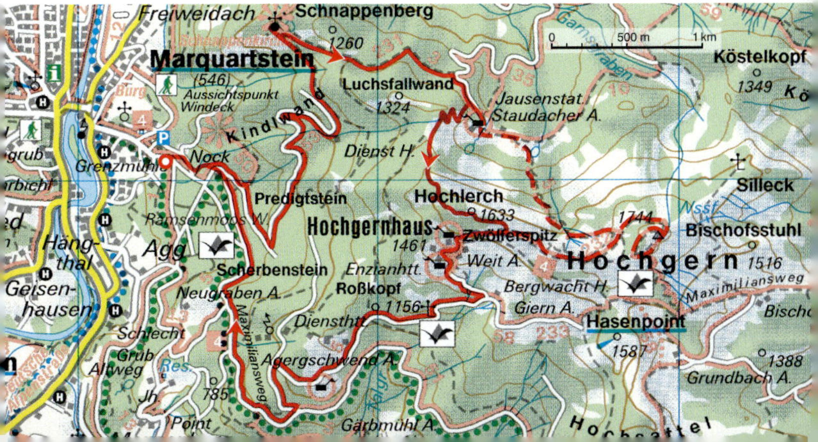

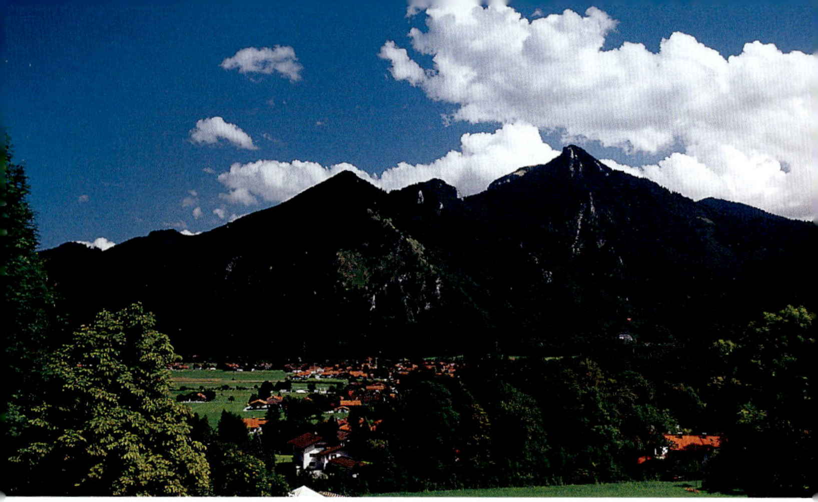

*Blick von Westen auf den Hochlerch (rechts), der dem Zwölferspitz vorgelagert ist.*

Kurz vor dieser Einkehrmöglichkeit zweigt am Waldrand unbeschildert unsere Route nach rechts ab, führt auf eine kleine Hütte zu und windet sich in Serpentinen über einen Wiesenhang hinauf. Oben folgen wir dem Geländerücken nach links – vorübergehend weglos, im Wald dann auf einem Pfad, der meist knapp rechts der Kammhöhe verläuft. Der Steig wird zunehmend steil und überwindet kurze Felsstufen. Vor einem Felsbauch – dort öffnet sich ein eindrucksvoller Blick ins Achental – weicht man nach links aus und gewinnt über erdige Schrofen bald darauf einen grasigen Grat. Auf diesem nach rechts, kommt man auf Steigspuren zum aussichtsreichen **Hochlerchkreuz** (1561 m). Am Grat zurück, leitet ein loses Seil über eine geneigte Felsplatte. Bald überschreitet man einen grasbewachsenen Vorgipfel und erreicht kurz darauf auf Trittspuren den Gipfel des **Zwölferspitz** (1633 m) – direkt über dem senkrechten Felsabbruch der Nordseite.
Nach der Gipfelrast steigt man auf schrofigem Pfad Richtung Osten – rechts des Grats – steil hinab und durchquert ein kleines Waldstück. Zwischen Abgrund und Zaun quert man vorsichtig zum breiten Hochgernweg (außerhalb der Weidezeit kann man nach rechts hinab abkürzen). Darauf nach rechts ist es nicht mehr weit zum **Hochgernhaus** (1461 m). Auf dessen Versorgungsweg geht es wieder ins Tal. Dabei kommt man gleich mal an weiteren Einkehrverlockungen vorbei, der **Enzianhütte** und der benachbarten **Moaralm**. Bald nach der **Agergschwendtalm** (1040 m) kann man statt dem Kiessträßchen vorübergehend unbeschilderte Abkürzungspfade benutzen (weiter unten nicht scharf nach links!), um zum **Parkplatz** zurückzukehren.

3.00 Std.

# Gscheurerwand, 1106 m, und Streichenkapelle

42

## Ein Berg mit zwei Gesichtern

*Auf der Höhe von Schleching wird das Tal der Tiroler Achen im Osten von nur mäßig hohen Bergen begrenzt. Der auffälligste Punkt dieser Landschaft, die Gscheu(r)erwand, liegt ganz am Rand zum Achental und fällt mit dementsprechend steilen Schrofenflanken zum Fluss hin ab. Oben fühlt man sich somit wie auf einem richtigen Alpengipfel, ansonsten schlendert man überwiegend durch eine Mittelgebirgslandschaft, die sich mit ihrem Waldkleid auch für heiße Tage anbietet. Kurz vor dem Ende der Tour überrascht die um 1300 erbaute Streichenkapelle St. Servatius mit ihren prächtigen Fresken und einem Kastenaltar aus der Zeit um 1400.*

**Ausgangspunkt:** Parkplatz (720 m, Navi: 83259 Schleching; 47.709134, 12.404485) zwischen Achberg und Streichenkapelle. Vom Chiemsee kommend durch Marquartstein, dann rechts ab Richtung Kössen; nach Schleching und Wagrain am Fuß einer Steigungsstrecke links hinauf Richtung Achberg; wo die Teerstraße nach links zum Weiler Achberg abbiegt, kurz dem Schottersträßchen nach rechts folgen.

**Höhenunterschied:** 440 m.

**Anforderungen:** Unproblematische Wanderung auf Forststraßen und Wanderwegen; Vorsicht jedoch vor der Rastbank am exponierten Gipfel – Absturzgefahr!

**Einkehr:** Berggasthof Streichen (795 m), z. Zt. geschlossen, Wiedereröffnung evtl. 2024, Info unter Tel. +49 8649 265).

*Die Streichenkapelle – eine der bedeutendsten Chiemgauer Sehenswürdigkeiten.*

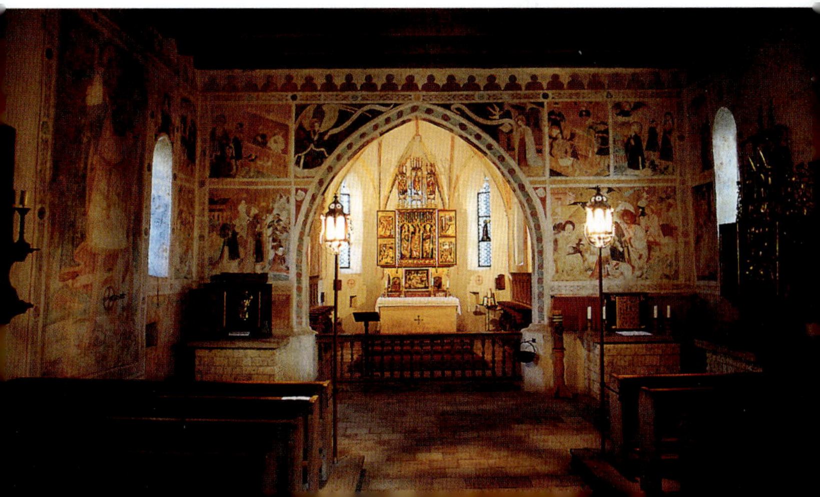

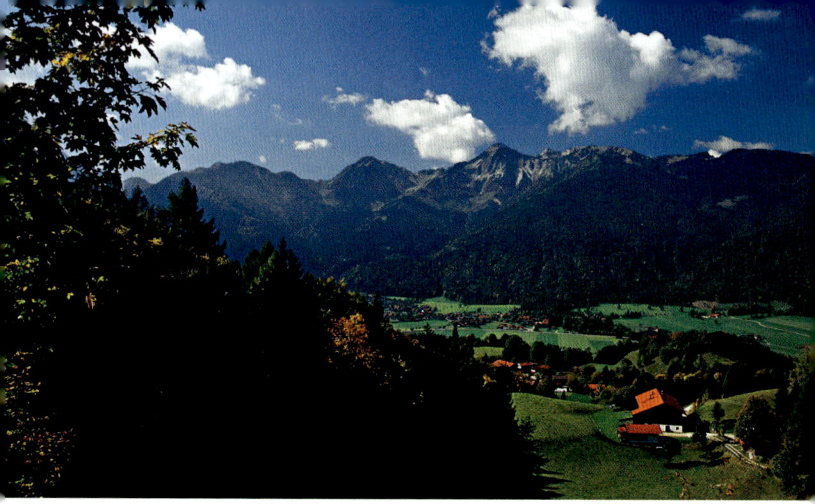

*Am Anstiegsweg – Blick über Achberg und das Achental zum Geigelstein.*

Auf dem links berganführenden Forstweg 94 starten wir und folgen ihm auch im weiteren, auf eine lange Strecke hangquerenden Verlauf – Abzweigungen bleiben also unberücksichtigt. Wo der Fahrweg dann an einem Lager- und **Wendeplatz** (950 m) endet, setzen wir den Weg auf einem Fußpfad nach rechts hinauf fort. Nach einem etwas steileren Wegabschnitt gelangt man auf 1020 m Höhe wieder auf eine Kiesstraße. Der folgen wir nach links, bis ein beschilderter Waldpfad die wenigen Meter zum links oberhalb gelegenen Gipfel der **Gscheurerwand** (1106 m, auch »Gscheuerwand«) überwin-

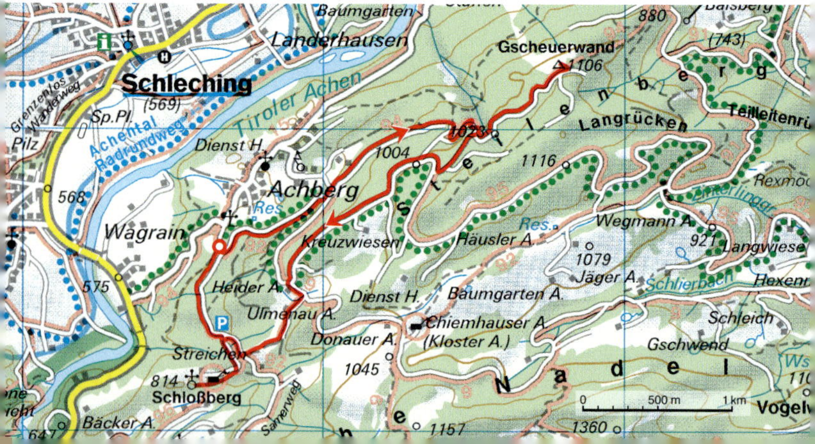

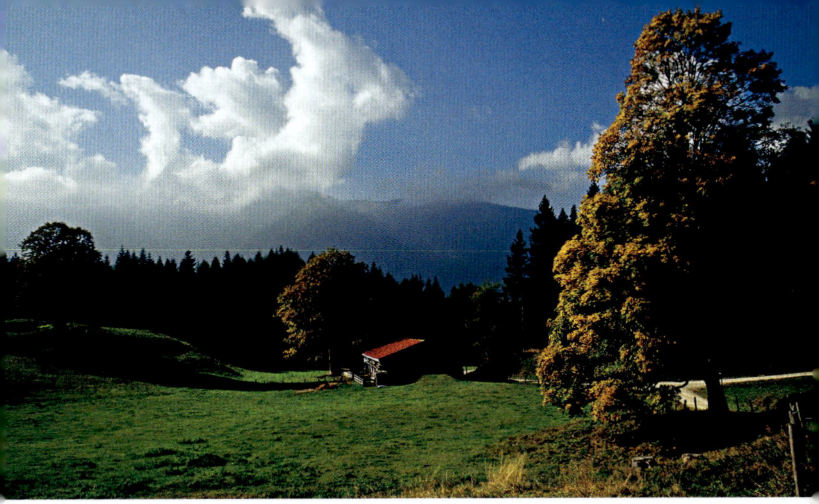

*Die Haideralm (auch Heideralm) nahe dem Weg vom Gipfel zur Streichenkapelle.*

det; schon kurz davor zweigt eine unbeschilderte Pfadspur ab, die entlang der labilen Abbruchkante zum Gipfel führt – nicht empfehlenswert!. Oben wartet eine aussichtsreiche Rastbank – ein schöner Platz für eine gemütlichen Brotzeit. Aber Vorsicht mit Kindern: Direkt davor befindet sich eine ungesicherte Abbruchkante über abschüssigem Schrofengelände.
Am Anstiegsweg gehen wir wieder hinunter zur Forststraße und nach rechts auf die schon bekannte Strecke. Den Fußweg, auf dem wir gekommen sind, ignorieren wir dann jedoch und bleiben auf der Forststraße. Bei einer großen Verzweigung halten wir uns rechts und folgen bald darauf einem Linksbogen. Eine erste Lichtung passieren wir und bleiben auf der Forststraße im Wald. Bei der zweiten Lichtung gehen wir bei einer großen Verzweigung (970 m) kurz vor der Hütte der **Haideralm** links. Gleich darauf folgen wir dem rechts abzweigenden Wanderweg. Der leitet zu einem Sträßchen hinab, auf dem wir nach rechts hinab gehen – aber nur kurz, denn gleich darauf zweigen wir links ab und wandern auf dem Zufahrtssträßchen zum Gasthaus Streichen. Auch wenn die Einkehr dort derzeit nicht möglich ist, der Weg lohnt sich auch für die Besichtigung der oberhalb gelegenen **Streichenkapelle** (814 m) mit ihrer einmaligen Innenausstattung. Das gekieste Zufahrtssträßchen führt schließlich zurück zum **Ausgangspunkt**.

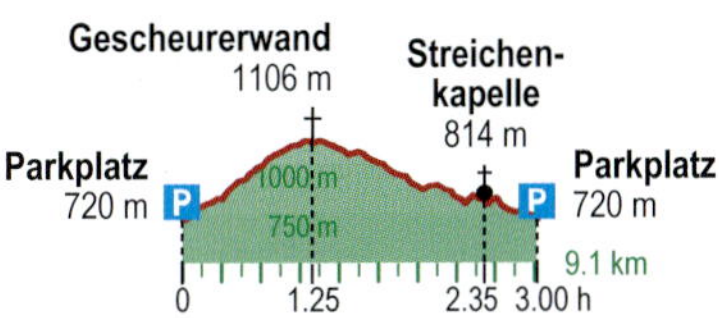

# 43 Bergwalderlebnisweg um den Staffen, bis 1200 m

**4.00 Std.**

## *Über Zeppelinhöhe, Staffn- und Hefteralm*

*Westlich über Grassau und Niedernfels erstreckt sich eine liebliche Almlandschaft – ideal für eine gemütliche Wanderrunde. Die hier vorgestellte Route folgt dem abwechslungsreich und informativ gestalteten Bergwalderlebnisweg um den Staffen und passiert zudem zwei empfehlenswerte Einkehrmöglichkeiten: die aussichtsreiche Staffnalm und die romantisch gelegene Hefteralm. Diese wurde schon um das Jahr 1100 erstmals erwähnt und gehörte ursprünglich dem Bistum Salzburg. Das heutige Almgebäude stammt aus dem Jahr 1831.*

**Ausgangspunkt:** Grassau-Kucheln, Sträßchen Richtung Strehtrumpf, mehrere Parkmöglichkeiten (ab 570 m) nach dem Bergbadstüberl. Zufahrt: von Bernau kommend nach dem Peugeot-Händler rechts in das Sträßchen »Hinterm Bichl«. Die Weiterfahrt zum ehemaligen Gasthof Strehtrumpf (Navi: 83224 Grassau, Strehtrumpf 1) ist z. Zt. geduldet (dort Spendenkasse fürs Parken). In Grassau Bushaltestellen der Linien 9505 (Reit im Winkl – Prien) und 9586 (Chiemsee-Ringlinie).

*Kraxelabenteuer an der Staffenrunde.*

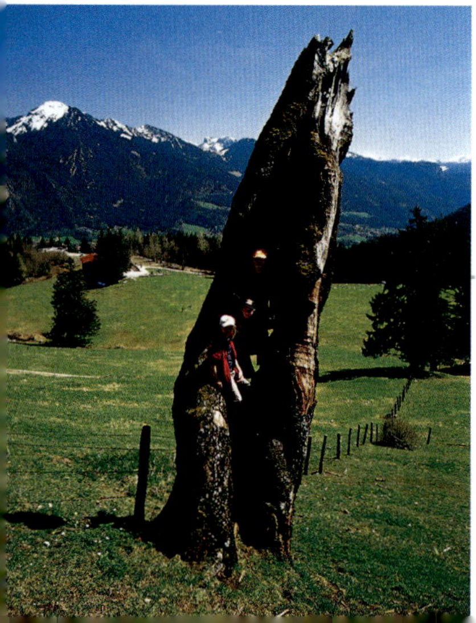

**Höhenunterschied:** 680 m.
**Anforderungen:** Problemlose Wanderung auf Bergwegen und Almsträßchen.
**Einkehr:** Staffnalm (1085 m), Hefteralm (920 m), Bergbadstüberl (550 m) knapp unter dem Ausgangspunkt.
**Varianten:** 1) Kurz nach dem ehemaligen Gh. Strehtrumpf der Abzweigung »Zum Pelzenkaser« folgend durch steilen Wald hinauf zur Pelzenalm (871 m), dann relativ flach weiter zu einer T-Kreuzung; dort rechts zur Hefteralm, Abstieg wie Haupttour (1.30 Std. für die ganze Runde). 2) Der Staffenrundweg alleine erfordert nur gut 1 Std. (reine Gehzeit, für die Stationen am Weg lohnt es sich die doppelte Zeit einzuplanen), wenn man berg- und talwärts mit der Hochplattenbahn fährt (Sessellift, Tel. +49 8641 7216, Talstation in Niedernfels – beschilderte Zufahrt von Marquartstein, dort neben dem Rathaus in die Loitshauser Str. abbiegen).

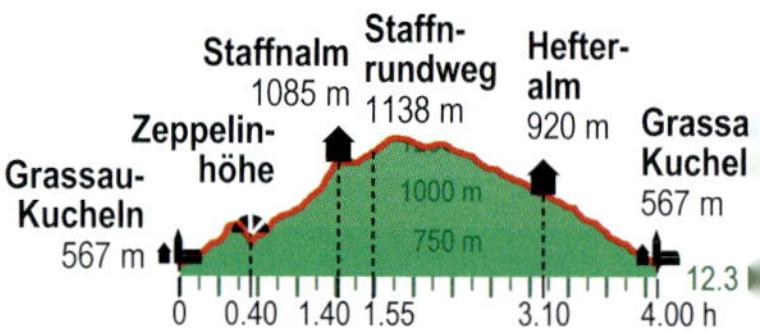

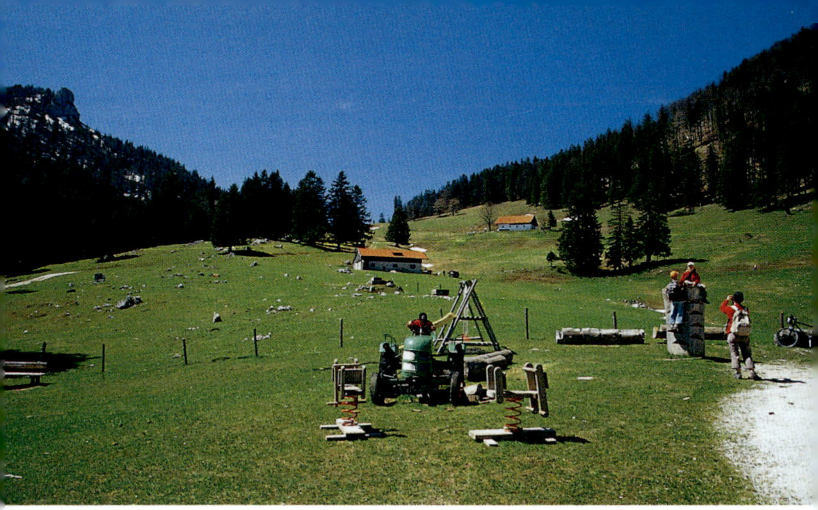

*Am Spielplatz vor der Staffnalm. Links im Hintergrund der Friedenrath.*

Ein schmales Bergsträßchen führt zum ehemaligen Gasthaus **Strehtrumpf** (680 m). Beim Wegweiser-»Baum« zweigen wir scharf nach links auf den Wanderweg zur Staffnalm ab. Im Wald ignorieren wir die Abzweigungen »Zum Pelzenkaser« (rechts, Variante) sowie »Torgraben, Grassau« (links) und folgen dem hangquerenden Weg. Wo dieser nach rechts umbiegt, zweigt nach links über eine strauchbewachsene Lichtung der unbeschilderte Abstecher zur **Zeppelinhöhe** (760 m) ab.

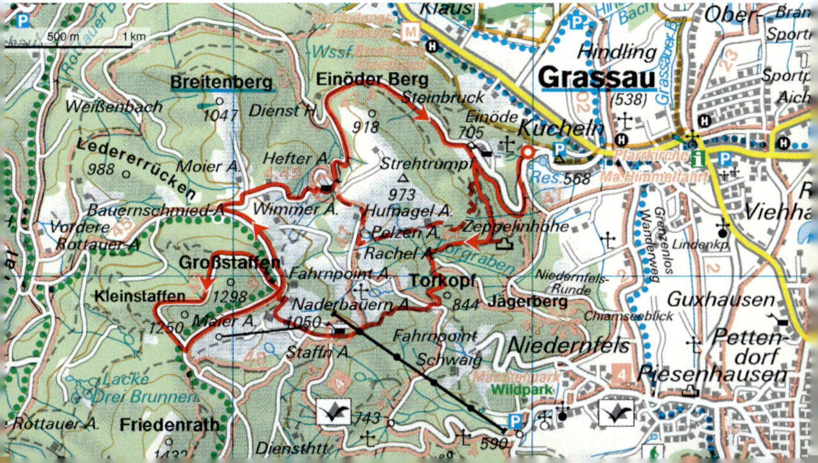

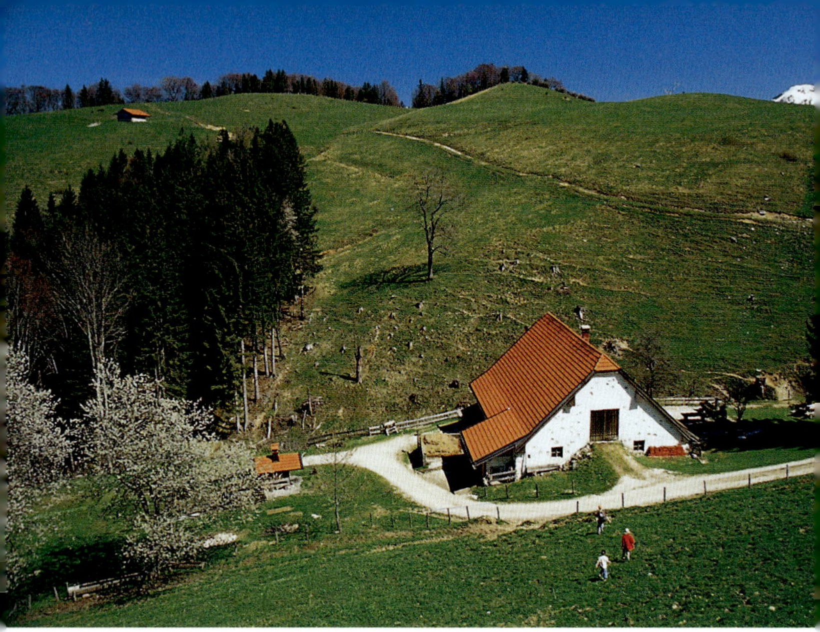

*Eine gemütliche Einkehr: die Hefteralm. Links im Bild der Brotbackofen.*

Zurück am Weg, queren wir in den Torgraben. Gleich nach dem Bach zweigt unser Weg nach halb rechts ab. Wo wir auf eine Forststraße treffen, folgen wir dieser nach rechts und zweigen 100 m weiter nach links auf den nicht sonderlich auffälligen Bergpfad ab, der zielstrebig den restlichen Höhenunterschied zur **Staffnalm** (1085 m) überwindet.

Ab hier folgen wir dem Bergwalderlebnisweg Staffen mit seinen rund 20 Stationen zum Spielen und Erforschen, zum Ausruhen und Genießen. Dazu erfährt man am Weg viel Wissenswertes über die Natur. Der Weg leitet zunächst über einen Hang hinauf zu einer Forststraße. An dieser setzt der Rundweg um den Staffen an. Nachdem sich der Kreis geschlossen hat, gehen wir auf der Forststraße weiter Richtung Norden. Nach längerer Bergabstrecke folgen wir der Wegweisung zur Hefteralm scharf nach rechts, gehen vorübergehend kurz bergan und passieren die Moieralm – mit einladender Bergwiese darüber ideal für eine aussichtsreiche Rast. Die kann man aber auch sehr angenehm bei der tiefer gelegenen **Hefteralm** (920 m) verbringen und dabei den auf der Alm produzierten Käse genießen.

Der Rückweg führt talaus in den Wald. Bei einer Verzweigung halten wir uns rechts und gelangen so zum **Strehtrumpf** und schließlich zurück zum Auto.

3.50 Std.

# Durch die Kendlmühlfilzen

44 TOP

## Ausgedehnte Moorwanderung – hundertprozentig flach

*In den 1970er- und 80er-Jahren tobte ein erbitterter Kampf um die Zukunft der Kendlmühlfilzen: Einige wollten die zunehmend industrialisierte Ausbeutung der Torfvorkommen für Blumenerde fortsetzen, andere wollten das ökologisch in vieler Hinsicht wertvolle Moor erhalten. Wer heute durch das riesige, mittlerweile unter Schutz gestellte Gebiet wandert, wird froh sein, dass sich die zweite Gruppe durchgesetzt hat und der Abbau 1988 eingestellt worden ist. Das Bayerische Moor- und Torfmuseum am ehemaligen Torfbahnhof informiert über das Moor und darüber, wie dort früher gearbeitet wurde.*

**Ausgangspunkt:** Grassau, Parkplatz (538 m) am Ende des Steinbrückwegs (Navi: 83224 Grassau, Steinbrückweg 33), der nordwestlich des Orts von der B 305 abzweigt. Hst. Rottau der Buslinien 9505 und 9586.
**Höhenunterschied:** Keiner.
**Anforderungen:** Ein stabiler Tritt für wurzelige, oft feucht Wegpassagen.
**Einkehr:** Unterwegs keine.
**Variante:** 1,1 km nach dem Museum links ab, am Saliterbach zur Rottauer Kneippanlage und weiter in den Ort, dort links in die Dorfstraße (3 km bzw. 45 Min. kürzer).
**Tipp:** Bayerisches Moor- und Torfmuseum; Besichtigungen mit Feldbahnfahrt, Sonderführungen (Tel. +49 8051 9637064, www.torfbahnhof-rottau.de).

*Am großen See in den Kendlmühlfilzen. Ganz rechts im Hintergrund der Zwölferspitz.*

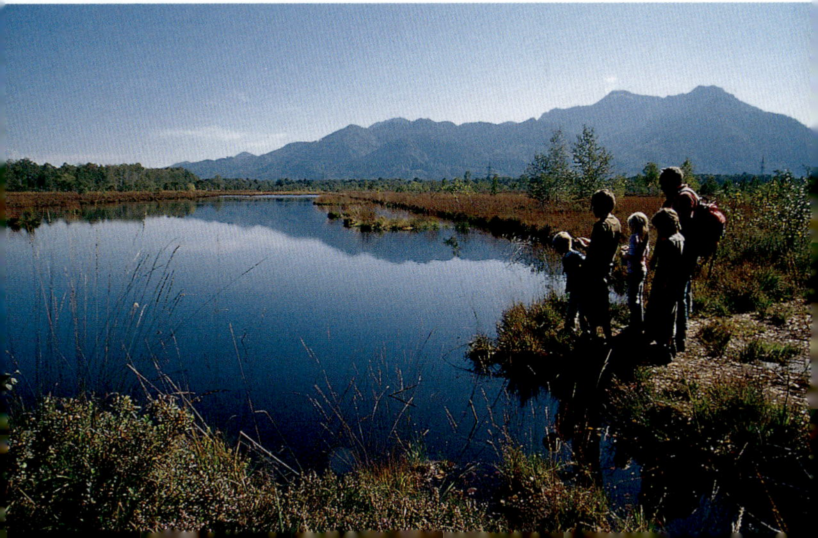

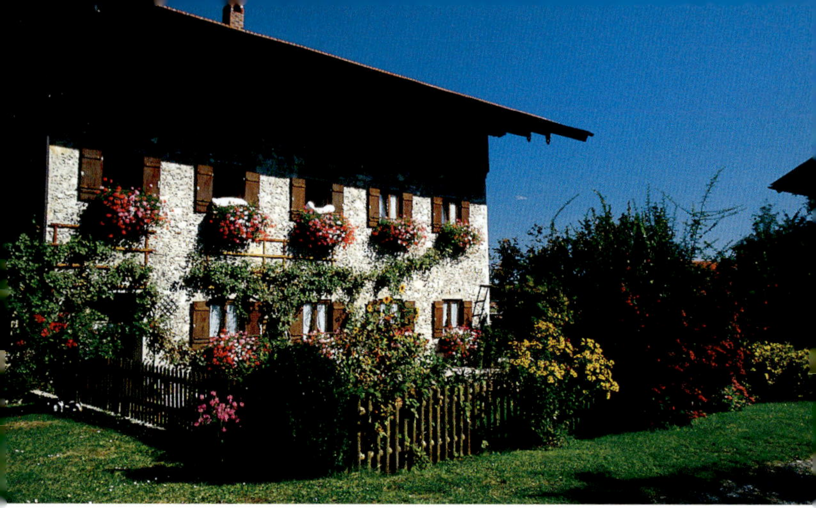

*Eines der schmucken Bauernhäuser in Rottau.*

Vom **Parkplatz** folgen wir dem Wegweiser »Moorrundweg, Westerbuchberg« geradeaus in den Wald. Nach einem Rechtsknick kommt man zu einer T-Kreuzung bei der es nach links auf dem Ewigkeitsweg weitergeht. Nach einem Abstecher auf eine Aussichtsplattform mit interessanten Erklärungen zum Moor passieren wir einen See. Bald danach biegt der Weg nach rechts um. Beim (nicht eindeutigen) Schild »Westerbuchberg« zweigen wir nach links auf einen schmalen, wurzeligen Pfad ab. Bei der folgenden T-Kreuzung gehen wir nach links und erreichen eine gute halbe Stunde später den ehemaligen **Torfbahnhof** (mit dem Bayerischen Moor- und Torfmuseum).

Parallel zur Bahnlinie wandern wir weiter nach Westen – an der Abzweigung zur Variante vorbei – zum Ortsrand von Bernau. Dort biegen wir nach links in den Waldweg Richtung Farbing. Nach einem kurzen Schlenker nach rechts

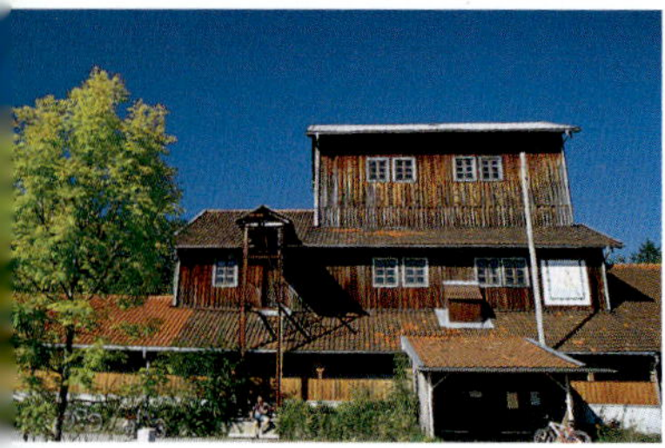

*Der ehemalige Torfbahnhof, in dem jetzt das sehr interessante Bayerische Moor- und Torfmuseum untergebracht ist.*

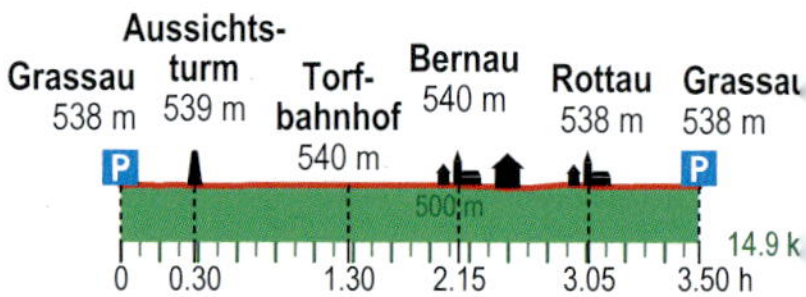

wechseln wir auf den Uferweg an der Bernauer Ache. Bald taucht das Hotel **Farbinger Hof** auf der anderen Bachseite auf. Die Fortsetzung unseres Weges finden wir jedoch auf der bisher schon benutzten östlichen Bachseite, und zwar auf dem Weg neben dem Bach. Der führt direkt nach **Rottau**, wo es an Kreuzungen jeweils geradeaus geht.

Nach der Kirche **St. Michael** gehen wir nach rechts und gleich darauf nach links in die Kreuzstraße. Wir folgen ihr durch einen Rechtsbogen und zweigen dann nach links in den Hacklweg ab, der bald geradeaus über Wiesen führt. Nach einem Rechtsknick biegen wir bei einem Verbotsschild für Reiter nach links auf den reizvollen **Moor-Naturweg** ab. Wo dieser nach rechts umbiegt, zweigt ein Abstecher zu einer Holzplattform im Moor ab. Am Ende des Moorwegs zweigen wir links ab, ebenso bei der nächsten Verzweigung (Wegweiser »Grassau, Moorrundweg«) und erreichen gleich darauf den **Ausgangspunkt**.

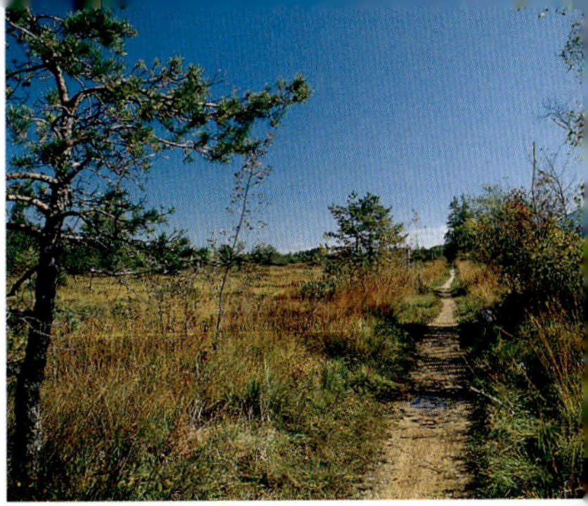

*Am Moorlehrpfad südöstlich von Rottau.*

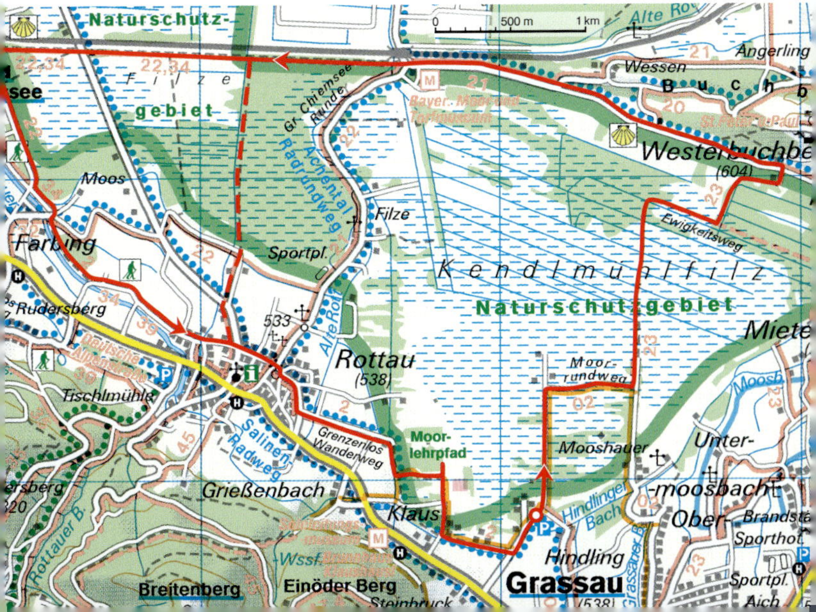

## 45 Seiserhof und Herrenalm, 842 m

3.15 Std.

### Über die Salintreppe in der Wolfsschlucht

*Diese Wanderung um die Wolfsschlucht herum führt über den Salinenweg und damit auch ein Stück entlang einer Aufschlagwasserleitung. Durch diese ist der von 1810 bis 1958 betriebenen Soleleitung von Bad Reichenhall nach Rosenheim Druckwasser zugeführt worden. So wurde mit raffinierter Pipelinetechnik Salz von den Reichenhaller Bergwerken zur Verarbeitung in die Saline Rosenheim transportiert. Am Wendepunkt der Tour liegt die Herrenalm; ihr Name geht zurück auf das Kloster Herrenchiemsee, in dessen Besitz sie bis zur Säkularisation 1803 war.*

**Ausgangspunkt:** Bernau (544 m), Parkplatz beim Minigolfplatz (Navi: 83233 Bernau am Chiemsee, Rottauer Str. 5), in Fahrtrichtung Süd an der linken Seite. Bus-Hst. der Chiemsee-Ringlinie 9586.
**Höhenunterschied:** 400 m.
**Anforderungen:** Etwas Orientierungssinn; der Treppensteig in der Wolfsschlucht ist steil, ansonsten Wanderwege ohne Schwierigkeiten, mit Kindern aber nicht ganz ohne Gefahren: oberhalb der Wolfsschlucht leitet der Weg durch eine abschüssige Hangpartie.
**Einkehr:** Restaurant Seiserhof (720 m), Herrenalm (842 m), Achims Brotzeithütte am Ausgangspunkt.

*Beim Alten Wirt im Zentrum von Bernau, dahinter die Pfarrkirche St. Laurentius.*

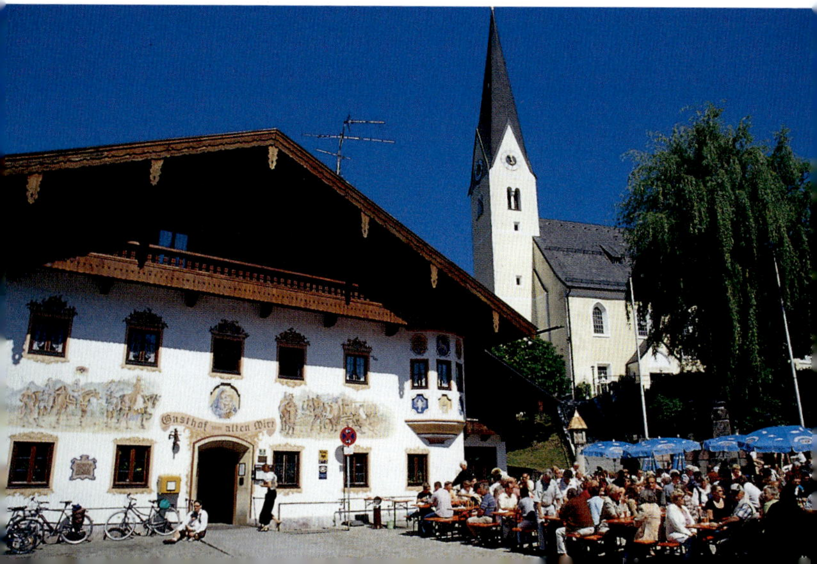

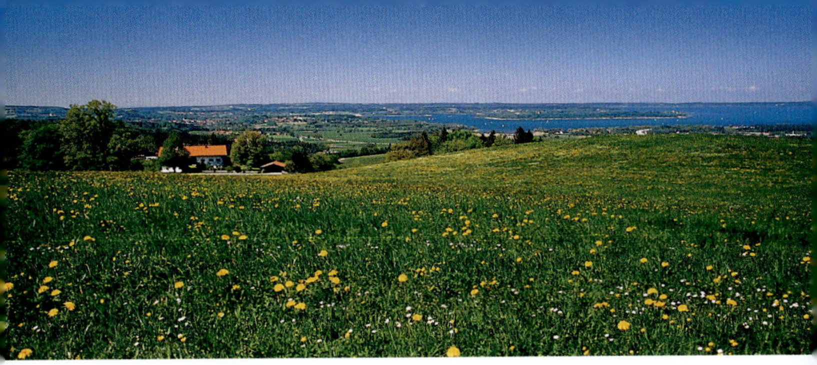

*Blick vom Seiserhof auf die Herreninsel im Chiemsee (in der rechten Bildhälfte).*

An der Rottauer Straße gehen wir einige Meter Richtung Süden und zweigen dann nach rechts in die Mairhauser Straße ab. Am Ortsrand gehen wir halb links auf einen Kiesweg und darauf geradeaus zu einem Asphaltsträßchen. Nun nach rechts, gleich darauf wieder rechts und an einer **Mariengrotte** vorbei. Jetzt folgen wir dem Linksbogen des Asphaltsträßchens. Wo es vollends in den Wald geht, weist das Schild »Seiserhof« nach rechts auf einen Wanderweg, der durch ein Waldstück geradeaus zu einer Wiese abkürzt, über die es wieder zum Höfesträßchen geht. Das verzweigt sich bei den Häusern von **Stocka**; wir folgen dort dem am Waldrand steil berganführenden Fußweg. Nach einigen aussichtsreichen Rastbänken erreichen wir den **Seiserhof** (720 m). Dort schwenken wir nach links auf die Straße ein. Die erste Abzweigung (»Seiserhof-Rundweg«) nach links ignorieren wir. Am Ende der folgenden Leitplanke zweigen wir dann aber links ab (Wegweiser »Salinweg«). Nun steigen wir hinab in die **Wolfsschlucht**. Bei einer Verzweigung (705 m) könnte man nach links durch den Schauergraben direkt zurückwandern nach Bernau. Wir halten uns hier rechts und steigen entlang dem Fallrohr der Aufschlagwas-

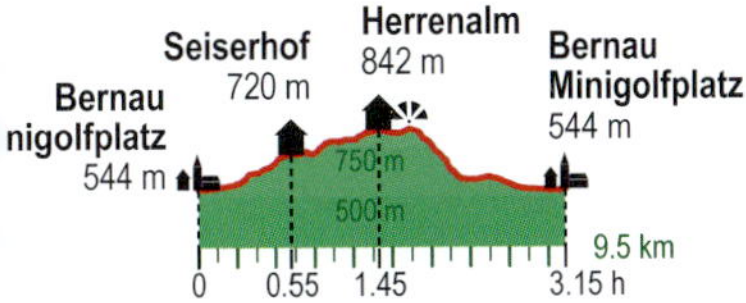


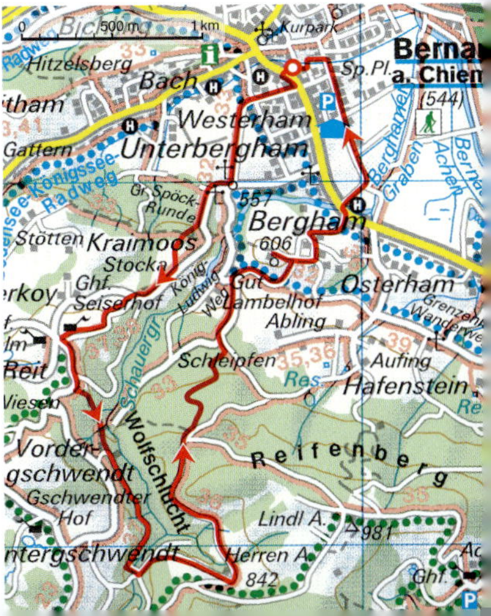

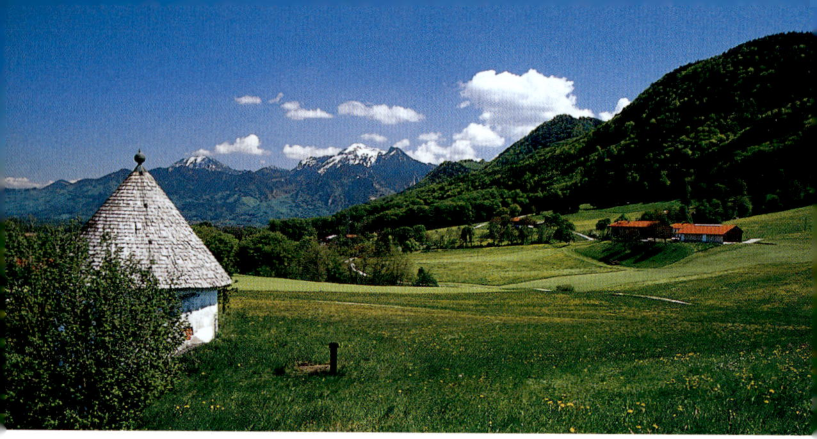

*Bei Bergham. Blick auf Hochfelln und Hochgern (die verschneiten Gipfel, von links).*

serleitung über die Salintreppe steil bergan. Bei einer Verzweigung weiter talein bis zu einer Brücke (790 m). Darauf wechseln wir die Talseite, wandern nach links 100 m talaus und zweigen dann rechts ab auf den anfangs ansteigenden Weg zur einfach, aber liebevoll bewirtschafteten **Herrenalm** (842 m). Dort geht es nach links auf einem hangquerenden Almweg weiter. Der Fahrweg wird bald zu einem Wanderweg und leitet durch einen wunderschönen Mischwald oberhalb der Wolfsschlucht (Vorsicht mit Kindern!). Von einer herrlichen **Aussichtsbank** (850 m) geht es wieder bergab und an den Grundmauern des Bauernhofes »Stachel am Brand« geradeaus vorbei, der hier bis 1877 stand (erste Erwähnung 1516). Etwas weiter zweigen direkt nebeneinander zwei Wege ab; wir ignorieren den scharf nach links führenden und benutzen den schmäleren, halb links hinableitenden Weg. Wir folgen nun immer den deutlicheren bergabführenden Wegtrassen, treffen auf einen breiten Kiesweg und folgen diesem nach rechts. Mit Blick auf den Chiemsee kommen wir zu einer T-Kreuzung; dort rechts und gleich darauf zweimal nach links, kommt man zu besonders schön gelegenen Aussichtsbänken beim **Wasserhochbehälter** (606 m, Informationstafeln). Zurück nach **Bergham** und der Auschilderung folgend auf dem Sträßchen durch den Weiler (nach einer Linkskurve Abzweigung nach rechts ignorieren) und hinab zur Landstraße. Die wird über eine Brücke hinweg überquert, um dann das Gästehaus Jacklhof zu passieren. Bei der folgenden Kreuzung Richtung »Chiemseepark« nach links. Schnurstracks geht es nun nach **Bernau** hinein, und zwar durch die Rötherstraße, die ohne Richtungswechsel in die Ludwig-Thoma-Straße übergeht. Direkt nach einer Brücke zweigen wir links auf den Fußweg ab, der durch den **Kurgarten** (mit Kneippanlage) und am **Minigolfplatz** vorbei zum Ausgangspunkt zurückführt.

3.20 Std.

# Um den Bärnsee und nach Bernau

46

## *Verwunschener Moorsee in abwechslungsreicher Hügellandschaft*

*Zwischen Aschau und Bernau liegt ein weitgehend unbekanntes Juwel: der Bärnsee. Eingebettet zwischen Moränenhügeln fristet er mit seinen unberührten Verlandungszonen ein stilles Dasein ganz ohne Badetrubel – Natur pur eben! Nur wenige Gäste des beliebten Café Pauli verirren sich auf ihrem Verdauungsspaziergang hierher. Dabei gibt es hier schöne Möglichkeiten, auch noch weiter zu spazieren – z. B. auf der hier vorgestellten Runde über Bernau, wo man die Wanderung natürlich auch beginnen kann.*

**Ausgangspunkt:** Aschau i. Chiemgau, Parkplatz beim Moorbad (595 m) unterhalb des Café Pauli (Navi: 83229 Aschau im Chiemgau, Höhenbergstraße 3). Beschilderte Zufahrt vom Ortszentrum Aschau Richtung Bernau, in Rechtskurve links abbiegen, bei der folgenden Verzweigung rechts. Alternativer Ausgangspunkt: Bernau, Parkplatz beim Mingolfplatz (Hst. der Buslinie 9505 Prien – Reit im Winkl und der Chiemsee-Ringlinie 9586).

**Höhenunterschied:** 240 m.

**Anforderungen:** Keine; bequeme Wanderwege und kaum befahrene Sträßchen.

**Einkehr:** Gh. Kampenwand und Alter Wirt in Bernau, Café Pauli beim Moorbad.

**Varianten:** 1) Start oberhalb dem Bad entlang (Wegweiser »Bärnsee, Spöck Bernau«), 15 Min. kürzer. 2) Kleine Schleife: Rundweg um den Bärnsee (Mark. 24), insgesamt nur 1 Std.

*In der Schilfzone des Bärnsees.*

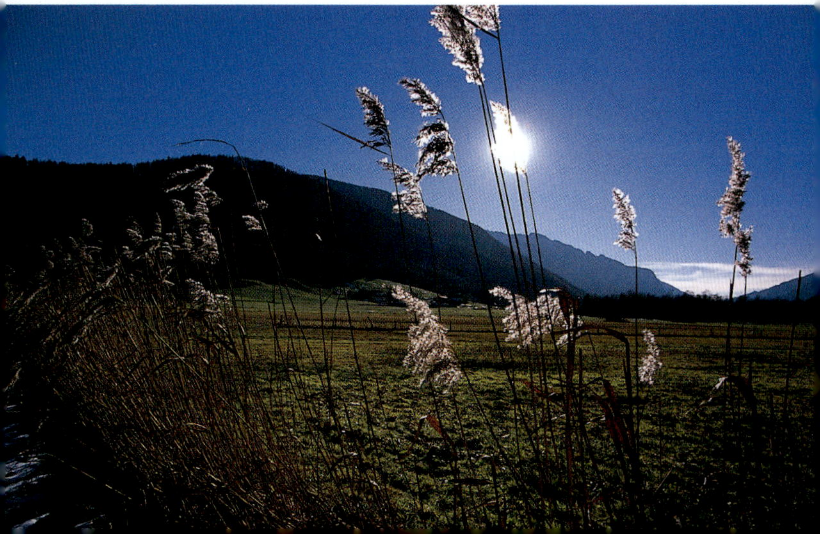

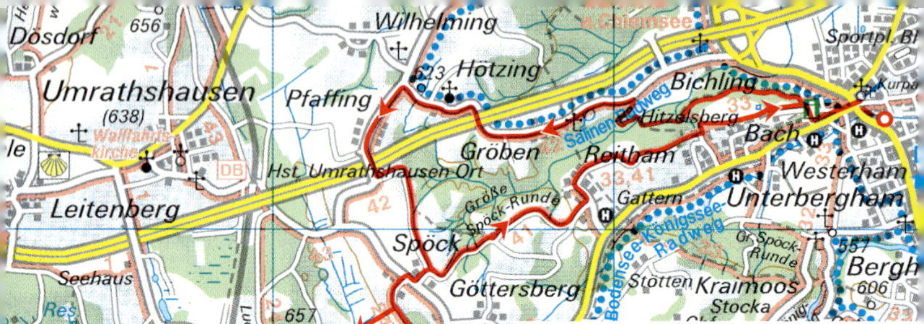

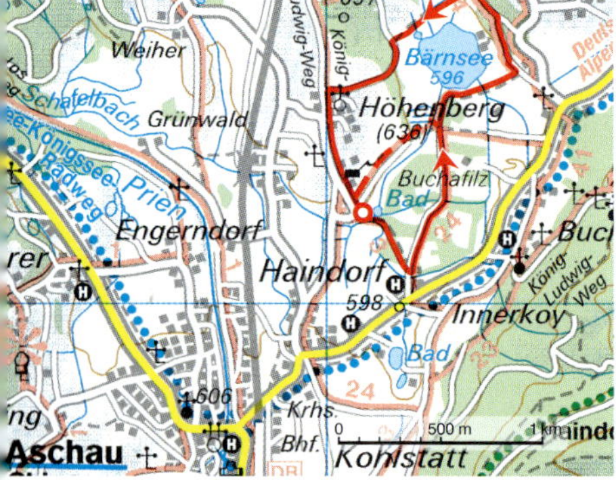


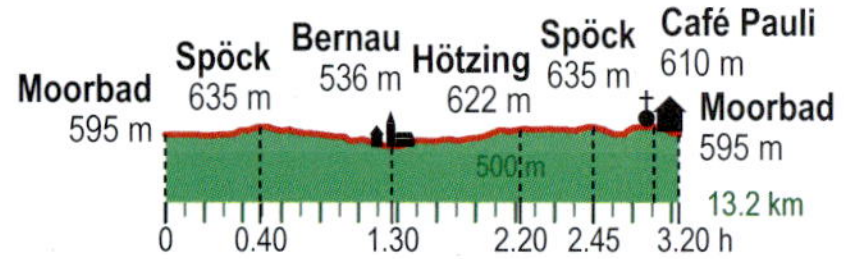


*Streuwiesen südlich vom Bärnsee.*

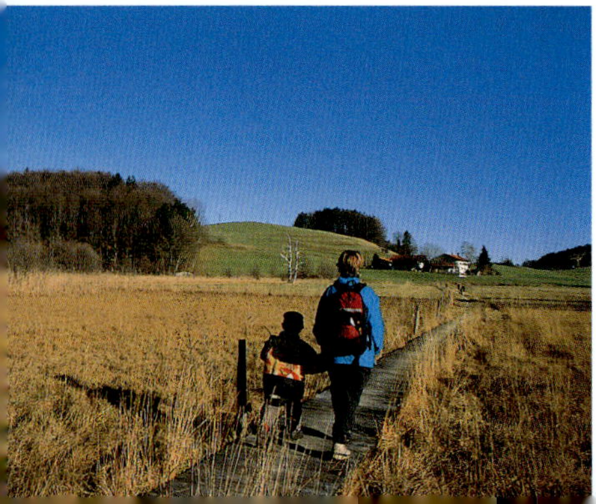

Wir starten auf dem **Naturerlebnispfad Bärnsee**, der zwischen Badegelände und Bach nach rechts in den Wald führt. Bei einer großen Verzweigung biegen wir scharf nach links ab. Der Hauptweg führt nun – einem Waldweiher rechts ausweichend – zu einer Tafel mit Infos zur Moorentstehung. Dort trifft die Variante 1 auf unseren Weg – wir gehen hier geradeaus. Über eine sumpfige Verlandungszone des **Bärnsees** (596 m) leitet ein Bretterweg zum Rand des Feuchtgebiets. Dort geht es im rechten Winkel nach links. Am Waldeck geht es kurz nach rechts hinauf und nach 20 m wieder links auf eine ansteigende Querung. Nach einem kleinen Bachgraben ignorieren wir den abzweigenden Rundwegs 24; wir folgen ihm erst am Ende Tour – oder wenn wir uns auf die kurze Variante 2 beschränken.
Jetzt geht es erst mal geradeaus weiter und in einem Rechtsbogen hinauf nach **Spöck** (635 m). Dort an der Straße kurz nach rechts und nach 30 m auf dem Weg 41 wieder nach links. Am Ortsrand rechts, wandern wir auf einem Feldweg zu einem

Waldstück, in dem es bergab geht. Dort links abzweigende Rückewege ignorieren. Durch hügeliges Gelände wandern wir dann nach **Reitham** (600 m); nach links in den Weiler, am Stadel vom Thaurerhof links vorbei und vor dem Paulihof nach rechts. Auf einem Kiesweg wandern wir weiter nach Osten. Ab einer Bank geht es am Waldrand entlang geradewegs hinab ins Siedlungsgebiet. Dort geradeaus 100 m durch die Grabenfeldstraße, um dann nach links in die Engelländerstraße abzuzweigen. Gleich darauf zweigen wir wieder rechts ab. Ein Spazierweg schlängelt sich leicht bergauf und mündet in die Hitzelsbergstraße ein (zur Kalvarienberg-Kreuzigungsgruppe kurzer Abstecher möglich). Die nächste Straße nach rechts leitet zum Gasthof Kampenwand an der Aschauer Straße, geradeaus weiter geht's zur Ortsmitte von **Bernau** (544 m).

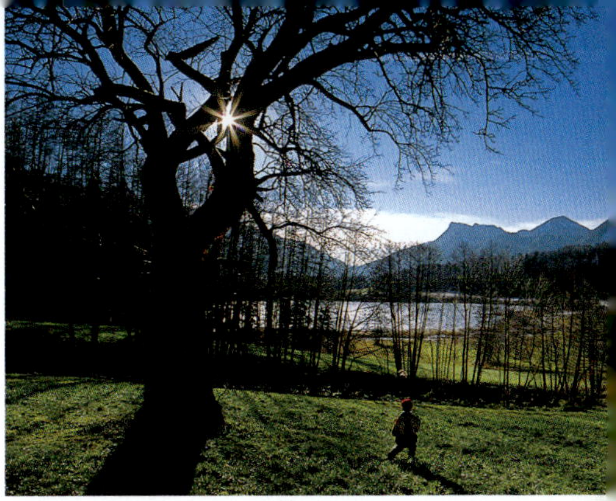

*Unterhalb von Spöck. Blick über den Bärnsee zum Laubensteingebiet.*

Beim Rückweg gehen wir zunächst auf schon bekanntem Weg in die Hitzelsbergstraße, verlassen sie aber gleich wieder, indem wir bei der Hausnummer 8 dem Wegweiser »**Hitzelsberger Wanderweg 33**« folgen. Mit der Wegweisung zur Waldkapelle geht es bald darauf ins Holz. Bei den beiden folgenden Verzweigungen gehen wir jeweils Richtung »Hittenkirchen, Urschalling« nach rechts. In einem Graben halten wir uns nach der Brücke links und gewinnen wieder deutlich an Höhe. Auf der folgenden Lichtung geht es nach rechts über eine Wiese zu einem Sträßchen hinauf. Dem folgen wir nach links und durchqueren die Weiler **Gröben** und – jenseits der Autobahn – **Hötzing** (628 m), um dann nach links und durch **Pfaffing** zu wandern. Unmittelbar nach der Autobahnbrücke halten wir uns links und wandern auf einem Feldweg nach **Spöck**, wo wir auf schon bekannter Wegstrecke Richtung Bärnsee gehen.

Kurz vor dem versteckten Gewässer betreten wir wieder Neuland und gehen auf dem Bärnseerundweg nach rechts hinab. Nach Durchquerung der **Verlandungszone des Bärnsees** (596 m) halten wir uns am Hangfuß links, bald darauf schräg aufwärts durch den Waldhang. Im Weiler **Höhenberg** (636 m) lohnt sich ein Besuch der Kirche Hl. Kreuz (Gebäude aus dem 15. Jh., Ursprünge im 12. Jh.). Schließlich schlendern wir sehr aussichtsreich nach Süden hinab zum **Café Pauli** (610 m) und zum nahen **Moorbad**.

# 47 Um und auf den Haindorfer Berg, 1123 m

**3.20 Std.**

### *Nette Voralpenrunde mit Abstecher auf einen einsamen Gipfel*

*Östlich von Aschau führt diese abwechslungsreiche Rundwanderung durch eine mittelgebirgsartige Landschaft zu Füßen des Kampenwandmassivs. Der hier empfohlene Gipfelabstecher ist zum Schluss zwar weglos, aber trotzdem ohne Probleme oder Gefahren zu bewältigen. Es geht dabei über eine Bergwiese, die sich dank ihrer südlichen Exposition als ideale »Sonnenbank« für die Übergangsjahreszeiten anbietet.*

**Ausgangspunkt:** Aschau i. Chiemgau, Parkplatz Kohlstatt (655 m, Navi: 83229 Aschau im Chiemgau, Kohlstattweg 17). Zufahrt: In Aschau (Bahnhof und Hst. der Buslinie 9502 Bernau – Sachrang) gegenüber der Sparkasse nach Osten in die Aufhamer Straße abbiegen und weiter über den Kohlstattweg.
**Höhenunterschied:** 500 m.
**Anforderungen:** Gering; Forststraßen und Wanderwege; Gipfelabstecher oben weglos, aber gefahrlos.
**Einkehr:** Maisalm (905 m), Gschwendtner Stub'n (830 m).

Vom Parkplatz **Kohlstatt** folgen wir dem nach rechts hinaufführenden Asphaltsträßchen. Auf dem Fahrweg (Nr. 23) wandern wir am rauschenden Bach durch den Lochgraben bergan. Links des Weges lockt die **Maisalm** (905 m) zu einer ersten Einkehr. Auf dem Hauptweg noch ein Stück weiter, zweigt an einem Sattel (935 m) der unbeschilderte Abstecher auf den Haindorfer Berg nach links ab: ein steilerer Fahrweg, der die nicht mehr bewirtschaftete **Sa-**

*Der Haindorfer Berg, gesehen vom Kamm der Gedererwand (links der Zwölferturm).*

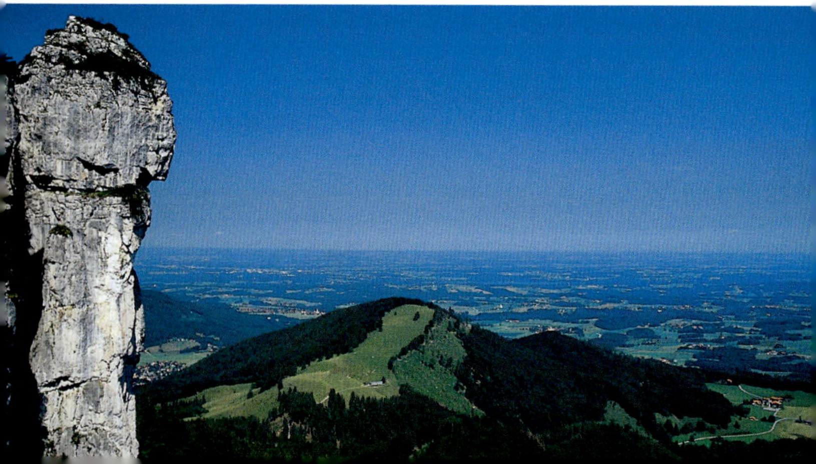

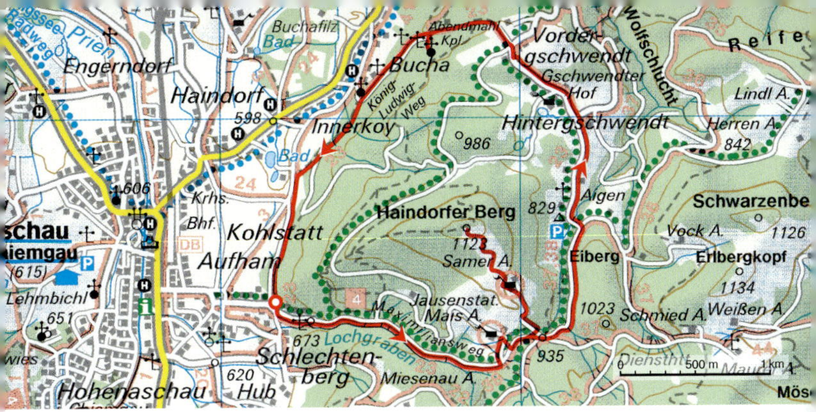


**meralm** (983 m) erschließt. Darüber erstreckt sich ein Wiesenhang, der beliebiges Ansteigen zum höchsten Punkt des **Haindorfer Bergs** (1123 m) ermöglicht. Den besten Blick auf den Chiemsee hat man knapp darunter am rechten Wiesenrand. Zurück am **Sattel** (935 m) unter der Sameralm, gehen wir links und schlendern hinab zum **Parkplatz Aigen** (825 m).
Entlang einem Teersträßchen spazieren wir nun über einen breiten Hochtalboden, halten uns bei einer Verzweigung links und können bei den **Gschwendtner Stub'n** (830 m) einkehren. Der folgende Straßenabschnitt führt nach **Vordergschwendt** (820 m). Dort zweigen wir gegenüber einem Misthaufen nach links ab. Eine Abzweigung nach rechts hinunter ignorieren wir und wandern leicht bergab. Ein kurzer Anstieg nach links hinauf führt zur sehenswerten **Abendmahlkapelle** (725 m); sie wurde im 17. Jh. an einer als heilsam bekannten Quelle errichtet. Der zugehörige Kreuzweg vermittelt den Abstieg. Bei einer Rechtskehre des breiten Wegs halten wir die Grundrichtung bei. Nach einer Passage am Waldrand kommt eine spitzwinklige Verzweigung. Wir nehmen hier den linken Weg. Auf dem hangquerenden schmalen Pfad geht es nun recht romantisch durch den Wald. Einen querenden Rückeweg ignorieren wir. Am Hangfuß treten wir wieder ins Freie und folgen einem Kiesweg nach links zur **Kohlstatt** (655 m).

*Die Maisalm am Haindorfer Berg.*

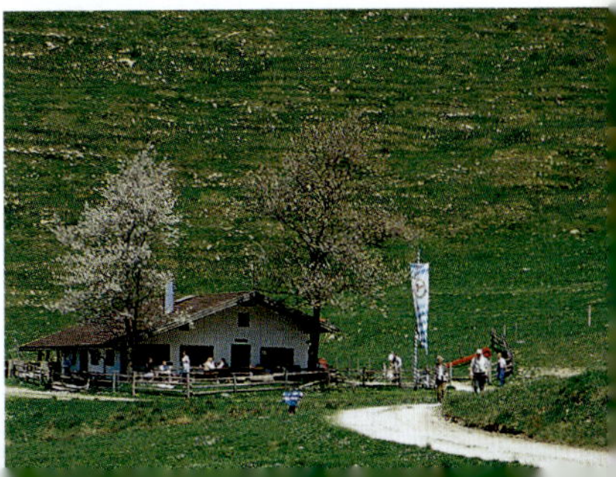

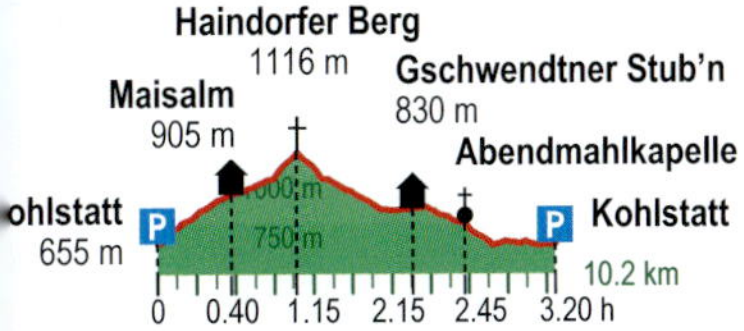

# 48 Gedererwand, 1398 m

**3.30 Std.**

***Abenteuerliche Fels-»Schanze« vor der Kampenwand***

*Wer auf der A 8 von München kommend am Inntaldreieck Rosenheim passiert, hat einen einmaligen Blick am Chiemgauer Alpenrand entlang. Dabei fällt ein keckes Felshorn auf, das wie eine überdimensionale Sprungschanze der Kampenwand und dem runden Sulten nördlich vorgelagert ist. Diese Profilansicht lässt schon ahnen, mit welch spektakulären Wandfluchten diese Formation – es ist die Gedererwand – nach Norden abfällt. Über ihren langen Westrücken führt ein verhältnismäßig unbekannter und dementsprechend wenig begangener Steig zum einsamen Gipfel – ein angenehmer Kontrast zum »Gewurl« an der nahen Kampenwand.*

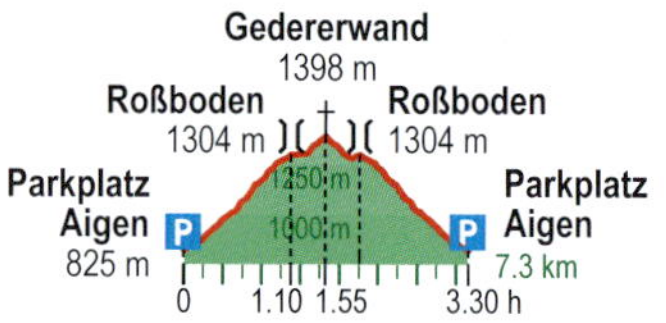


**Ausgangspunkt:** Parkplatz Aigen (825 m, Navi: 47.780505, 12.361074). Zufahrt: Von der Straße Bernau – Aschau westlich von Außerkoy nach Süden abzweigen und auf teilweise schmaler Teerstraße am Seiserhof vorbei zu einer Wiesenebene hinauf, dort links und weiter zum Wald.

**Höhenunterschied:** 660 m.

**Anforderungen:** Ausgeprägte Trittsicherheit, etwas Felsgewandtheit und Schwindelfreiheit sowie Orientierungssinn.

**Einkehr:** Keine, ggf. Steinlingalm, knapp 30 Min. vom Roßboden.

*Blick von der Kampenwand über die Gedererwand (rechts) auf den Chiemsee.*

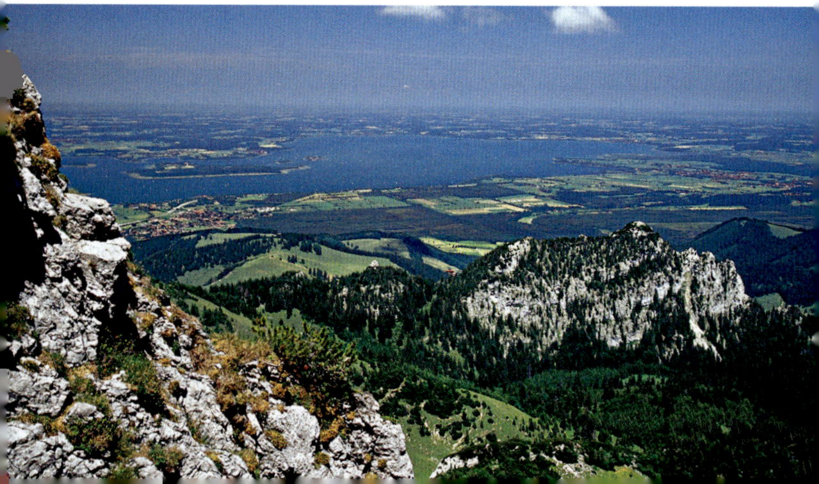

Vom Parkplatz **Aigen** auf der berganführenden Forststraße (vom hinteren Teil des Parkplatzes auch auf einem Abkürzungsweg) bergan. Bald wechseln wir nach links auf einen schmäleren Weg. Wo wir wieder auf einen Fahrweg treffen, folgen wir dem bergan. Bei einer T-Kreuzung gehen wir auf der Forststraße nach rechts (kurz zuvor schon Abkürzung geradeaus aufwärts). So oder so folgen wir nun der Fortstraße mit einigen Kurven bergan. Unmarkierte Abkürzungen durch sehr batziges Gelände ignorieren wir. Wo die Forststraße nach links hinauf verlängert wurde, gehen wir auf dem steinigen Wanderweg nach rechts (Wegweiser) zur »**Halbzeit-Mare**« (auch »Brotzeit-Mare«) vorbei – einer 1961 errichteten kleine Marien-Gedenkstätte für eine Sennerin, die dort einer Herzattacke erlegen ist. Als nächstes kommt man zu einer Wegverzweigung im Wald. Wir gehen hier links und gewinnen dann zügig an Höhe.

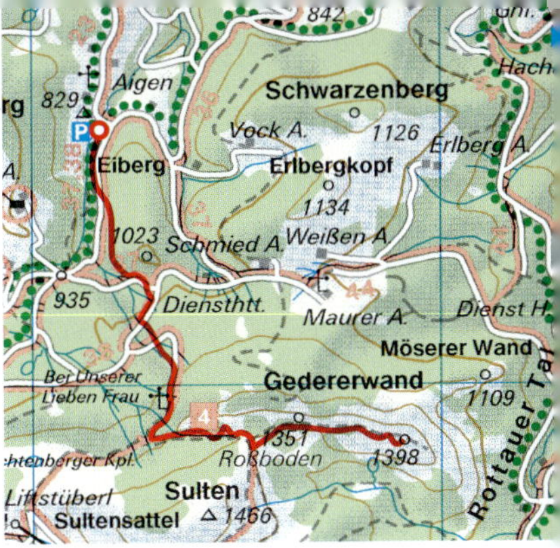


Auf dem Wiesensattel östlich des Sulten, dem **Roßboden** (1304 m), verlassen wir den Hauptweg nach links. Dabei ignorieren wir den am besten erkennbaren, nach links ansteigenden Weg. Stattdessen queren wir auf tiefer verlaufenden, anfangs kaum erkennbaren Wegspuren ohne Höhengewinn oberhalb einer sanften Hangkante über eine Wiese zu einigen freistehenden Bäumen; weiter über ein Gatter in den Wald. Der Pfad leitet dann bald nach links und nahe des Kammes bergan zu dem Höhenbereich neben dem **Zwölferturm**. Nach einem kurzen Zwischenabstieg geht es an einigen Rillenkarren vorbei wieder bergan. Vor einem senkrechten Spalt zunächst kurz rechts, dann wenige Meter höher scharf nach links und über diesen viele Meter tiefen Spalt darübersteigen. Kurz darauf ist der Gipfel der **Gedererwand** (1398 m) erreicht.

Der Abstieg erfolgt exakt auf dem Anstiegsweg (am Gedererkamm wichtig, da abzweigende Steigspuren in die Irre führen können!).

*Blick von der Gedererwand über Rosenheims Berge aufs Alpenvorland.*

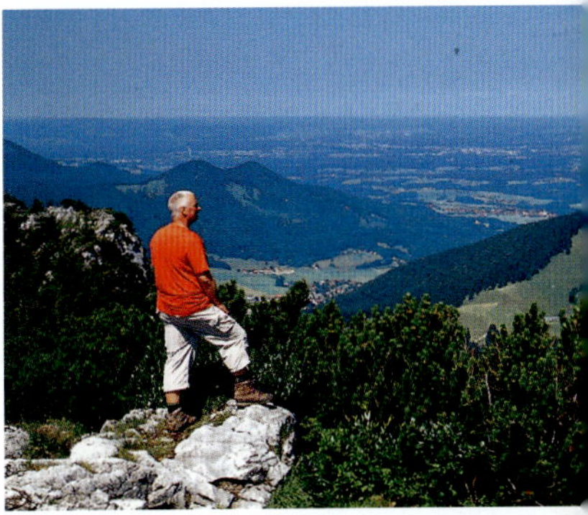

TOP **49**

# Kampenwand-Ostgipfel, 1664 m, Anstieg von Norden

**4.20 Std.**

## Klassischer Weg auf einen klassischen Gipfel

*Wenn man vom Chiemsee auf die Kalkzacken des berühmtesten Chiemgauer Berges schaut, erklärt sich sein Name eindeutig: »Kampe« ist das bairische Wort für Kamm. Als Bayer fällt einem aber meist der Schüttelreim »Wann i mit meiner Wamp'n kannt, gangad i auf d'Kampenwand« ein. Eine Wamp'n muss zwar kein Hindernis sein, sehr wohl aber mangelnde Trittsicherheit. Der Gipfelanstieg ist nämlich anspruchsvoller als viele unbedarfte Wanderer wahrhaben wollen – ein viel begangener und oft unterschätzter Gipfel!*

**Ausgangspunkt:** Parkplatz Aigen (825 m, Navi: 47.780505, 12.361074). Zufahrt s. Tour 48.

**Höhenunterschied:** 850 m.

**Anforderungen:** Bis zur Steinlingalm gute, nur streckenweise raue Bergwege, der Gipfelanstieg (stellenweise Tendenz zur Schwierigkeit »schwarz«) wird oft unterschätzt: Steiles Schrofengelände und einige abgespeckte Felsen in den Kaisersälen verlangen etwas Felsgewandtheit; um sich beim Abstieg vom Gipfel nicht zu versteigen, ist ein gutes Gedächtnis vorteilhaft.

**Einkehr:** Steinlingalm (1450 m), Schlechtenbergalm (1260 m).

*An der Steinlingalm. Im Hintergrund der Chiemsee.*

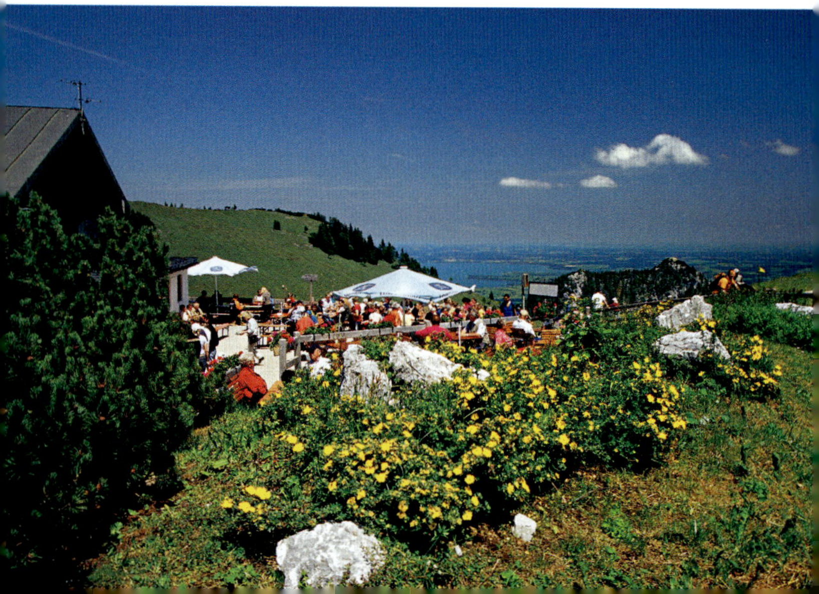

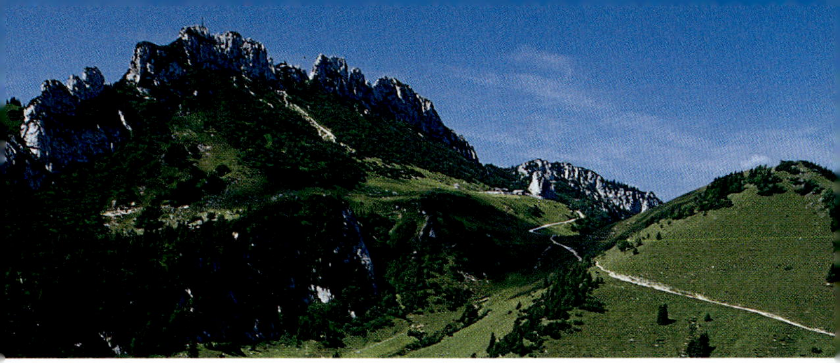

*Die Kampenwand, gesehen von der Gedererwand. Rechts der Sulten.*

Wie bei der Tour 48 (Gedererwand) gelangt man zum **Roßboden** (1304 m), wo sich der Blick nach Südosten öffnet. Jetzt quert der Weg leicht ansteigend durch die Südosthänge des Sulten. Am **Sultensattel** (1402 m) treffen wir auf eine Kiesstraße, über die wir zur **Steinlingalm** (1450 m) hinaufbummeln. Oberhalb der Alm führen Pfadspuren aufwärts. Kaum in den Latschen, ignorieren wir einen links abzweigenden, schwach ansteigenden Pfad (Via-Alpina-Zeichen) und steigen auf deutlichem Weg durch immer steileres und schrofigeres Gelände nach oben. Über einige Felsstufen gelangen wir schließlich in die **Kaisersäle** – eine Art Felszimmer, das von senkrechten Wänden umgeben ist. Darin geht es nun nach links hinauf über einige Blöcke, einer davon etwas glatt. Bei einer kleinen Verflachung gehen wir ganz kurz bergab, dann gleich nach rechts hinauf in eine Felskerbe.

Direkt unter dem Gipfel queren wir an einer Sicherung vorsichtig nach links zu einem kurzen gesicherten

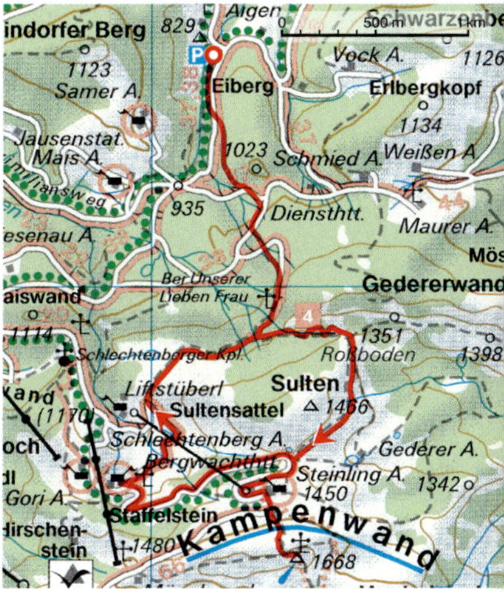


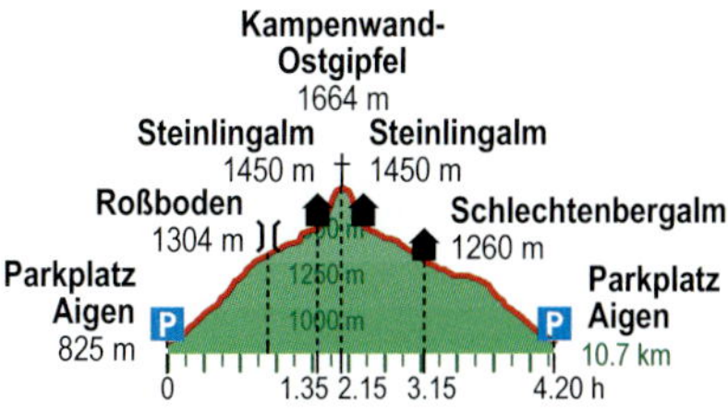

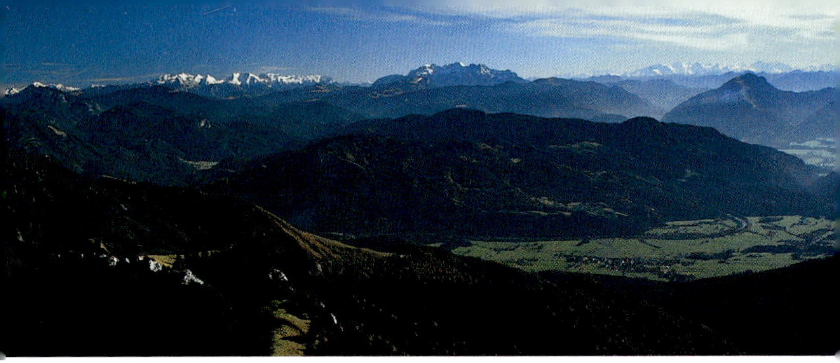

*Blick von der Kampenwand nach Südosten übers Achental hinweg. Am Horiziont das Steinerne Meer, die Loferer Steinberge und die Glocknergruppe (von links).*

*In den Kaisersälen. Blick zum Chiemgaukreuz auf dem Ostgipfel.*

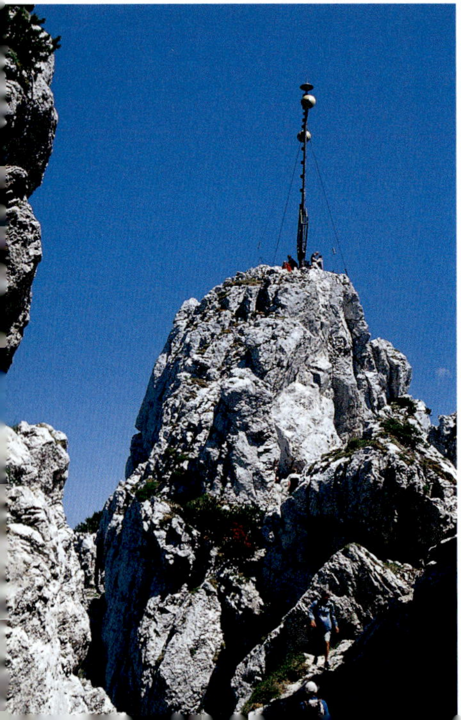

Wegstück unter der Nordseite. Schließlich steigen wir nach rechts über eine Schrofenstufe hinauf und wiederum nach rechts an einem Felsrücken und über eine Brücke zum 1950 errichteten, 12 Meter hohen Chiemgaukreuz am Ostgipfel der **Kampenwand** (1664 m).

Genau am Anstiegsweg gehen wir zurück durch die Kaisersäle (nicht schon vorher nach rechts hinabsteigen!!) und weiter zur **Steinlingalm** (1450 m). Auf bekanntem Weg gehen wir noch zum Sattel darunter, folgen nun aber dem nach links hinabführenden Almsträßchen. Knapp oberhalb der **Schlechtenbergalm** (1260 m) zweigen wir nach rechts ab und queren durch Almwiesen, dann durch herrlichen Laubwald und erreichen bald die vom Anstieg bekannte **Verzweigung** im Wald.

Am Anstiegsweg kehren wir zurück zum **Ausgangspunkt**.

2.00 Std.

# Kampenwand-Ostgipfel, 1664 m, Rundtour mit Überschreitung

50

## Überschreitung von Norden auf die einsame Südseite

*Der Kampenwandstock ist ein ideales Ziel für Familien und Gruppen, deren Mitglieder unterschiedliche alpine Ambitionen haben: Gemeinsam lässt man den Tag gemütlich angehen, denn die Kampenwandbahn »übernimmt« ja den Großteil der Höhenmeter. Auch den Höhenspaziergang hinüber zur Steinlingalm und die Einkehr dort genießt man noch zusammen. Während die »gemütliche Fraktion« auf bekanntem Weg zurückbummelt und sich zu Kaffee und Kuchen bei der Sonnenalm niederlässt, besteigen die »Alpinen« den Gipfel, kraxeln über eine kaum bekannte Route wieder hinab und queren unter den südexponierten Kletterwänden des Kammes zurück, um an der Sonnenalm den ausgeruhten Freunden von ihren Abenteuern zu berichten.*

**Ausgangspunkt:** Kampenwandseilbahn (Tel. +49 8052 906440, 24h-Info Tel. +49 8052 9064420, www.kampenwand.de), Bergstation (1467 m). Zufahrt zur Talstation: von der Autobahn kommend durch Aschau nach Hohenaschau, dort im südlichen Ortsgebiet beschilderte Abzweigung nach links (Navi: 83229 Aschau im Chiemgau, An der Bergbahn 8); Hst. der Buslinie 9502 Bernau – Sachrang.
**Höhenunterschied:** 340 m.
**Anforderungen:** Trittsicherheit und Felsgewandtheit; für den Abstieg auch etwas Schwindelfreiheit, Klettersteigerfahrung und Orientierungssinn.
**Einkehr:** Steinlingalm (1450 m), Sonnenalm (1470 m).

*Das alljährliche Sonnwendfeuer bei der Sonnenalm. Im Hintergrund die Kampenwand.*

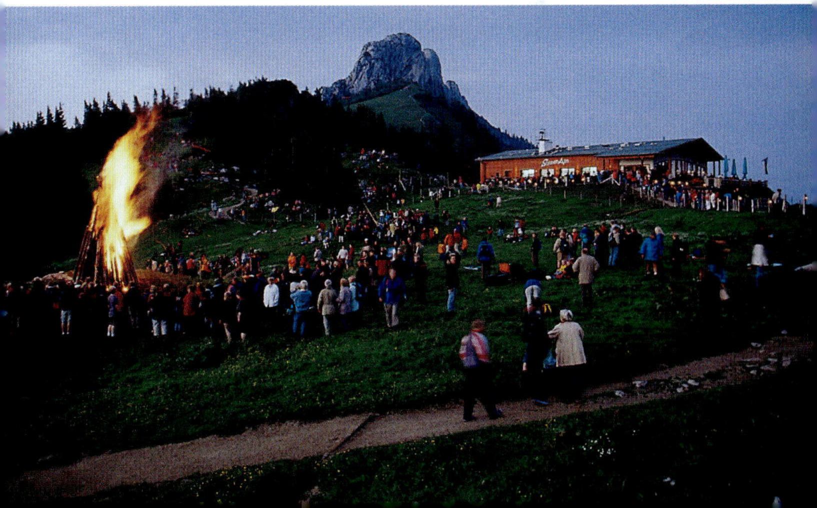

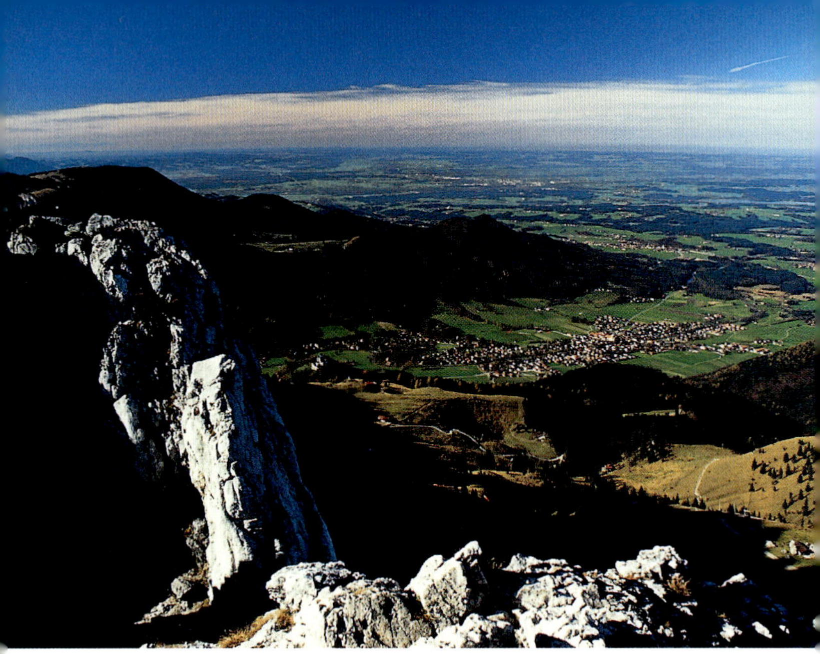

*Blick vom Gipfel auf die dunklen Kaisersäle (links), Aschau und das Alpenvorland.*

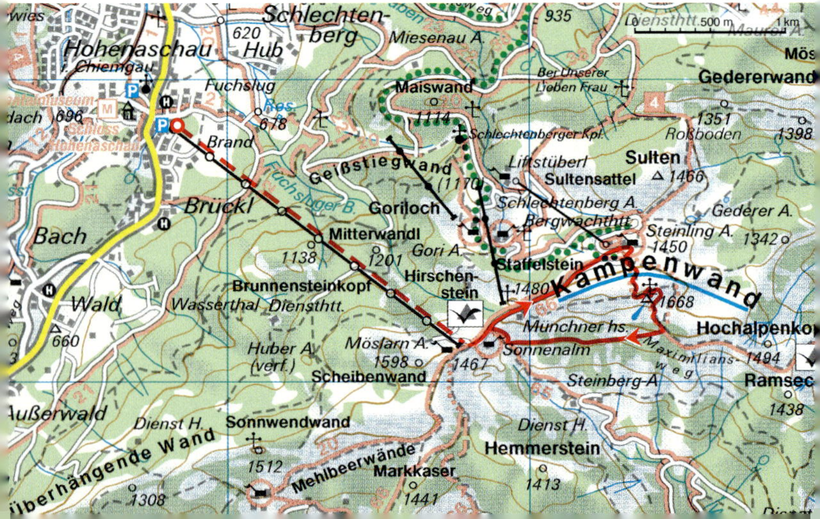

Von der Bergstation der Seilbahn folgen wir dem breiten Wanderweg, der an der **Sonnenalm** (1470 m) vorbeiführt. Nach einer kurzen Steigungsstrecke öffnet sich der überwältigende Blick aufs Alpenvorland und den Chiemsee – eine Aussicht, die auch die bequeme Querung hinüber zur **Steinlingalm** (1450 m) begleitet. Wie bei Tour 49 erklimmen wir anschließend den kreuzgeschmückten Ostgipfel der **Kampenwand** (1664 m).

Beim Abstieg gehen wir die wenigen Anstiegsmeter zurück zur Querung an der Nordseite des Gipfelstocks; dort wenden wir uns dann nach rechts und passieren den Hinweis »nur für Geübte«. Unter einer Felskante folgt ein Wandstück, das wir spektakulär überwinden, indem wir uns an einem Stahlseil hinunterhangeln. An dessen Ende dann scharf nach rechts. Nach einer Geländeecke folgt noch eine weitere Passage am Stahlseil. Dann beschreibt der Steig einen Linksbogen. Einige Meter weiter geht es rechts über eine leicht zu übersehende Felsschwelle. Nun durch eine Latschengasse gerade hinab zu einer kleinen **Wiese**.

Dort ignorieren wir die Wegweiser nach links und folgen einem unauffälligen, nicht ausgeschildertem Pfad nach rechts. Dieser führt ohne große Höhenunterschiede unter den eindrucksvollen Südwänden der Kampenwand – ein Eldorado für gute Kletterer – nach Westen. Nach einem abschließenden Anstieg lockt schließlich die aussichtsreiche Terrasse der **Sonnenalm** (1470 m).

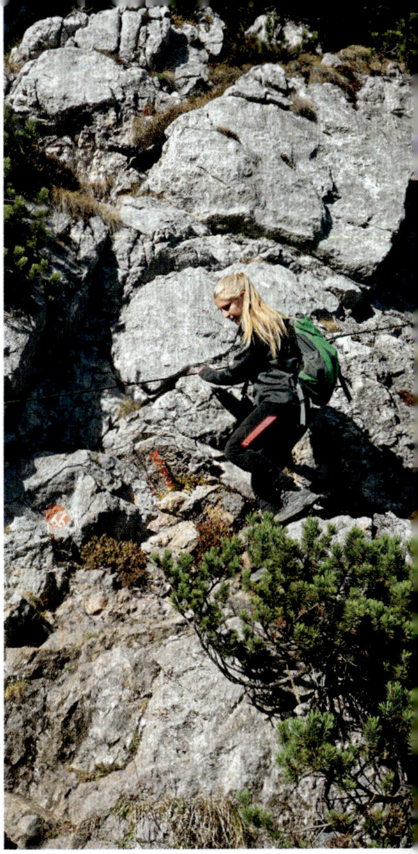

*Gesicherte Passage am rassigen Abstieg über die Südostseite.*

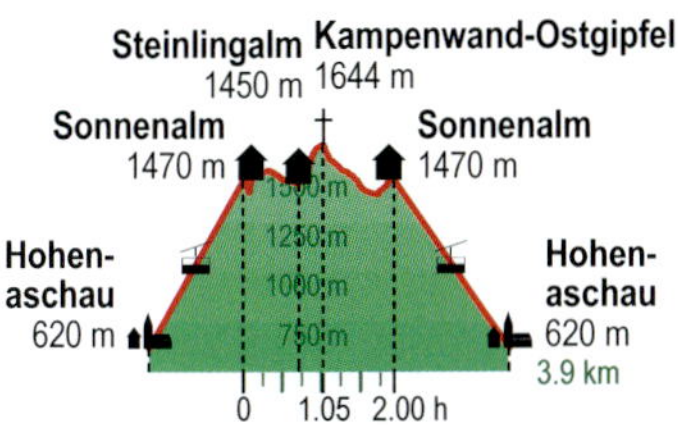

# 51 Hofalm und Laubenstein, 1350 m

**4.20 Std.**

## Geräumige Aussichtskuppe im »Höhlenrevier«

*Wer kennt das nicht? Da freut man sich auf die Stille der Berge und muss sich dann auf einem wenig geräumigen Gipfel dicht gedrängt zwischen manchmal übermäßig gesprächigen Zeitgenossen einrichten. Wer das nicht braucht, wird sich am Laubenstein wohlfühlen. Dort oben ist genug Platz, um sich aussuchen zu können, ob man Nähe sucht oder lieber Distanz hält. Die Aussicht aufs Alpenvorland ist super und das Gefühl, über weiträumigen Höhlensystemen unterwegs zu sein, weckt Interesse an den Karstphänomenen dieses Gebiets. Zu denen gehört neben einigen Höhlen (z. B. die Spielberg- und die Schlüssellochhöhle, Begehung nur mit professioneller Führung möglich) auch das Grubalm-Polje, das wir zwischen dem kleinen Sattel und der Laubensteinalm passieren. In der tiefen Senke – auch »Eiskeller« genannt – ohne oberirdischen Abfluss bildet sich oft ein ausgeprägter Kaltluft-»See«, sodass dort unten baumlose Tundrenvegetation wächst, wie sonst nur in Nordeuropa oder auf Alpengipfeln, die gut tausend Meter höher sind.*

*Reizvoll: der Weg zur Hofalm.*

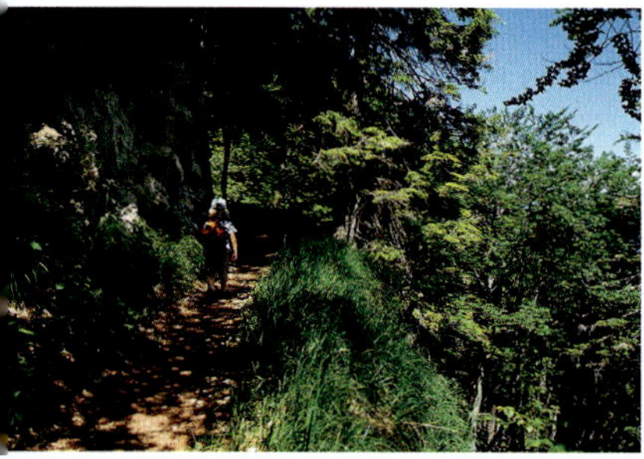

**Ausgangspunkt:** Hohenaschau (625 m), Parkplatz bei der Festhalle (Navi: 83229 Aschau im Chiemgau, An der Festhalle 2). Von Aschau kommend bis vor den Burghügel in Hohenaschau, dort rechts ab. Hst. Bus 9502 Bernau – Sachrang.

**Höhenunterschied:** 740 m.

**Anforderungen:** Wander- und Fahrwege, Anstieg im unteren Bereich bei Nässe teils glitschig, wegen Bachquerung nicht bei oder nach starken Regenfällen gehen; Vorsicht am Hang vor der Hofalm.

**Einkehr:** Hofalm (970 m), nicht weit davon die Frasdorfer Hütte (950 m), Café Gasthof Brucker bei der Prienbrücke.

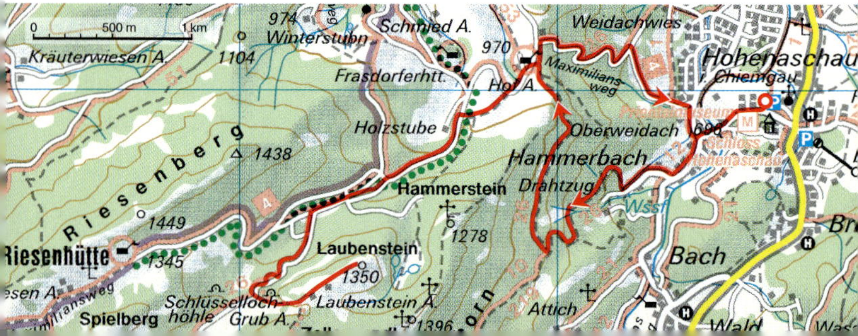

Auf der **Schlossbergstraße** starten wir nach Westen. Kurz nach der **Prienbrücke** folgen wir der Zellerhornstraße nach links und biegen bald darauf nach rechts ab. Durch die Siedlung am Hammerbach geht es hinauf zum letzten Haus. Dahinter wenden wir uns nach rechts, verlassen den Bach vorübergehend und überqueren ihn weiter oben. Ein alter, mit Steinen befestigter Saumpfad führt nun zu einer **Verzweigung**. Dort gehen wir rechts und queren auf reizvollem Weg durch stellenweise steile Hänge. Umso stärker ist der Kontrast, wenn wir aus dem Wald heraus auf die flachen Wiesen um die **Hofalm** (970 m) kommen. Weiter gehen wir kurz auf der gekiesten Almzufahrtsstraße, verlassen die aber bald nach links auf einen Wiesenpfad. Der führt hinüber zu einer Forststraße, auf der wir bergaufgehen. Bei einer Rechtkurve wechseln wir auf einen schmäleren, geradeausführenden Weg. Diesem folgen wir – Abzweigungen ignorierend – bis ein beschilderter, rauer Karrenweg links abzweigt; dieser mündet bald in einen Fahrweg, der sich zu einem **Sattel** (1273 m) hinaufschlängelt. Dort zweigen wir links ab und wandern oberhalb des Grubalm-Poljes, dem sogenannten »**Eiskeller**« und an der **Laubensteinalm** vorbei auf das Pultdach des **Laubensteins** (1350 m).

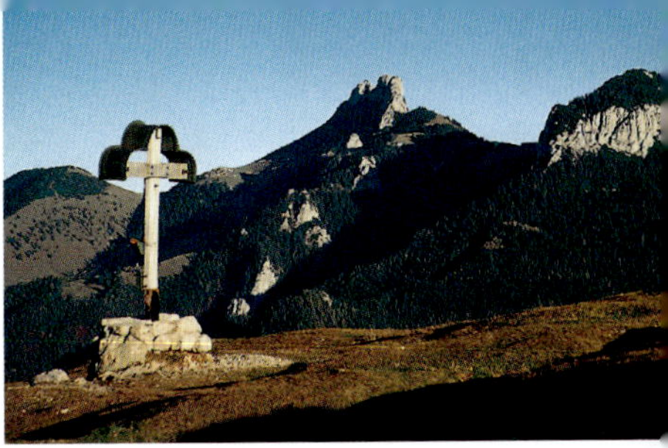

*Blick vom Laubenstein zur Kampenwand.*

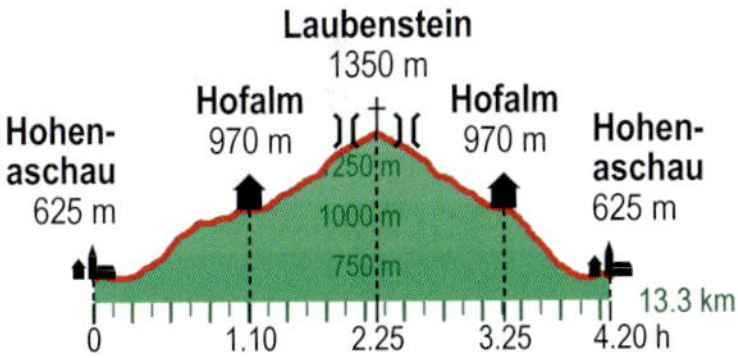


Auf dem Anstiegsweg kehren wir bis zur **Hofalm** zurück. Danach nehmen wir jenen Weg, der etwas links von der schon bekannten Trasse über die Geländekante in den Wald hinabführt. Auf steiniger Trasse leitet er steil hinab zum Heuraffelweg. Dieser trifft auf die Zellerhornstraße, der wir kurz nach rechts folgen, um über die Prien zur **Schlosswirtschaft** zurückzukehren.

*Ein gemütliches Platzerl für Jung und Alt: die Hofalm.*

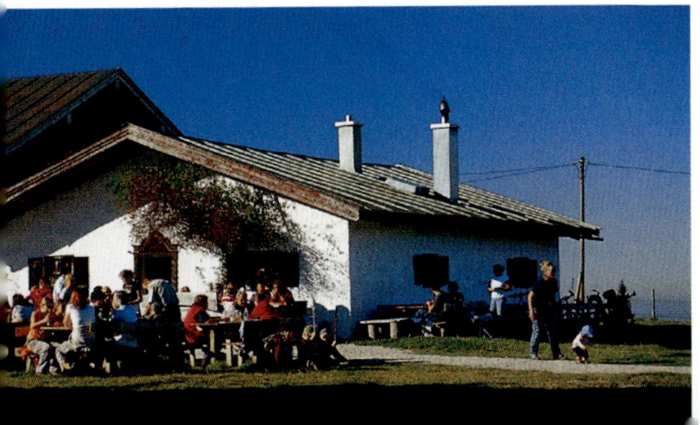

# 52 Doaglalm und Karkopf, 1496 m

**3.30 Std.**

## *Alpiner Gipfelanstieg auf einen reizvollen Hochries-Trabanten*

*In der Gebirgssilhouette südöstlich von Rosenheim steht die Hochries eher ungegliedert und massig als sehr flache Pyramide da, während der kleine westlich anschließende Nebengipfel schon ein etwas auffälliger in den Himmel ragt – es ist der Karkopf. Dieser Berg ist nicht einmal 1500 m hoch, überragt aber das Rosenheimer Becken um mehr als 1000 m und bietet mit seinem Westgrat ein kurzes, aber durchaus alpines Kraxelabenteuer. Im Geländekessel nördlich darunter, in der Spatenau, lädt eine gemütliche Alm zur Einkehr: die allseits beliebte Doaglalm.*

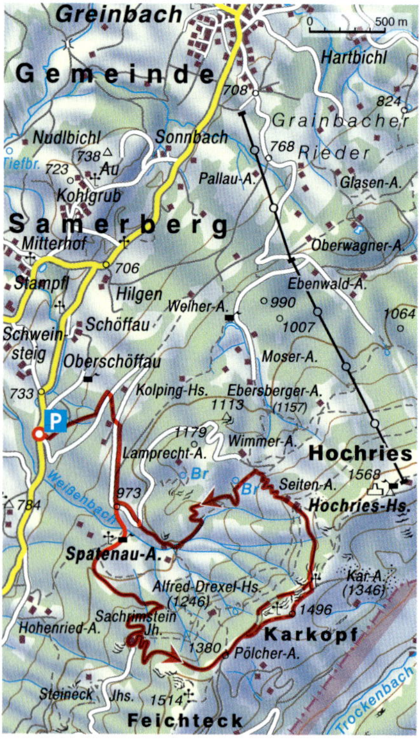


**Ausgangspunkt:** Parkplatz Spatenau (760 m, Navi: 83122 Samerberg. 47.749929, 12.217645); Zufahrt von A8-Ausfahrt Achenmühle nach Grainbach, dort rechts in Heubergstraße und weiter zu den großen Parkflächen im Wald.
**Höhenunterschied:** 760 m.
**Anforderungen:** Problemlose Bergwege und -pfade; der erdig-felsige Karkopf-Westgrat erfordert jedoch Trittsicherheit, etwas Schwindelfreiheit und teils leichte Kletterei (I) – bei Nässe besser nicht begehen!
**Einkehr:** Doaglalm, 970 m.
**Variante:** Die Schlüsselstelle Karkopf-Westgrat kann man bequem auf dem nordseitigen Karrenweg umgehen, um dann von Osten her aufzusteigen (Schwierigkeit »blau«).

Vom Parkplatz können wir auf dem Abkürzungsweg starten, der links der Almstraße ansetzt. Gleich nachdem der Weg wieder auf die Straße trifft, setzt 25 m nach links versetzt der nächste Abkürzungsweg an; dem folgen wir. Wieder auf einer Lichtung, folgt ein steiler, befestigter Straßenabschnitt. Wo es wieder flach wird, zweigen wir rechts ab Richtung **Doaglam** (970 m).

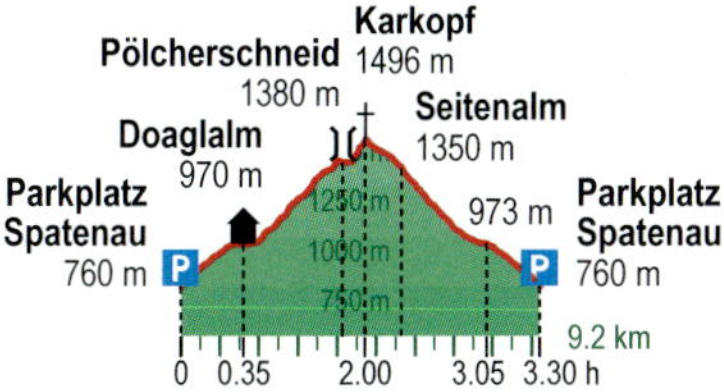


Nach einer **Brücke** zweigt kurz vor der Gaststätte der Weg nach oben ab, dem wir (ggf. nach der Einkehr) im Weiteren folgen. Im anschließenden Bergwald ignorieren wir eine Abzweigung nach links. Kurz vor der Jagdhütte Sachrinnstein folgen wir dem Wegweiser zur Hochries nach links. Den Ewaldweg ignorieren wir und folgen der aufwärtsführenden Trasse, die sich trotz altem Betonplatten-Untergrund zunehmend zum Fußpfad »renaturiert«; sie schlängelt sich hinauf zur **Pölcherschneid** (1380 m) – juchhe, was für eine Aussicht, die sich hier plötzlich auftut!

Auf dem breiten Sattel gehen wir nach links. Wo sich der Fahrweg in den Wald verabschiedet (und direkt zur Seitenalm führt, Variante), halten wir uns halbrechts und queren auf einem Pfad zu einer Schrofenstufe. Darüber gelangt man zum felsdurchsetzten Westgrat unseres Bergziels. Dort kraxeln wir knapp links der Gratlinie über teils unangenehm erdige Schrofen vorsichtig aufwärts. Eine problemlose Pfadspur leitet schließlich zur »Liegewiese« auf dem **Karkopf** (1496 m).

*Blick über die Seitenalm und den Samerberg und aufs Alpenvorland.*

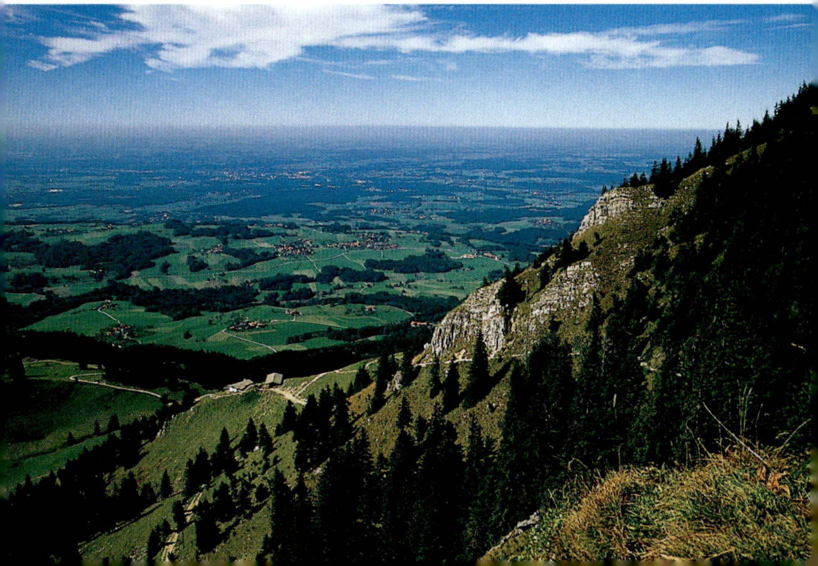

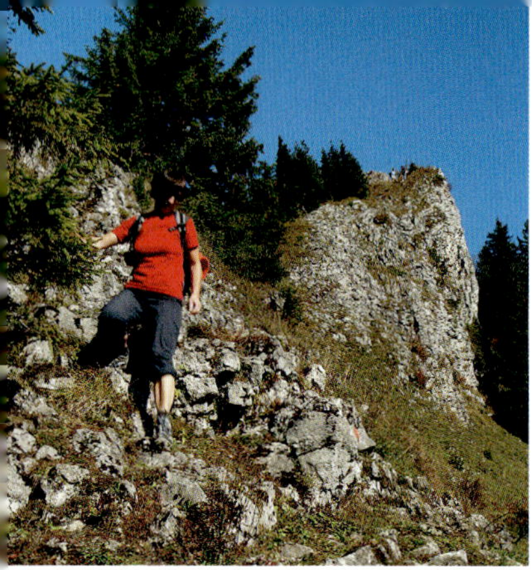

*Am Karkopf-Westgrat.*

Auf der Nordostseite geht es dann problemlos hinab in einen Sattel. Dort wenden wir uns nach links und steuern auf einem Karrenweg die herrlich aussichtsreich gelegene **Seitenalm** (1350 m) an. Der Hang unter der Alm wird in vielen Serpentinen überwunden, dann leitet unser Wanderweg nach links hinab in die Spatenau. Wo sich der Kreis unserer Wanderrunde schließt, bietet sich noch ein kurzer Abstecher zur abschließenden Einkehr bei der **Doaglalm** (970 m) an.
Am Anstiegsweg geht es dann zurück zum **Parkplatz**.

*Ein geradezu paradiesisches Fleckerl Erde: die Doaglalm in der Spatenau.*

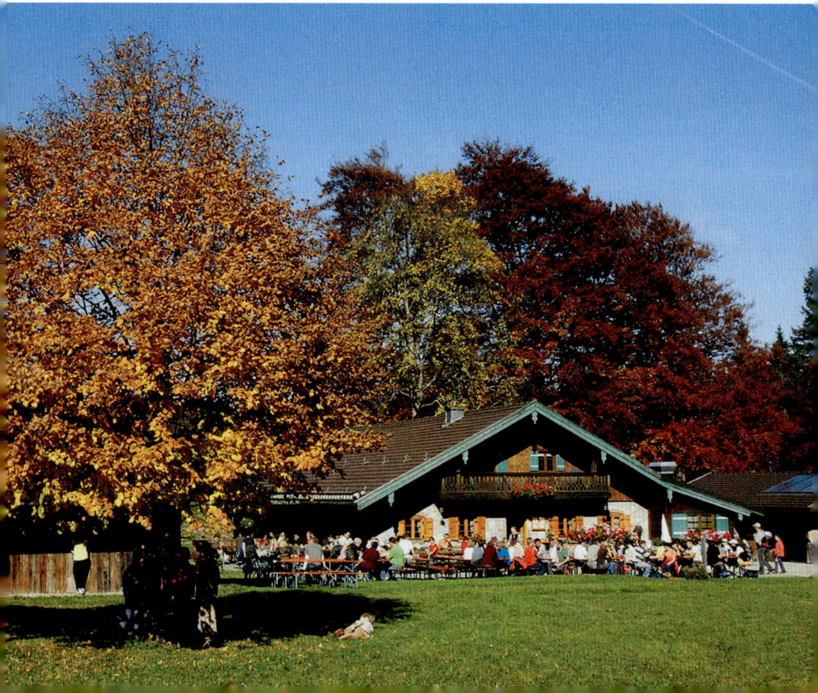

4.00 Std.

# Wasserwand, 1367 m, Daffnerwald- und Wagneralm

53 TOP

## *Ein abenteuerlicher Felskamm und gemütliche Almen*

*Der nordwestliche Eckpfeiler der Chiemgauer Alpen ist der Heuberg, gesprochen »Heiberg«. Das »Hei« ist in diesem Fall übrigens nicht das bairische Wort für »Heu«, sondern ist von »geheiter« (verbotener, verwunschener) Berg abgeleitet. Die bergsteigerisch interessanteste Erhebung des mehrgipfligen Bergstocks ist die steil aufragende Felsrippe der Wasserwand. Sie besteht aus Oberräth-Riffkalk, also einem hellen, festen Kalkstein, der sich bei Kletterern großer Beliebtheit erfreut. An der Wasserwand können schwindelfreie und felsgewandte Bergsteiger auch ohne Seil in die Kletterwelt hineinschmecken und dem schmalen First der weithin sichtbaren Felswand aufs Haupt steigen. Zur Abrundung der Tour lohnt sich für den Abstieg ein Umweg über die Wagneralm, die gegenüber im milden Licht der Nachmittagssonne zur Einkehr lädt. Von dort zeigt sich der Heuberg in einer schönen Gesamtansicht – so kann man die Gipfeltour noch einmal Revue passieren lassen.*

**Ausgangspunkt:** Parkplatz gegenüber dem Duftbräu (780 m, Navi: 83122 Samerberg, Duft 1, Gebühr wird bei Einkehr verrechnet). Zufahrt von der A 8 über Achenmühle und Grainbach, dort nach dem Ortskern rechts in die Heubergstraße, Wegweiser zum Duftbräu.
**Höhenunterschied:** 660 m.
**Anforderungen:** Schwindelfreiheit, Trittsicherheit und Felsgewandtheit an der Wasserwand (fast senkrechte Passagen, Felsschwierigkeit I, klettersteigartige Sicherungen). Ansonsten Fahrwege und Pfade ohne große Schwierigkeiten (nur stellenweise etwas glitschig).
**Einkehr:** Daffnerwaldalmen (Laglerhütte, 1050 m, etwas nördlich Deindlalm, 1040 m), Wagneralm (1040 m), am Ausgangspunkt Duftbräu (780 m).
**Variante:** 1) Auf die Graskuppe (1338 m) des Heuberg-Massivs, problemlos, wenige Minuten vom Wasserwand-Einstieg (dort links). 2) Beschilderter Abstecher von der Wagneralm durch steilen Bergwald (Schwierigkeit »rot«) und über aussichtsreichen Gipfelrücken aufs Feichteck (1514 m), 1.15 Std. rauf, 1 Std. zurück zur Wagneralm.

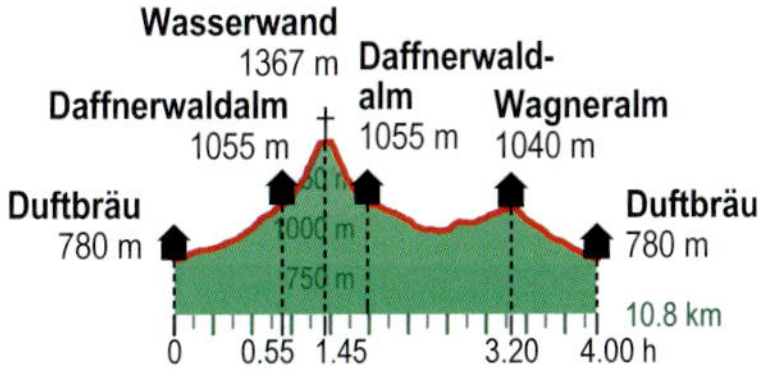


*Der wild rauschende Fluderbach.*

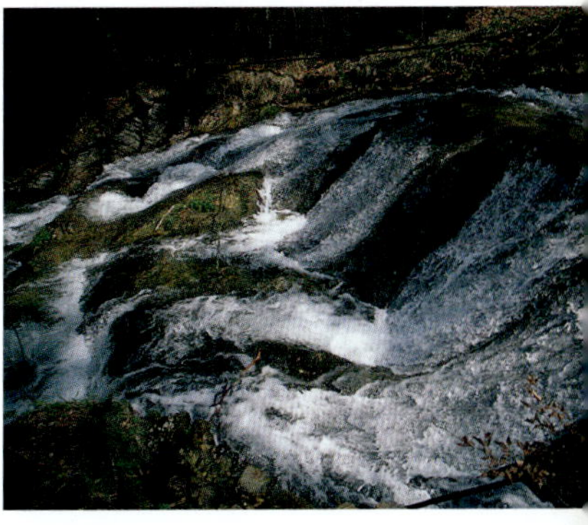

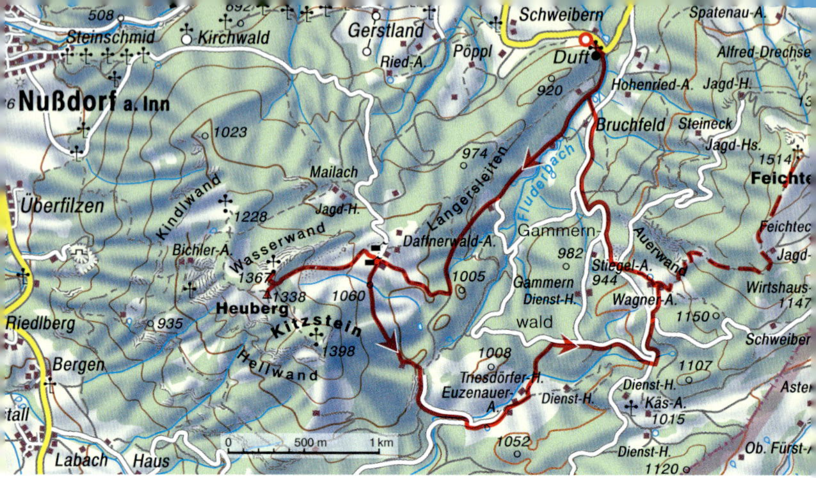


Vom **Duftbräu** (780 m) gehen wir entlang der Straße einige Meter hinab zum **Fluderbach**. Unmittelbar vor der Brücke setzt rechts unser Wanderweg an, der ausgesprochen reizvoll neben den Wasserfällen des Bachs bergan führt. Bei der ersten Wegkreuzung halten wir die Grundrichtung bei (über die Brücke links kommen wir am Ende der Tour von der Wagneralm zurück). Jetzt folgt eine flache Waldpassage neben dem hier lustig plätschernden Fluderbach. Auch bei der nächsten Verzweigung ignorieren wir die Brücke und ziehen über eine Lichtung hinan (am Bach darunter tolle Spielmöglichkeiten für Kinder). Im nächsten Waldstück geht es über ein Kiessträßchen geradewegs hinweg in eine kleine Senke. Im Wald darüber fordert eine kurze steinige Wegpassage etwas Trittsicherheit. Nach der Steilstufe halten wir uns bei einer unscheinbaren Verzweigung rechts. Nach einer wurzeligen Waldpassage sind die Almwiesen der **Daffnerwaldalm** (1050 m) erreicht, wo mit der Deindlalm (rechts) und Laglerhütte (inks) gleich zwei Brotzeitstationen zur Einkehr locken.

*Laglerhütte (links) und Deindlalm.*

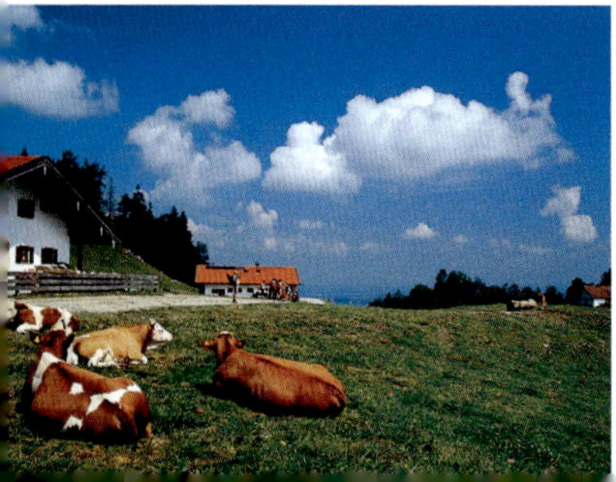

Rechts neben der Laglerhütte setzt der Weiterweg an, überwindet die Ufermoräne eines eiszeitlichen Ferneisstromes und zieht über einen ziemlich glitschigen, zunehmend steilen Hang hinauf in einen kleinen Sattel. Von dort nach links, gelangt man in wenigen Minuten auf die Graskuppe des Heubergs (1338 m, Variante), scharf nach rechts hinauf wird es alpin: An ei-

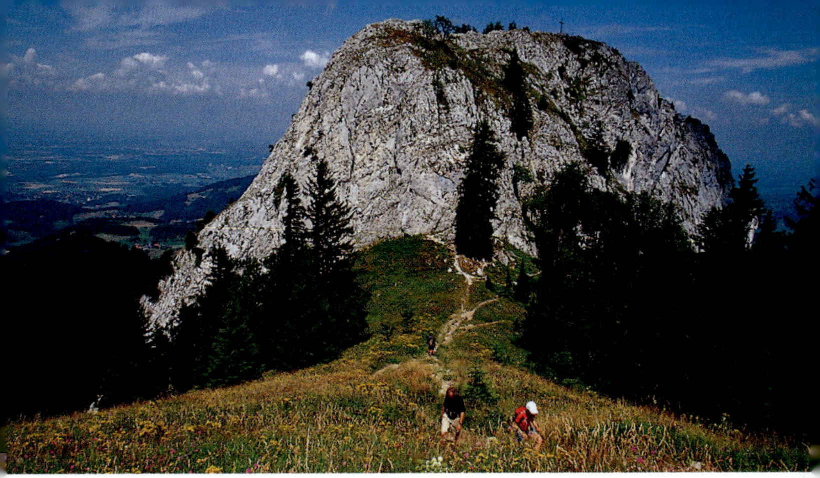

*Blick vom Grasgipfel des Heubergs (1338 m) auf die Wasserwand (1367 m).*

nem Stahlseil queren wir ein Stück nach links und steigen dann über fast senkrechtes Felsgelände nach oben. Wo das Seil aufhört, fordern lose Steine noch volle Aufmerksamkeit (auch der nachsteigenden Alpinisten wegen). Über den Gipfelgrat nach rechts erreicht man das exponierte Gipfelkreuz der **Wasserwand** (1367 m).

Zurück an der **Daffnerwaldalm** (1050 m), folgen wir dem breiten Weg, der nach rechts quert: erst über die Almwiese, dann – etwas steinig – durch Wald. Der Weg wird bald wieder breiter und verzweigt sich; wir halten uns links Richtung Euzenau (Weg 41), ebenso gleich darauf nach einer Bachüberquerung. Auf einem Almsträßchen passieren wir zwei Hütten auf der flachen Wiese der **Euzenauer Alm** (920 m) und biegen bei der dritten Hütte – es ist die private Triesdorfer – links ab (Wegweiser »Duftbräu«). Über eine Geländestufe gelangt man hinauf zu einer Kiesstraße. Der folgen wir nach rechts und gehen geradeaus, bis wir nach einem kurzen Gefälle bei einer Forststraßenverzweigung scharf nach links hinaufwandern. Die erste folgende Abzweigung nach rechts wird ignoriert, nach einem kurzen Gefälle nehmen wir die nächste Abzweigung zur abschließenden Einkehr bei der gemütlichen **Wagneralm** (1040 m).

Auf schwachen Trittspuren wandern wir über den gegenüber hinabführenden Wiesenhang zum Almsträßchen. Wo es eine längere Linkskurve beschreibt, kann man eine Abkürzung einschlagen. So oder so kommt man zum **Waldparkplatz**; auf dessen Zufahrtsstraße passieren wir ein einzelnes Haus und zweigen vor dem Ende der Lichtung links ab. Am **Fluderbach** schließt sich der Kreis: Entlang der Wasserfälle geht's zum **Duftbräu** (780 m).

TOP 54

# Chiemgauer Höhenweg, mit Geigelstein, 1813 m

**6 Tage**

***Auf den Spuren von König Maximilian II. durch die Chiemgauer Alpen***

*Angesichts der großartigen Ausblicke, die der Aussichtsbalkon Chiemgauer Alpen bietet, ist es verlockend, mal länger oben zu bleiben, um das Gebiet mit Muße zu durchstreifen. Dafür gibt es einige »offizielle« Wege: Die violette Variante der Via Alpina und den E4 Pyrenäen – Wien, der in den Bayerischen Alpen identisch ist mit dem Maximiliansweg – benannt nach dem bayerischen König Maximilian II., der 1858 auf ähnlicher Strecke in fünf Wochen von Lindau nach Berchtesgaden gereist ist. Via Alpina und Maximiliansweg verlaufen in den Chiemgauer Alpen großteils, aber nicht durchgängig auf gleicher Trasse. Auch der hier vorgeschlagene Weg – ich nenne ihn mal »Chiemgauer Höhenweg« –, benutzt auf weite Strecken diese Trassen, hält sich aber nicht beinhart daran. Die Route ist nicht die kürzeste Verbindung zwischen Inntal und Inzell, aber vielleicht die abwechslungsreichste. Insbesondere der nach Süden ausholende »Schlenker« über Klausenkamm und Geigelstein ist ein Umweg, der sich lohnt – auch als eigenständige Rundtour ab Aschau.*

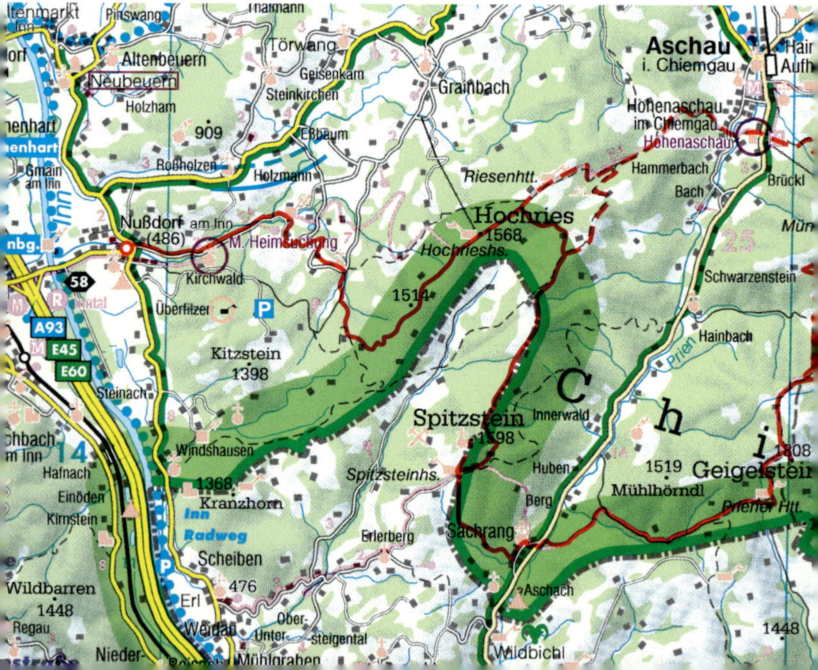

**Ausgangspunkt:** Nußdorf am Inn (487 m); Parkplatz bei der Brücke über die Achen, auch Steinbach genannt (Navi: 83131 Nußdorf am Inn, Neubeuerer Str. 2-4); von den Bahnhöfen Rosenheim (an der Strecke München – Salzburg) und Raubling (an der Strecke Kufstein – Rosenheim) mit dem Bus der Linie 9490 erreichbar – allerdings nicht an Sonn- und Feiertagen.
**Endpunkt:** Weißbach (630 m), Bushaltestelle der Linie 9526 an der B 305; von dort Rückfahrt zum Bahnhof Traunstein, auch an Sonn- und Feiertagen).
**Höhenunterschied:** 5400 m im Aufstieg, 6000 m im Abstieg.
**Anforderungen:** Ausdauer, Trittsicherheit, Orientierungssinn, stellenweise auch Pfadfinderqualitäten. Mehrere Wegabschnitte verlaufen über alpine Pfade und Steige, stellenweise auch in abschüssigem Gelände. Die Schwierigkeit der Kampenwand tendiert zu »schwarz«, auf jeden Fall beim direkten Abstieg über die Ostseite des Gipfels.

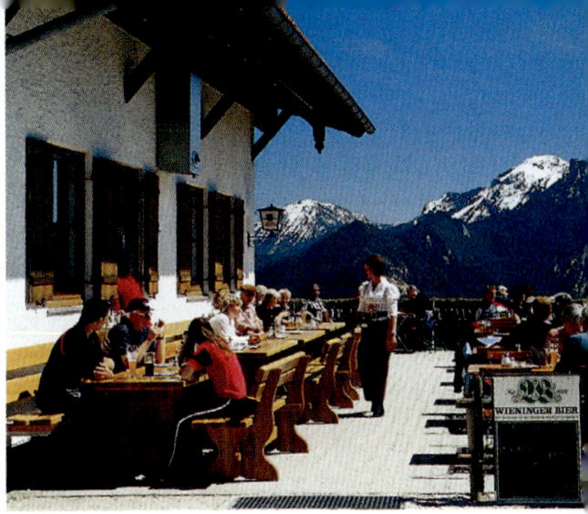


*An der Staffnalm (4. Tag). Am 5. Tag überschreiten wir Hochgern (rechts) und Hochfelln (links im Hintergrund).*

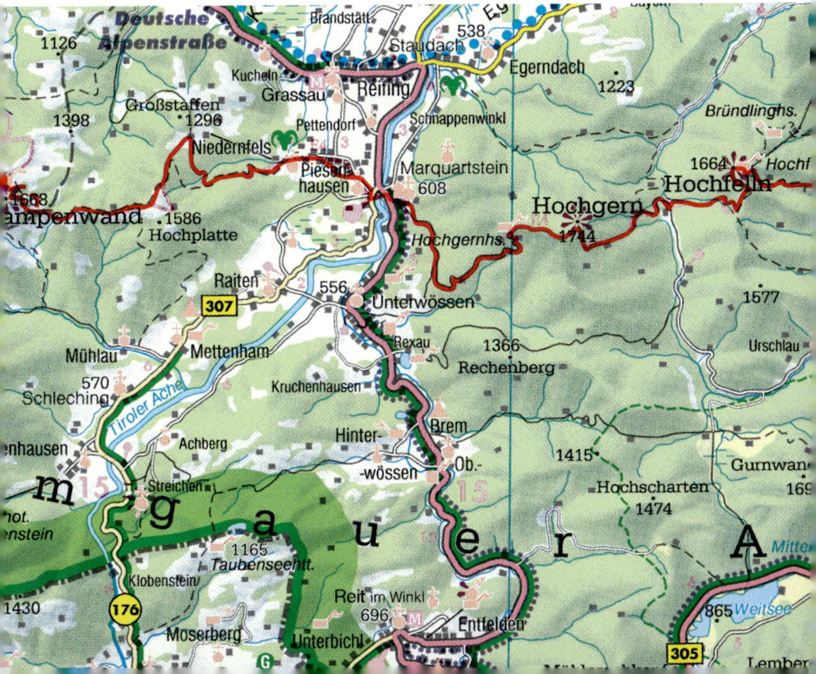

**Einkehr:** 1. Tag: Duftbräu (780 m), Wagneralm (1040 m), Hochrieshütte (1568 m, Tel. +49 8032 8210, www.hochrieshuette.de).
2. Tag: Spitzsteinhaus (1252 m, Tel. +43 5373 8330, www.spitzsteinhaus.info), Gasthäuser in Sachrang, Priener Hütte (1410 m, www.dav-priener-huette.de, Tel. +49 8057 428).
3. Tag: Roßalm (1680 m), Hofbauernalm (1379 m), Sonnenalm (1470 m, Tel. +49 8052 906440, reservierung@sonnenalm-kampenwand.de).
4. Tag: Steinlingalm (1450 m), Piesenhausener Hochalm (1319 m), Staffnalm (1185 m), Gasthäuser in Marquartstein (www.achental.com/de/uebernachten), Agergschwendtalm (1040 m), Enzianhütte (1420 m), Hochgernhaus (1461 m, Tel. +49 8641 6929283, www.hochgernhaus.de).
5. Tag: Bischofsfellnalm (1390 m), Hochfellnhaus (1665 m), Gasthäuser und Hotels in Ruhpolding (Reservierung: Touristinfo Tel. +49 8663 88060, www.ruhpolding.de).
6. Tag: Rauschberghaus 1640 m), Kaitlalm (970 m), Harbacher Alm (830 m).

**Varianten:** 1) Abkürzung (ein Tag weniger) von der Hochrieshütte der E4-Markierung folgend über Riesenhütte und Hofalm hinab nach Hochenaschau und gegenüber – ggf. per Seilbahn – hinauf zur Sonnenalm (4.30 Std.). 2) Dreitagerundtour ums obere Priental: Von Hohenaschau wie in Tour 51 zur Laubensteinalm und weiter über den Klausenkamm auf die Hauptroute zum Spitzsteinhaus (Übernachtung). Am nächsten Morgen auf den Spitzstein, anschließend hinab nach Sachrang und gegenüber hinauf zur Priener Hütte. Am dritten Tag über Roß-, Hofbauern-, Sonnen- und Steinlingalm auf die Kampenwand; Abstieg über Schlechtenberg- und Gorialm zurück nach Hohenaschau.

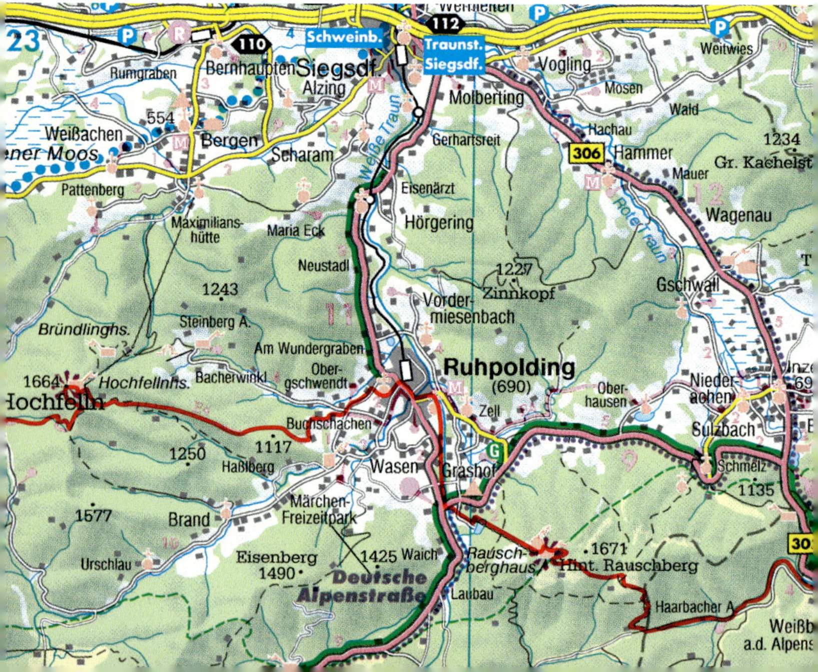

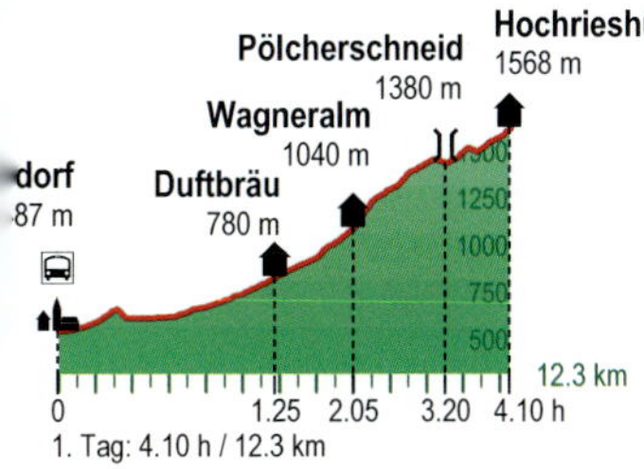


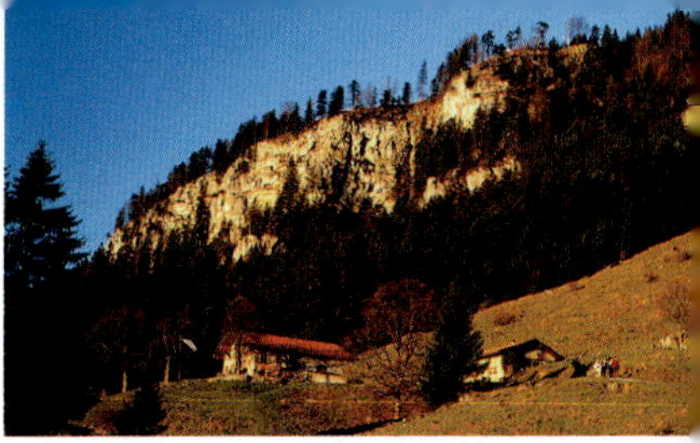

*Ein wunderbarer Ort zum Verweilen: Die Wagneralm unter der Auerwand.*

**1. Tag (1130 Hm):** Um zur Gipfelhütte auf der Hochries zu kommen, hat man viele Möglichkeiten. Die bequemste bietet die Hochries-Seilbahn von Grainbach. Wer dagegen ganz am Westrand der Chiemgauer Alpen im tief eingeschnittenen Inntal startet, muss reichlich Schweißperlen opfern. Wenn man einen halben Tag Zeit für den Hüttenzustieg einplanen kann, sollte man sich diesen abwechslungsreichen Anstieg durch verschiedene Landschafts- und Höhenzonen aber nicht entgehen lassen.

Dazu startet man in **Nußdorf** bei der Brücke und folgt dem asphaltierten (für den öffentlichen Verkehr gesperrten) Mühltalweg. Bald nach der **Mühle** kommt man zu einem kleinen **Wasserkraftwerk**. Dort folgen wir dem abzweigenden Sträßchen Richtung Gritschen bergan; bei einer Rechtskurve links auf einen Feldweg, an Brennbichl vorbei und nach **Ried im Winkl**. Nun auf der Straße bergan und nach einer Kehre auf den Fußweg zum **Duftbräu** (780 m) hinauf.

Unter dem Gasthaus entlang gehen wir auf der Straße bis zu einer Brücke; davor wechseln wir auf den Wanderweg entlang dem Fluderbach. Bei der nächsten Brücke darüber hinweg und gleich darauf nach rechts in ein Kiessträßchen einmünden. Beim Waldparkplatz und der folgenden Verzweigung lassen wir uns von der Ausschilderung zur Wagneralm leiten. Nach einem steilen Abschnitt teilt sich der Fahrweg – hier geradeaus weiter auf einen Wiesenweg – er führt direkt zur **Wagneralm** (1040 m).

Am Nebengebäude gehen wir oberhalb vorbei und folgen dann gleich dem nach links zum Wald hinaufführenden Pfad. Über einige steile Abschnitte geht es dann durch den Wald. Wieder auf Weidegelände gehen wir nach rechts zu einer nahen (unbewirtschafteten) Almhütte und folgen dort dem aufwärts führenden Güterweg. Der führt unter dem Feichteck herum zur **Pölcherschneid** (1380 m). Dort geht es auf dem Karrenweg nach Westen weiter, der durch die steile Nordflanke des Karkopfs quert (der kann mit etwas Kraxelei auch überschritten werden, vgl. Tour 52). Bei der folgenden Verzweigung gehen wir nach oben zu einem Sattel (1429 m) und streben über den Westrücken dem Gipfel der **Hochries** (1568 m) zu, wo uns gleich am ersten Tag das höchstgelegene Nachtlager der Tour erwartet.

**2. Tag (1120 / 1280 Hm):** Heute steht uns eine richtig lange Etappe bevor. Früh loszugehen ist also allein schon deshalb angesagt – für einen Sonnenaufgang am Gipfel lohnt es sich aber auch, früh aufzustehen.

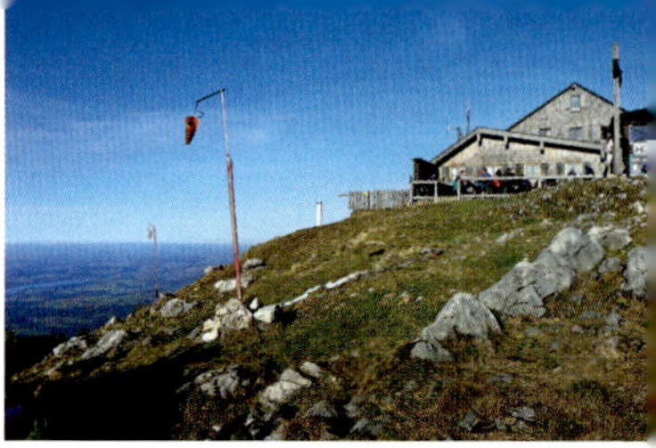

*»Ganz oben«: die Hochrieshütte.*

Wir starten auf dem Weg Richtung Riesenhütte nach Osten hinab. Wo wir auf eine **Almwiese** hinaustreten, zweigen wir an einem Wegweiser-»Baum« nach rechts auf den unauffälligen Weg »215/218« ab und wandern durch einen lichten Wald mit einigen Dolinentrichtern (einer typischen Karsterscheinung). Dabei gilt es genau auf die nicht immer deutlichen Trittspuren und blassroten Markierungen zu achten. Auf einer Lichtung kommt von rechts ein Pfad herab; dort gehen wir auf vorübergehend undeutlicher Spur geradeaus hinab. Eine Abzweigung zur Riesenhütte wird gleich darauf ignoriert. Auf einer Lichtung wendet sich der Pfad nach links und tangiert bald einen Karrenweg. Vor einer Hütte nach links hinauf treffen wir gleich wieder auf diesen Weg und benutzen ihn kurz aufwärts. Bei der nächsten Verzweigung halten wir uns rechts, ebenso gleich nach einer Bergwachthütte. Ein rauer Pfad gewinnt nun zügig an Höhe. Am Kamm wandern wir nach rechts über den **Predigtstuhl** (1494 m) und den **Klausenberg** (1554 m) zur Klausenhütte (1508 m, unbewirtschaftet).

Rechts am Zinnenberg vorbei geht es über die Feichtenalm (1472 m) weiter nach Süden. Zwischen Latschen und einigen Felsen wird der Brandelberg etwas rechts der Kammlinie passiert. Aus dem folgenden Sattel steigen wir über einen mit Felszacken garnierten Kamm Richtung Spitzstein hinauf. Wo zwei Tafeln (»Lebensgefahr!«) davor warnen, auf dem aufgelassenen Gipfelsteig weiter Richtung Spitzstein zu klettern, folgen wir der Wegweisung zum Spitzsteinhaus nach links. Nach einer Querung geht es hinab in ein Waldstück; dort wird die Linksabzweigung nach Innerwald ignoriert. Am Fuß der senkrecht aufragenden Spitzsteinwand gelangen wir durch ein weiteres Waldstück zur **Aueralm** (1335 m). Dort wandern wir auf einem Fahrweg nach

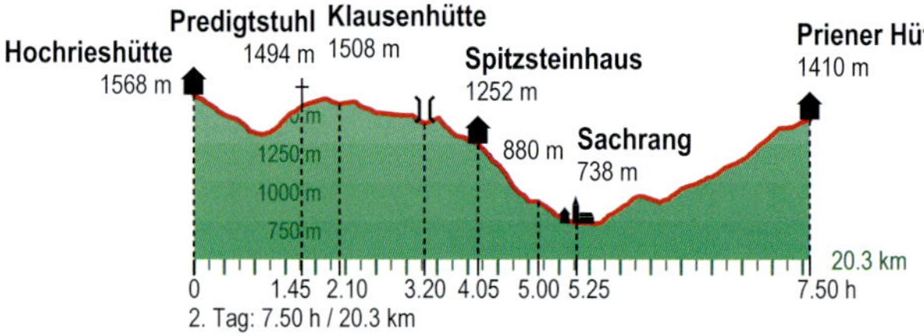

rechts und wechseln bei der ersten Kehre auf einen Pfad, der direkt zum **Spitzsteinhaus** (1252 m) führt.
Weiter geht es kurz auf dem Zufahrtssträßchen, von dem wir gleich nach der ersten Rechtskehre nach links abzweigen. An der Steinmoosalm vorbei wandern wir – ziemlich genau auf der Grenze zwischen Bayern (links) und Tirol (rechts) – nach Süden. Am Waldrand entlang, dann durch Wald und über eine Bergweide, gelangen wir in einen kleinen Bachgraben. Von dort führt ein Karrenweg ein kurzes Stück bergan nach **Mitterleiten** (880 m). Diesen Weiler verlassen wir auf dem Zufahrtssträßchen. Der Weg nach Sachrang zweigt gleich darauf nach rechts auf einen Feldweg ab. Durch einen bewaldeten Graben gelangt man hinab zur Kirchstraße, die zur Kirche St. Michael in **Sachrang** (738 m) führt. Von dort kann man über die Kirchstraße direkt zur Landstraße weitergehen oder einen kleinen Umweg machen, der kulturelle wie auch kulinarische Abwechslung bietet: An den alten Bauernhäusern entlang ein Stück zurück, dann nach links, nach dem Bach gleich wieder links. Rechts, in der Schulstraße, steht das **Müllner-Peter-Museum** (über Peter Hueber, dessen Geschichte im Fernsehfilm »Sachrang« erzählt wird, Infos unter www.muellner-peter-museum.de).

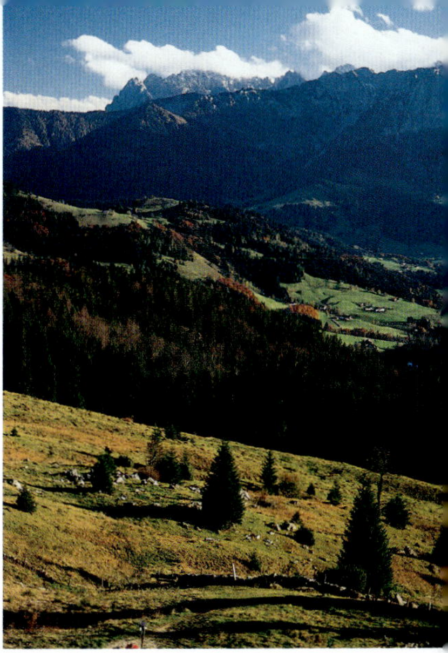

*Blick vom Spitzsteinhaus zum Kaiser.*

Zurück an der Dorfstraße, gehen wir Richtung Nordosten und passieren den Gasthof Post sowie den Sachranger Hof. An der Kreuzung überqueren wir die Bundesstraße und gehen am begleitenden Weg ein Stück nach links. Kurz vor dem Ende des Parkplatzes überqueren wir diesen und befinden uns damit auf dem Versorgungsweg unserer heutigen Unterkunft. Zwei beschilderte Fußweg-Abkürzungen bieten sich an, die erste führt direkt zur Talalm (Wegweiser), die andere setzt dort an, wo der Fahrweg den Talgrund verlässt. Zu-

*Am Weg zur Priener Hütte.*

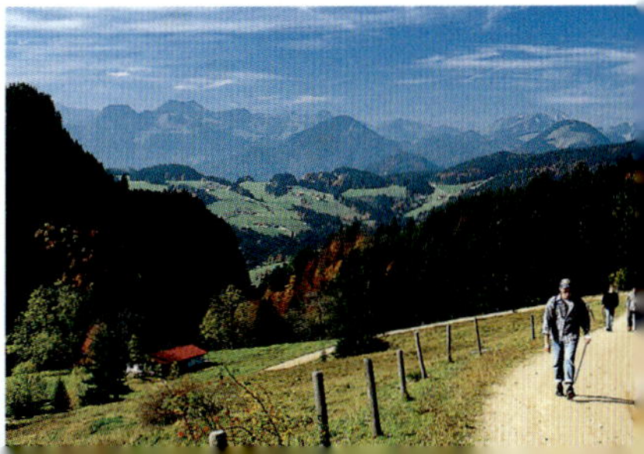

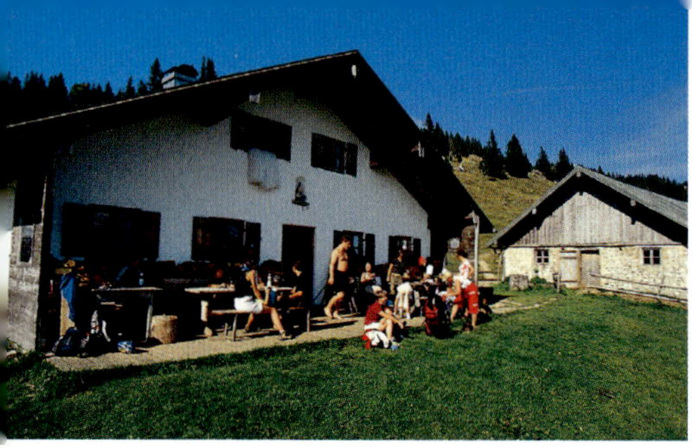

Einladend: die Hofbauernalm.

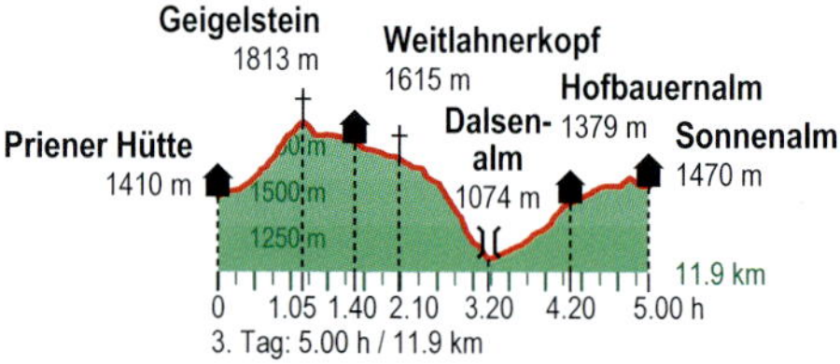


rück auf dem Fahrweg, sehen wir bald die **Priener Hütte** (1410 m).

**3. Tag (830 / 770 Hm):** Wir folgen dem aufwärts führenden Fahrweg und wechseln vor der nächsten Alm auf einen Fußpfad nach links. Kurz nach der nahen Bergwachthütte geht es nach rechts über die Oberkaseralm in weitem Bogen auf den höchsten Gipfel der ganzen Tour, den **Geigelstein** (1813 m).

Über den letzten Abschnitt des Gipfelanstiegs steigen wir wieder ab, behalten dann aber die Nordrichtung bei. So wandern wir an der **Roßalm** vorbei und queren rechtshaltend hinüber zum **Weitlahnerkopf** (1615 m). Beim Abstieg vom Gipfelkreuz folgen wir dem Bergpfad nach Norden hinab. Am Hangfuß steuern wir nicht die Gebäude der Dalsenalm an, sondern die breite **Talwasserscheide** links davon – genaugenommen den linken, etwas tiefer gelegenen Wegweiserpfahl. Dort über einen Zaun und auf einem Wanderweg zum gegenüberliegenden Waldrand hinauf. Im Wald folgen wir einer Forststraße nach links. Gleich darauf zweigen kurz hintereinander ein Wanderweg und ein Fahrweg rechts ab, die beide beschildert zur **Hofbauernalm** (1379 m) hinaufführen. Durch das Gebiet der Mehlbeerwände queren wir schließlich hinüber zur Bergstation der Kampenwandseilbahn und zur benachbarten **Sonnenalm** (1470 m).

**4. Tag (1250 / 1260 Hm):** Der neue Tag beginnt mit einem gemütlichen Spaziergang, der ohne große Höhenunterschiede zur **Steinlingalm** (1450 m) hinüberführt. Dort folgen wir den Steigspuren nach oben. Kaum in den Latschen, zweigt gleich die Via Alpina links ab. Wer auf die Kampenwand verzichten will, kann diesem Weg folgen und umgeht den Felsgipfel auf seiner Ostseite. Wer den prominentesten Chiemgauer Gipfel mitnehmen will, steigt wie in Tour 49 durch die eindrucksvollen Kaisersäle zum Chiemgaukreuz auf dem Ostgipfel der **Kampenwand** (1664 m) hinauf.

Beim Abstieg kann man entweder auf bekanntem Weg zur eben erwähnten Abzweigung knapp oberhalb der Steinlingalm zurückgehen oder – viel kür-

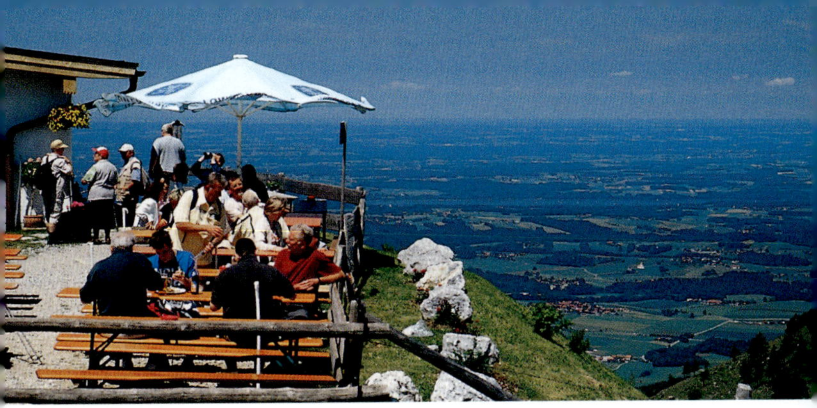

*An der Steinlingalm. Im Hintergrund der Simssee im Rosenheimer Land.*

zer, aber etwas schwieriger (»schwarz«) – wie in Tour 50 direkt nach Osten zur Wegfortsetzung absteigen. Diese leitet vom Vereinigungspunkt mit der »Ostumgehung« zu den Südhängen von Raffen und Hochalpenkopf und weiter zur **Piesenhausener Hochalm** (1319 m).
Bald danach zweigen wir auf einen Pfad ab, der nach links Richtung Friedenrath quert. Dort folgen wir aber nicht den Steigspuren auf den felsigen Kamm (eine Sackgasse), sondern dem deutlichen Waldweg, der rechts des Kammes bergabführt. Der guten Beschilderung folgend erreichen wir die **Staffnalm** (1185 m), von wo man entweder mit dem Sessellift oder auf einer Forststraße ins Tal gelangt.
An der **Talstation** vorbei folgen wir der Zufahrtsstraße nach Piesenhausen. Nach dem Poseidon (einst Gasthof zur Hochplatte) zweigen wir rechts auf den beschilderten Fußweg (»E4«) nach **Marquartstein** (546 m) ab. Beim Rathaus halten wir uns rechts, gleich nach der VR-Bank gehen wir nach links in die Dorfstraße und über die Achen. Danach rechts und anschließend in die

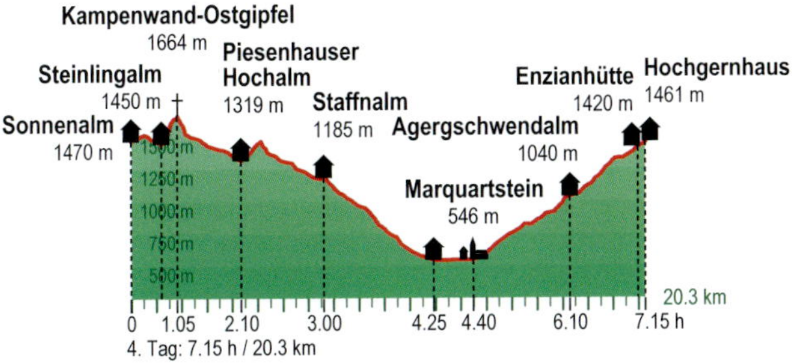

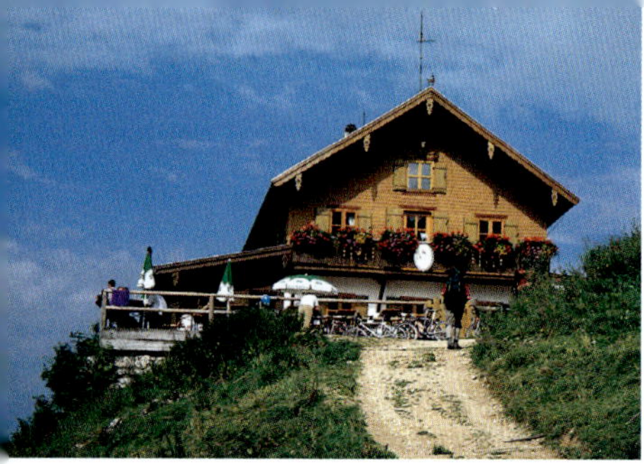

*In erhabener Lage: das Hochgernhaus.*

Burgstraße. Vom Parkplatz folgen wir der eindeutigen Beschilderung über die **Agergschwendtalm** (1040 m) und die **Enzianhütte** aufs **Hochgernhaus** (1461 m).

**5. Tag (920 / 1720 Hm):** Vom Hochgernhaus steigen wir nach Osten zu einem sehr aussichtsreichen Rücken an. Um einen Geländekessel rechts herum, erreichen wir den Gipfelhang und bald darauf den höchsten Punkt des **Hochgern** (1744 m). Nach Südosten hinab setzen wir unseren Weg fort. 250 m tiefer geht es dann nach links hinüber zur **Bischofsfellnalm** (1390 m). Wo deren östlicher Abstiegspfad auf das Hinteralm-Zufahrtsträßchen trifft, folgen wir dem nach rechts. Am Ende der Gefällestrecke halten wir uns wieder rechts und schlendern über das ebene **Eschelmoos** (1070 m). Bei der folgenden Verzweigung links und an zwei Hütten vorbei, kommt man auf die andere Talseite. Unser Weg steigt nun wieder an, überquert den Weißgraben und zieht dann als Waldpfad hinauf zu einem **Joch** (1420 m). Dort folgen wir dem Hochfellnweg nach links. Nach einer Querung steigen wir über eine Felsstufe zum oberen Ansatz der Thorauschneid. Dort links halten und hinauf zum Gipfel des **Hochfelln** (1671 m), wo man aussichtsreich einkehren kann – aber nicht übernachten.

Also steigen wir wieder ab, zunächst ein Stück Richtung Mittelstation. Bald schickt uns der Wegweiser »Ruhpolding« auf einen Pfad nach rechts, der in den Fellnalm-Kessel hinabführt. Weiter talaus folgen wir nicht dem Zufahrtsweg der Farnbödenalm, sondern dem Weg, der durch den linken Hang talausführt. Nach dem Wechsel auf die Nordseite des Rückens wandern wir hinab zum Hof **Egg**. Dort links, geht es auf dem Zufahrtssträßchen hinab in einen Talboden, wo wir der Maiergschwendter Straße nach links folgen. Bei

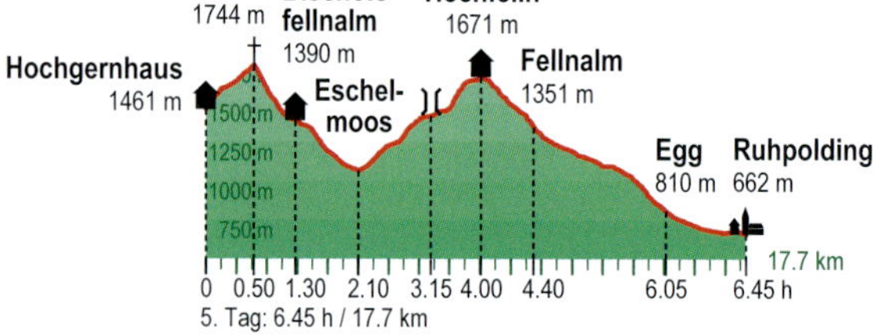

einer Brücke zweigen wir rechts ab und steigen hinauf zur barocken **Pfarrkirche St. Georg** (mit der berühmten Ruhpoldinger Madonna). Gegenüber gelangt man über die Ostseite des Kirchbergs hinab ins Zentrum von **Ruhpolding** (662 m).

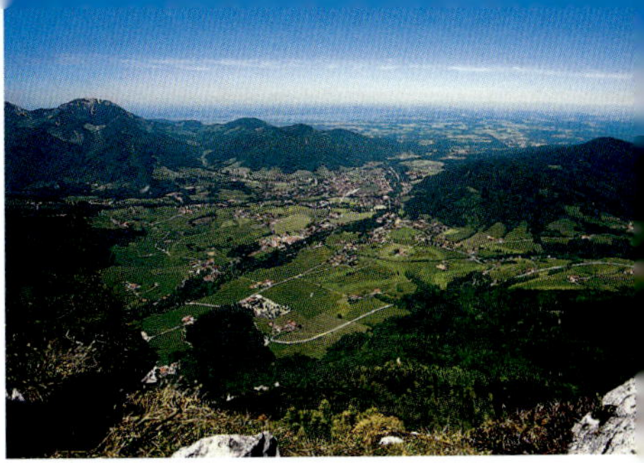

*Blick vom Rauschberg auf den Ruhpoldinger Talkessel und den Hochfelln (links im Bild). Im Hintergrund erkennt man den Chiemsee.*

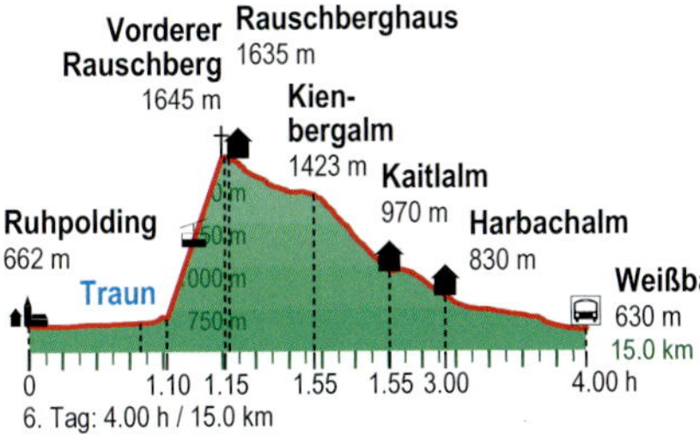


**6. Tag (100 / 960 Hm):** Der letzte Tag beginnt mit einem Morgenspaziergang entlang der erfrischend rauschenden **Weißen Traun**. Dorthin gelangt man von der Ampelkreuzung am südlichen Ortsrand über die Zellerstraße. Immer flussauf, wandern wir in Gehrichtung rechts des gezähmten Wildflusses bis dorthin, wo die Bundesstraße 305 nach Inzell das Gewässer überquert; das tun auch wir und wandern auf der anderen Seite zur etwas oberhalb gelegenen Talstation (710 m) der **Rauschbergbahn**. Mit dieser schweben wir über zerklüftete Felsszenerien steil bergan. Von der Bergstation sind es nur wenige Meter auf den **Vorderen Rauschberg** (1645 m).

Nun kann man auf dem Lehrpfad eine Runde im Gipfelbereich drehen und die Kunstwerke von Walter Angerer dem Jüngeren (u. a. »Adams Hand«) bestaunen. Zur Einkehr bietet sich das **Rauschberghaus** nahe der Bergstation an. Auf dessen Versorgungssträßchen beginnen wir den Abstieg. Nachdem wir südlich um den Hinteren Rauschberg herumgegangen sind, zweigen wir nach rechts ab und gehen zur **Kienbergalm** (1423 m); dort folgen wir dem Weg, der nach links über eine Wiese führt. Dann wird es steiler und es geht in Kehren hinab zur **Kaitlalm** (970 m).

Auf dem Zufahrtssträßchen der Alm kommt man zu einer Forststraße, der wir nach links, also Richtung Weißbach folgen. Bald nach der **Harbachalm** (830 m) gehen wir zur Bäckinger Klause und weiter durch die Tiefen des eindrucksvollen Tals der Vorderen Schwarzachen hinab. Durch einen Tunnel der ehemaligen Waldbahn kommen wir schließlich zur Reiterbrücke und über diese hinweg zur B 305 in **Weißbach** (630 m, Bushaltestelle einige Meter gen Süden).

# 55 Rund um den Chiemsee

2 Tage

## *An den Ufern des »Bayerischen Meeres«*

*Die Umrundung des Chiemsees ist keine spektakuläre Leistung: Schwierig ist sie nicht, nennenswerte Höhenunterschiede gibt es auch nicht und auf zwei oder drei Tagesetappen aufgeteilt bleibt man pro Tag noch deutlich unter der Marathondistanz. Und doch – oder gerade deshalb: Die meisten, die es mal gemacht haben, wollen das Erlebnis nicht missen und viele wiederholen die Aktion immer wieder. Für den wahren Naturgenuss sollte man jedoch die betriebsame Ferienzeit im Sommer und da speziell die Wochenenden meiden. Das ist kein Verzicht, denn am Chiemsee hat jede Jahreszeit ihren Reiz – auch und gerade der Winter. Der Weg ums »Bayerische Meer« verläuft größtenteils auf ausgeschilderten, ufernahen Wegen, von denen mehrere Abschnitte bei Tourenvorschlägen dieses Buches schon vorgestellt wurden. Auf eine durchgehend detaillierte Wegbeschreibung kann hier daher verzichtet werden. Nur für den Abschnitt südlich des Sees gibt es zwei deutlich verschiedene Wegvarianten: Die kürzere verläuft nahe dem Ufer, aber auch neben der Autobahn; die längere (empfohlene) Variante entfernt sich zwischen Feldwies und Felden vom See und der Autobahn – und leitet durch stillere Landschaften.*

**Ausgangspunkt:** Beliebig, hier beschrieben ab Prien-Stock, dampflokbetriebene Zugverbindung mit dem Bahnhof Prien an der Bahnlinie Rosenheim – Salzburg. Parkmöglichkeiten östlich des Bahnhofs Prien (vgl. Tour 9), gebührenpflichtige Parkplätze in Stock (Navi: 83209 Prien am Chiemsee, Seestraße 95).

**Höhenunterschied:** Am See nicht nennenswert, über Westerbuchberg 80 m.

**Anforderungen:** Ausdauer und Aufmerksamkeit für die Wegauszeichnung.

**Einkehr:** Zahlreiche Gaststätten und Cafés, einige Fischrestaurants und Imbisse.

**Übernachtung/Etappen:** Viele Gasthöfe und Hotels (www.chiemsee-alpenland.de, Tel. +49 8051 96555-0). Mit der Chiemseeschifffahrt (www.chiemsee-schifffahrt.de) und der Ringbuslinie 9586 kann man Teiletappen auch als individuelle Tagestour zu planen.

*Beim Schöllkopf am Westufer. Blick auf Hochfelln (links) und Hochgern (rechts).*

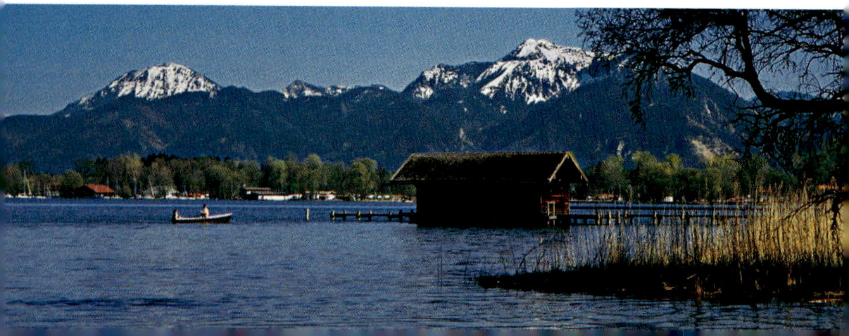

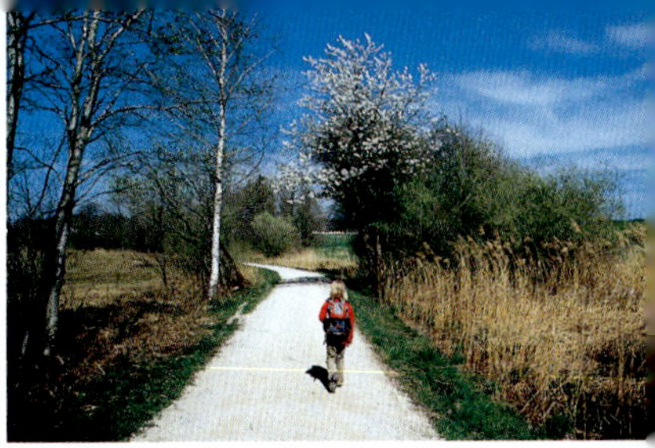

Uferzone beim Keilbacher Winkel.

Von der Endstation der Dampflokbahn in **Prien-Stock** folgen wir der Seestraße nach Nordosten. Wir passieren das Erlebnisbad Prienavera (auf der Landseite) und etwas später den Winkelfischer. Bei der nächsten Fischhütte macht der Uferweg einen Linksknick, gleich darauf einen nach rechts und schlängelt sich zur **Prienmündung**. Wie in Tour 7 geht es dann um die **Schafwaschener Bucht**; die Abzweigung zum Seecafé Toni ignorieren wir dann aber und gehen geradeaus am Rastplatz Keilbacher Winkl vorbei. An der Zufahrtsstraße des Gutes Sassau kurz links, gleich darauf wieder rechts. Wie bei Tour 12 geht es um die **Urfahrner Landzunge** und durch die Bucht von Mühln nach **Gstadt**. Nach den Anlegestegen der Chiemseeschifffahrt

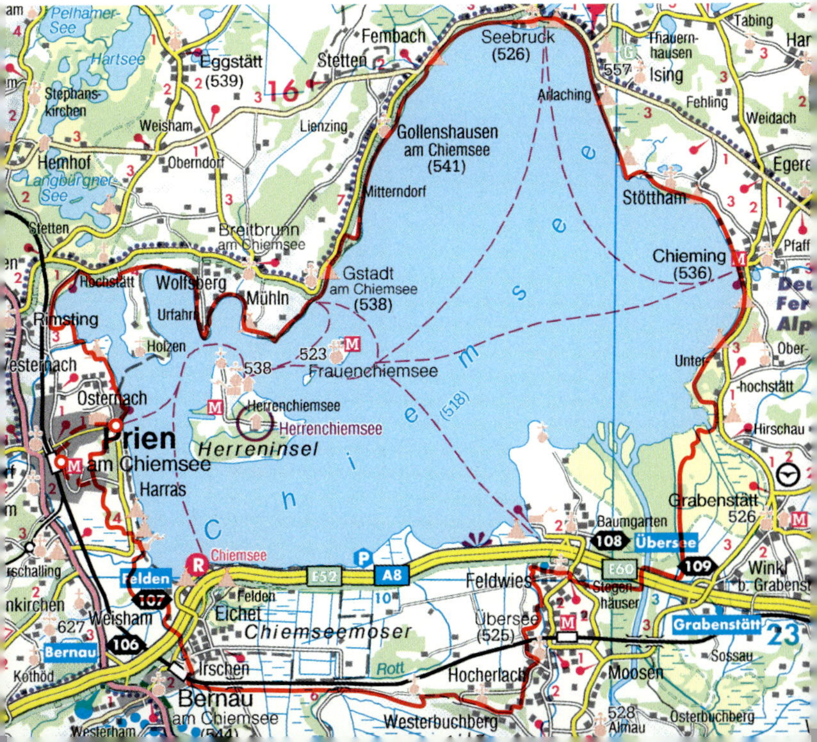

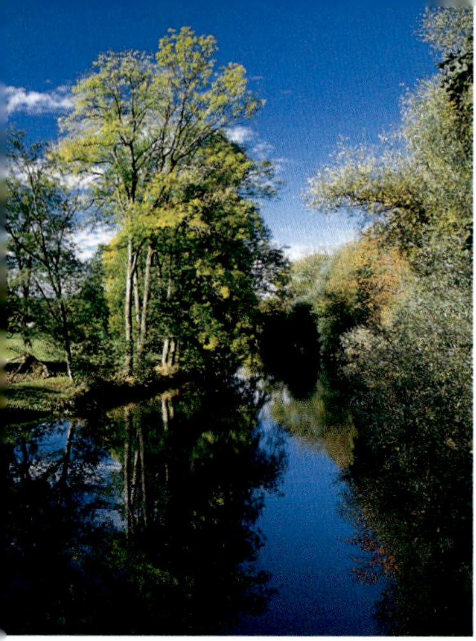

*Bei der Prienmündung.*

queren wir dann durch eine Anlage hinauf zur Straße und folgen ihr bis zum Ende des Waldes. Dort geht es dann nach rechts wieder zum Seeufer hinab. Das begleitet uns nun unter Gollenshausen vorbei zum Hotel **Malerwinkel**. Nach der Abzweigung zum Gasthof Lambach und dem gleichnamigen Campingplatz passieren wir den Parkplatz Eßbaum (Bademöglichkeit mit flachem Sandufer). In **Seebruck** kommen wir an den Grundmauern einer römischen Darre vorbei und gleich darauf am Römermuseum. Nachdem auf der Alzbrücke der Abfluss des Chiemsees überquert wurde, folgt ein langer ufernaher Abschnitt, der unter Schützing vorbeiführt. Beim Stötthamer Bootsparkplatz gehen wir unter dem **Seehäusl** vorbei und einige Treppen hoch.

In **Chieming** erwartet uns eine Flaniermeile mit mediterranem Flair. Wie bei Tour 22 geht es weiter zur **Hirschauer Bucht**. Durch ein Wiesenbrütergebiet schlängelt sich der Weg zu einem Kanal, der das bewaldete Delta der Tiroler Achen begrenzt. Daran entlang geht es längere Zeit nach Süden. Der Autobahn weicht der Weg nach rechts aus. Nach Überquerung der **Tiroler Achen** folgen wir dem Uferweg nach links und unterqueren die Autobahn (alternativ könnte man hier auch auf der Nordseite der Autobahn bleiben und bis Felden die kürzere Variante nahe der Autobahn wählen). Auf der Südseite der Autobahn biegen wir gleich nach rechts ab. Nach einem Wald mit feuchtem Boden kommen wir nach **Feldwies**. Dort gehen wir an der Hauptstraße kurz rechts, dann Richtung Exter-Kunsthaus nach links. Vor dem Maibaum rechts in die Greimelstraße und vorbei am sehenswerten **Wirtshaus D' Feldwies**. Am Überseeer Bach (nach rechts ginge es zum Dampfersteg) folgen wir dem Wegweiser »Übersee 1« nach links. An zwei Querstraßen (Blumenweg und Mühlenstraße) gehen wir jeweils kurz rechts, ansonsten schlagen wir auf dem Seeweg immer wieder die Südrichtung ein. Linksabzweigungen ignorierend

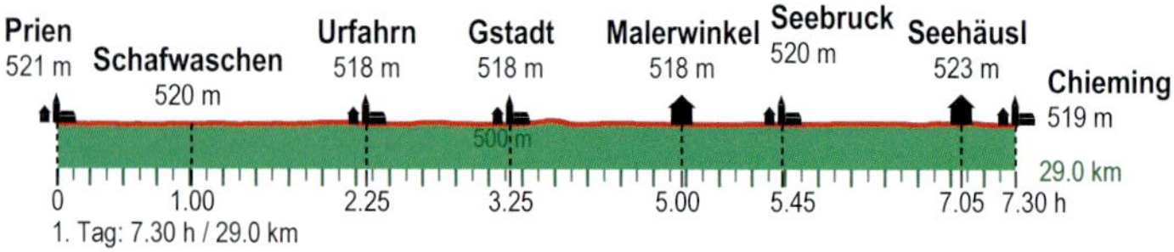

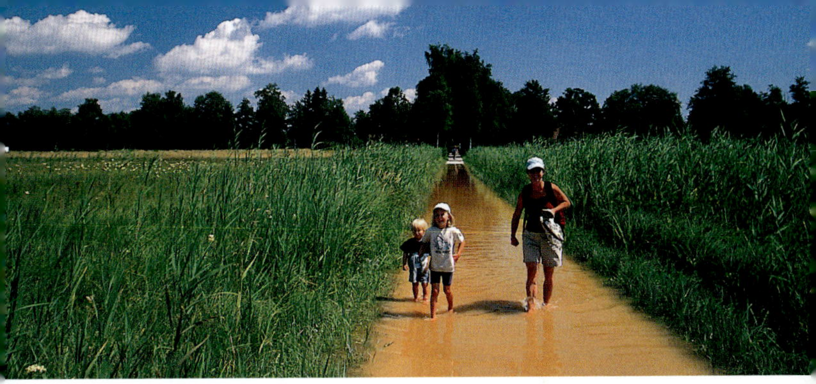

*Chiemsee-Hochwasser: überschwemmter Rundweg im Irschener Winkel.*

gelangen wir auf einem Fußpfad zu einer Querstraße, auf der wir den **Überseer Bach** überschreiten. Gleich darauf folgen wir dem Wegweiser mit dem radelnden Vogel nach links in den Ortsteil Windschnur. Rechtshaltend kommt man zu einer T-Kreuzung in Heißanger; dort links. In **Übersee** 350 m nach der Bahnüberführung in die Hocherlacher Straße und wie in Tour 38 über den **Westerbuchberg** (604 m). An dessen Südwestfuß halten wir uns auf dem Kiessträßchen rechts und passieren den ehemaligen Torfbahnhof mit dem **Bayerischen Moor- und Torfmuseum**. Durch Moorwald gelangen wir neben der Bahnlinie an den Ortsrand von **Bernau**. Dort folgen wir der Bernauer Achen nach rechts unter der Bahn hindurch, wechseln die Bachseite und wandern – wie bei Tour 10 beschrieben – durch Verlandungsmoore und beim **Fischer am See** vorbei nach **Prien**. Nach Überschreitung des bewaldeten Herrenbergs biegen wir dann von der Martin-Luther-Straße nach rechts in die Jensenstraße ein und sind gleich darauf an der Ostseite des **Priener Bahnhofs**.
Wer zum Hafen in Stock will, zweigt noch vor dem Herrenberg von der Ernsdorfer Straße nach rechts in die Breitensteinstraße ab, geht geradewegs auf freies Feld und zweigt bei einer Kreuzung nach rechts ab (»Rosenegg«). Zum Abschluss der Tour lockt noch ein kleiner Umweg nach links zum **Fessler Weiher** (mit Kneippanlage). Von dort gelangt man in wenigen Minuten zu den Parkplätzen in **Prien-Stock**.

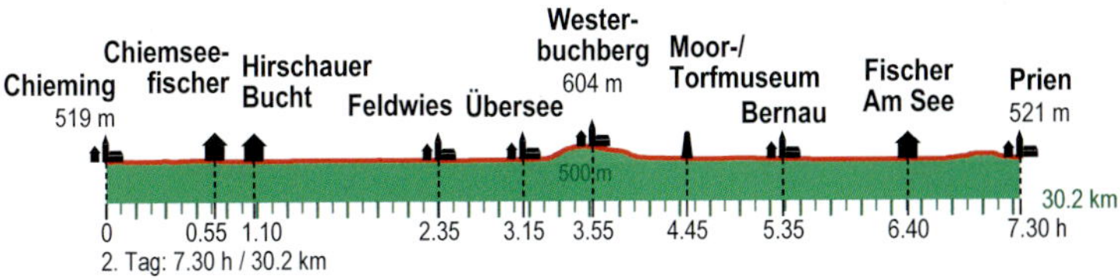

## Stichwortverzeichnis




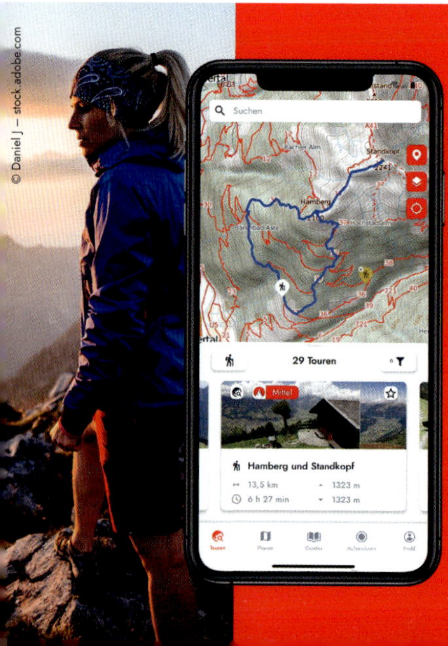

© Daniel J – stock.adobe.com

Hol dir jetzt
die **ROTHER** App!

- auf diese Touren kannst du dich verlassen
- nur von professionellen Wanderautoren
- mit den besten Wander- und Radkarten von freytag & berndt

Google Play
App Store
ROTHER.APP

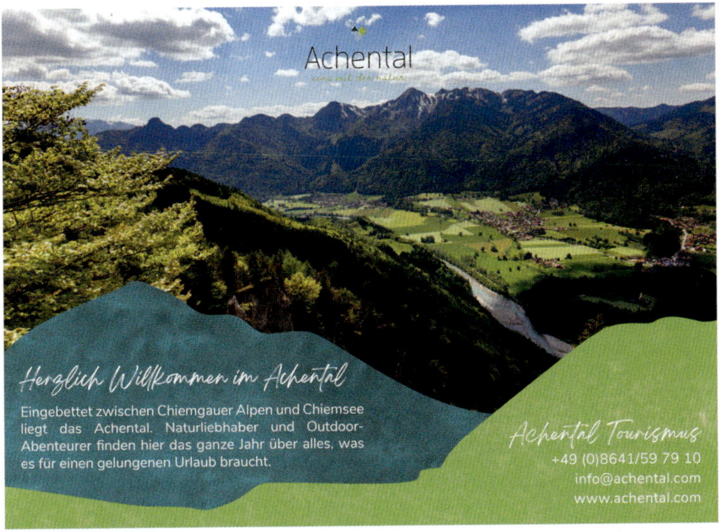
Achental
Herzlich Willkommen im Achental
Eingebettet zwischen Chiemgauer Alpen und Chiemsee liegt das Achental. Naturliebhaber und Outdoor-Abenteurer finden hier das ganze Jahr über alles, was es für einen gelungenen Urlaub braucht.
Achental Tourismus
+49 (0)8641/59 79 10
info@achental.com
www.achental.com

# ABSEITS DER AUSGETRETENEN PFADE

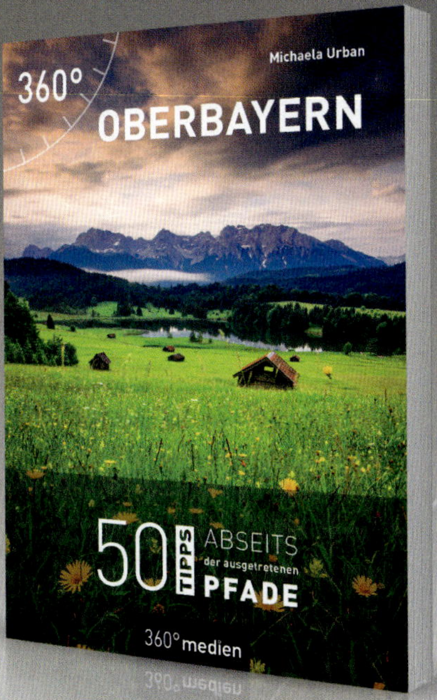


Michaela Urban
256 Seiten, 188 Fotos
Format 16,5 x 11,5 cm
ISBN 978-3-96855-009-1

**14,95 €**

Dieses Buch ist der perfekte Begleiter für all jene Besucher von Oberbayern, die gerne abseits von Menschenmengen auf Entdeckungsreise gehen. Von der mächtigen Alpenkette bis zum hügeligen Altmühltal werden 50 Destinationen abseits der ausgetretenen Pfade vorgestellt.

**Weitere Infos unter:**

360grad-medienshop.de/oberbayern
(auch als E-Book erhältlich)

Versandkostenfreie Lieferung innerhalb Deutschlands

Telefon: +49 2104 / 50631 00
Telefax: +49 2104 / 50631 56

360° medien

info@360grad-medien.de
www.360grad-medien.de

Umschlagbild:
Bei Bicheln nahe dem Tachinger See; Blick über den Waginger See auf den Untersberg (Tour 26).

Bild im Innentitel (Seite 1):
Blick von der Steinlingalm über die Gedererwand zum Chiemsee (Touren 48, 49, 50 und 54).

Bild Seite 2:
Die Bischofsfellnalm südöstlich unter dem Hochgern (Tour 54).

Alle Fotos vom Autor.

Kartografie:
4 Übersichtskarten in den Maßstäben 1:165.000 bis 1:500.000,
50 Wanderkärtchen im Maßstab 1:50.000 und
1 Kärtchen im Maßstab 1:75.000
© Freytag-Berndt, Wien;
2 Wanderkärtchen im Maßstab 1:50.000 © Bergverlag Rother GmbH
(gezeichnet von Gerhard Tourneau, Haar)

Die Ausarbeitung aller in diesem Führer beschriebenen Wanderungen erfolgte nach bestem Wissen und Gewissen des Autors. Die Benutzung dieses Führers geschieht auf eigenes Risiko. Soweit gesetzlich zulässig, wird eine Haftung für etwaige Unfälle und Schäden jeder Art aus keinem Rechtsgrund übernommen.

5., aktualisierte Auflage 2023
© Bergverlag Rother GmbH, München

ISBN 978-3-7633-4653-0

FSC www.fsc.org MIX Papier aus verantwortungsvollen Quellen FSC® C021956

**Wir freuen uns über jeden Korrekturhinweis zu diesem Wanderführer!**
**Bitte per E-Mail an: leserzuschrift@rother.de**

**ROTHER BERGVERLAG · München**
**D-82041 Oberhaching · Keltenring 17 · Tel. +49 89 608669-0 · www.rother.de**